新使命　大格局

桂林世界级旅游城市建设研究

陆军◎著

企业管理出版社
ENTERPRISE MANAGEMENT PUBLISHING HOUSE

图书在版编目（CIP）数据

新使命　大格局：桂林世界级旅游城市建设研究 / 陆军著 . —北京 : 企业管理出版社，2022.3

ISBN 978-7-5164-2566-4

Ⅰ. ①新…　Ⅱ. ①陆…　Ⅲ. ①地方旅游业 – 旅游业发展 – 研究 – 桂林　Ⅳ. ① F592.767.3

中国版本图书馆 CIP 数据核字（2022）第 032340 号

书　　名： 新使命　大格局：桂林世界级旅游城市建设研究
书　　号： ISBN 978-7-5164-2566-4
作　　者： 陆　军
策　　划： 杨慧芳
责任编辑： 杨慧芳
出版发行： 企业管理出版社
经　　销： 新华书店
地　　址： 北京市海淀区紫竹院南路 17 号　　**邮编：** 100048
网　　址： http://www.emph.cn　　**电子信箱：** 314819720@qq.com
电　　话： 编辑部（010）68420309　　发行部（010）68701816
印　　刷： 北京虎彩文化传播有限公司
版　　次： 2022 年 6 月第 1 版
印　　次： 2022 年 6 月第 1 次印刷
开　　本： 710mm × 1000mm　1/16
印　　张： 19.75 印张
字　　数： 313 千字
定　　价： 88.00 元

前言

桂林是联合国世界旅游组织对旅游发展趋势研究的长期观察点，也是中国旅游发展的一个缩影，更是中国旅游研究的一个样本。如果把桂林形容为一个美丽少女的话，那么，1999 年旧城改造前，桂林就是一位天然的没有打扮的美少女，令世界游客为之陶醉；而在 1999 年大规模旧城改造后，桂林则变成一位穿着漂亮衣裳的美少女，但气质不佳、内涵不深、格调不高，令游客有一种缺憾之感。未来，桂林需要做的是将这位穿着美丽衣裳的美少女涵养得更加有气质格调，更加有文化韵味，再次成为世界人民向往的旅游胜地。

在体验经济时代，大交通背景下，桂林旅游面临着一系列的困难与挑战：世界级旅游目的地地位下降、旅游文化内涵不够深、旅游新业态创新力度减弱、国际旅游品牌影响力下降、旅游成果主客共享耦合度较低、国际消费能力不强……唯有创新改革，站在全球视角，胸怀世界大格局，重新审视桂林，才能实现旅游大突破、大发展。2021 年 4 月 26 日，习近平总书记视察桂林时强调："桂林是一座山水甲天下的旅游名城，要坚持以人民为中心，以文塑旅、以旅彰文，提高服务质量，提升格调品位，努力创造宜业、宜居、宜乐、宜游的良好环境，打造世界级旅游城市。"习近平总书记高度肯定了桂林旅游名城，站在世界的高度提出了桂林要打造世界级旅游城市的战略目标，赋予了桂林旅游发展的新使命，强调要沿着以人民为中心这一主线，从文旅融合、服务质量、格调品位、"四宜"环境四个路径打造世界级旅游城市战略目标的具体措施，为桂林旅游指明了未来发展的新方向。

本书是基于对桂林长期研究的基础上，站在桂林市打造世界一流旅游目的地、世界级旅游城市的大格局，从新时代桂林旅游的新使命出发，重点总结评估了桂林国际旅游胜地建设的成果，提炼了桂林率先在全国进行的旅游产业用地改革试点经验，审视桂林旅游突破发展的困境，为桂林市打造世界级旅游城市提供决策参考。同时，从大数据分析视角，对桂林市打造世界级旅游城市的关键问题，包括文旅融合、可持续发展、政策体系、目的地建设等进行了较为深入的研究，可望为桂林市“跳出旅游发展旅游”提供理论指导。

旅游成果主客共享是旅游可持续发展的生命线，桂林漓江是世界级的河流，是世界的漓江，也是桂林市旅游的核心吸引物，是打造世界级旅游城市的灵魂与关键，只有漓江流域老百姓充分享受到旅游发展成果，才能确保漓江旅游的可持续发展、桂林旅游的可持续发展。因此，本书从主客共享、社区参与视角，重点探讨了漓江流域旅游富民问题，希冀能够为学术界对旅游主客共享、旅游富民的研究提供来自世界级旅游目的地的一个生动案例与样本。

目 录

第一章

绪　论

桂林位于广西壮族自治区东北部，总面积2.78万平方千米，2020年常住人口为493万人，以“山青、水秀、洞奇、石美”的喀斯特地貌著称于世。2021年4月，习近平总书记视察广西时强调，桂林是一座山水甲天下的旅游名城，要坚持以人民为中心，以文塑旅、以旅彰文，提高服务质量，提升格调品位，努力创造宜业、宜居、宜乐、宜游的良好环境，打造世界级旅游城市。打造世界级旅游城市，是习近平总书记赋予桂林的新定位和新使命，也是全面提升桂林城市能级和核心竞争力的难得契机，更是一项重大政治任务。

广西壮族自治区党委、政府立即在全区范围内展开了“如何建设世界级旅游城市”的大讨论，要求把总书记的指示落实在长远规划和具体工作中。在2021年广西文化旅游发展大会上，自治区党委确定“打造世界级山水旅游名城、打造世界级文化旅游之都、打造世界级康养休闲胜地、打造世界级旅游消费中心”为桂林建设世界级旅游城市的工作目标。

桂林是中国旅游业的“晴雨表”，世界旅游组织在桂林设有观察点，每年在桂林举办世界旅游趋势与展望大会，面向全世界公布和预测旅游发展最新态势。桂林也是中国旅游业的“风向标”，国家从1973年根据国家旅游发展需要，不断给桂林提出新的目标：从最初的社会主义风景游览城市定位，到前些年的桂林国际旅游胜地建设，桂林在旅游发展中不断探索，创造出“两江四湖”城景交融的山水城市景观、“印象・刘三姐”山水实景演出、地中海度假村山水度假、龙脊梯田景区与村民共创农业观光等不同时代的旅游新成果，在中国旅游发展进程中不断做出新贡献，使桂林山水成为中国的重要名片。如今，将桂林建设成世界级旅游城市，这是桂林在新时期发展中迎来的新机遇，桂林乃至广西必须认真思考、努力策划、严格规划、确保执行，不辱历史使命。

建设世界级旅游城市，为桂林亦为全国旅游城市注入了强大动力。牢记使命，坚持以人民为中心，准确把握新发展阶段，全面贯彻新发展理念，以推动高质量发展为主题，以深化供给侧结构性改革为主线，以改革创新为根本动力，按照“世界级”标准，聚焦目标高、增长稳、品质优、模式新、格局大，构建高质量供给、高品质服务、高效能治理、高水平推广体系，不断提升文化旅游特色化、品质化、国际化、智慧化水平，不仅对桂林加快建设世界级旅游城市具有重要意义，而且对推动我国旅游城市实现城市功能提升、城乡协调发展、旅游龙头带动、产业全面振兴、以城带乡、产业融合、生态环保的发展新格局具有重要的引领作用。

打造桂林世界级旅游城市，没有可借鉴的建设模式和标准，也面临着总体经济实力偏弱、人均地区生产总值低于全国平均水平，企业规模偏小、产业链短、集聚度低，城市格调和格局不够高、文旅融合度不够强、旅游消费拉动相对弱、旅游业态创新力度不够足等现实情况，迫切需要大胆探索、改革创新。

一、桂林模式，曾引领全球旅游发展

改革开放40多年来，桂林先后涌现出一批创新发展、领一时风骚的现象级旅游项目。在建设国际旅游胜地实践中，桂林不断探索，将这些“现象”由点到面拓展延伸、由初级向高级提档升级，形成生态文化旅游融合发展的桂林模式，桂林经验成为引领国内外旅游行业发展的时代标杆。

（一）从西街模式到全域旅游创新发展

阳朔西街是中外游客聚集的一条步行街，这里没有景区围墙的阻拦，没有地域国籍的差异，没有文化语言的隔阂，城市与乡村、传统与现代、东方与西方在这里交融汇集，从20世纪80年代初起就成为名副其实的“地球村”，形成集中外文化交流、乡村休闲、特色民宿、艺术体验等元素于一体的西街模式。以此为源，阳朔旅游从传统的观光游览模式向国际化、乡土化、高端化、全域化转变。阳朔成为全国县份全域旅游标杆、全球最佳旅游目的地、中国旅游强县、全国休闲农业与乡村旅游示范县、全国旅游标准化示范县。在国际旅游胜地建设中，桂林总结西街模式经验，探索出一条跳出景区、创新业态、全民参与的新模式，实现景点旅游模式向全域旅游模式的转变，形成“全景旅游、全业融合、全时体验、全民共享”的全域旅游桂林经验，成为广西乃至全国全域旅游的领航者。

（二）从“印象·刘三姐”现象到山水文化相融

“印象·刘三姐”是世界首个、全球最大的山水实景演出，以漓江山水为舞台，以广西民族文化代表——刘三姐为创作主题，集漓江山水、人文风情、中国精英艺术家创作之大成，成为国内外山水自然景观与历史人文内涵融合发展的典范，形成引领全国旅游演艺业态发展新方向的“印象·刘三姐现象”。在国际旅游胜地建设中，桂林总结推广“印象·刘三姐”模式的经验，奏响历史文化保护“发掘整理、包装提升、保护利用”三部曲，打造了漓江风光与历史文化融合的正阳东西巷、逍遥楼，独秀峰风光与藩王文化融合的“新王城”等一批集自然景观、历史文化、休闲旅游于一体的旅游经典项目，开创了山水、文化、旅游融合发展的桂林模式，提供了可复制推广的桂林经验，全国相继出现“印象·西湖”“印象·丽江”“禅宗少林”等实景演艺项目，掀起了文旅产业融合发展新潮流。

（三）从地中海俱乐部模式到旅游产业品质化、高端化、品牌化、标准化

愚自乐园地中海俱乐部桂林度假村坐落于漓江沿岸山水田园之间，是全球最大的旅游度假连锁集团地中海俱乐部在中国最早开发的度假村，通过打造“一价全包”的“陆地邮轮”、以“亲善大使”为特色的服务模式，形成山水自然景观成功向高端化、品质化嬗变的“地中海俱乐部现象”。在国际旅游胜地建设中，桂林以地中海俱乐部模式的成功经验为范本，依托世界级旅游资源、名城优势，主动对接世界顶级大公司大品牌，通过“名城＋名企”，引进海航、腾讯、万达、华润等大企业大集团，桂林航空公司、“一键

游桂林”、融创文化旅游城、华润养生谷等一批高端项目，推动了旅游业态、品质和品牌“三个提升”，国际旅游市场、理念、人才“三个对接”，把桂林“散小弱”的景区景点不断整合升级做大做强，形成了旅游产业品质化、高端化、品牌化、标准化的桂林经验，引领高端旅游发展新风向。

（四）从“两江四湖”模式到打造品位休闲之都

水是城市的灵气，是城市的血脉。桂林做活“水”的文章，畅通“两江四湖”城市水系，形成了“城在水中、水在城中、水城交融”的山水自然景观与城市旅游业态相融合的“两江四湖”现象。近年来，桂林在加快建设新城和疏解提升老城的进程中，更加注重水生态保护和水系景观打造，全长13.8千米的“两江四湖”二期和全长21千米的临桂新区环城水系相继建成通航，连通长江珠江的秦代古运河——灵渠、唐代桂柳运河及会仙湿地得到修复利用，城市血脉不断畅通，城市灵气得到滋养，形成新老城区两个“两江四湖”相呼应、长江珠江水系相贯通的大桂林水城体系，从根本上改善了桂林城市生态，“千峰环野立，一水抱城流”的山水生态名城彰显新风貌。桂林依托“两江四湖”大环城水系，沿漓江和桃花江两岸改造提升明代王城片区、福隆园、新生街、塔山等历史文化街区和棚户区，实施漓江沿岸绿道建设、洲岛整治和绿化美化亮化工程，打造芦笛桃花湾、琴潭千亩荷塘湿地、鲁家新村等特色景观区域和新农村，形成了集观光休闲、康养体验、文化娱乐、时尚购物等于一体的中心城市景观带和休闲旅游业态聚集区，桂林城市的颜值和品位不断提升，“品位休闲之都”焕发新风采，充分诠释了“山、水、城”和谐共生的桂林经验。

二、桂林世界级旅游城市建设定位的困境

（一）目标定位：高度不够

2020年，桂林国际旅游胜地建设目标基本完成，桂林完成了从国际风景旅游城市到国际旅游胜地的成功转变。新时代背景下，桂林在对桂林国际旅游胜地建设完成评估的基础上，提出了未来积极推进桂林国际旅游胜地建设

升级的目标定位。这一目标定位依然停留在建设国际旅游胜地的层面上，这与桂林拥有世界级的山水、世界级的文化、世界级的生态和世界级的声誉资源并不完全契合。眼光决定格局，格局决定境界，境界决定思路，推进桂林国际旅游胜地升级发展存在目标高度不够的眼光与格局短板问题，影响了桂林旅游的发展境界与思路。

（二）品牌定位：深度不高

桂林一直以来以“桂林山水甲天下”作为品牌定位，这一品牌是以自然山水景观作为品牌形象进行定位营销和开发的，过于注重山水景观开发，对文化格调品位开发不够，具有灵魂震撼的文化旅游精品有限。事实上，文化是旅游的灵魂，桂林不只有“甲天下”的山水，还拥有“甲天下”的山水文化、民族文化、历史文化等世界级的文化资源。世界级旅游城市要有吸引世界“心向往之”的文化地标和文化氛围，只有“甲天下”的桂林山水，没有深厚的文化底蕴，是没有办法建成世界级旅游城市的。

（三）产业定位：精度不准

一直以来，桂林的观光旅游产业占据了主导地位，而国家级和国际级的休闲度假、体育运动、生态康养等新业态屈指可数。在产业定位上，桂林虽然也一直在探索新的产业，通过新产业引领和推动产业转型升级，但目前依然没有跳出旅游谋划旅游发展。在实践发展中，桂林的旅游产业大部分掌控在小微企业和实力较弱的企业中，它们习惯于依托桂林一流的世界资源开发投资少见效快的观光旅游，却不愿开发适销对路、满足世界游客消费的新业态，严重制约了桂林旅游产业的转型升级。而纵观国内杭州以休闲产业、西安和北京以文化产业精准定位推动了产业转型升级，这些都值得桂林借鉴。

（四）消费定位：力度不足

长期以来，到桂林旅游者的长途交通和购物项目各占总消费的三成左右，住宿、餐饮和娱乐分别占到 10%、6% 和 5%，景区游览消费占 6%~7%。这样的消费结构意味着桂林还是典型的观光旅游，而非休闲度假旅游目的地，更不是国际旅游消费中心。桂林尽管也具备吸引全球游客的旅游休闲街区、大型旅游商圈、旅游景区和度假区等，但为消费服务尤其是国际消费服务方面的力度不足：投入与国际服务标准衔接的公共服务设施不足、建设无语言障碍城市方面严重不足、具有国际水准的服务标准体系建设薄弱、吸引国际旅游新消费的产品尤其是中高端产品稀少。

（五）城市空间：老旧狭小

桂林是典型的“山—水—城—景”交融的国际风景旅游城市，但旅游城市空间局限在城区和临桂新区，整个旅游城市空间建成区面积162平方千米，市区常住人口80多万，旅游空间狭小，老城区旅游压力较大，受交通网络限制，城区对外辐射能力有限。目前，桂林的旅游城市空间依然局限在“三山两洞一条江”上，这与桂林拥有的世界级山水资源和世界级文化资源以及打造世界级旅游城市的愿景是不匹配的。

（六）文旅项目：带动不强

桂林拥有以摩崖石刻和灵渠为代表的世界级山水文化资源、以龙胜梯田为代表的全球稻作文化景观、以壮瑶文化为代表的世界级民族文化资源、以会仙喀斯特湿地为代表的世界级湿地文化资源……然而，除了“印象·刘三姐”实景演艺这一世界级文化旅游项目外，桂林的世界级文化旅游项目非常少，而且“印象·刘三姐”也很难辐射带动其他区域。只有建设一批世界级文化旅游项目，才能真正辐射带动桂林世界级文化旅游之都的发展。

（七）业态品牌：引领不足

桂林旅游业态主要还是停留在传统的观光旅游，近年来虽然也引进了悦榕庄、地中海俱乐部、希尔顿等国际著名的酒店品牌，但满足游客新消费需求的新业态还是比较缺乏，尤其是国际化、世界级的康养休闲度假项目更是奇缺。要打造世界级旅游城市，缺乏旅游新业态的引领将很难推动桂林旅游产业的转型升级，急需培育一批引领旅游发展的新业态。

（八）旅游消费：服务不高

桂林旅游服务标准体系主要是采用广西和国家两个层面的标准，在国际标准体系方面，除了引进的国际酒店之外，很少在其他旅游服务领域使用。尤其是在旅游公共服务、行政管理服务、综合交通、旅游购物、无障碍语音城市、旅游休闲街区等方面，更是缺乏国际标准，极大地制约了桂林旅游迈向国际化。

三、破解桂林建设世界级旅游城市瓶颈的对策

桂林要突破瓶颈，成为世界级旅游城市，就应该成为世界旅游业的“风向标”和“晴雨表”，成为世界旅游业的示范，引领世界旅游发展新趋势，为世界旅游业贡献中国方案、桂林模式。

（一）构建桂林—阳朔—兴安旅游一体化的世界级旅游城市，突破空间束缚，引爆桂林，引领世界旅游城市新发展

桂林城区、阳朔县、兴安县基本上集中了桂林所拥有的世界级旅游资源，也是桂林山水、文化的富集区，旅游发展较为成熟，桂林要突破传统的以桂林城区为重点的城市发展格局，通过桂阳公路、漓江东线、桂兴公路等交通网络将三个县区构建形成一体化世界级旅游城市。为此，建议组织国内外著名的智库专家研究“山、水、城、文”融为一体的世界城市建设标准体系，高起点编制桂林世界级旅游城市建设规划，建设世界级旅游城市配套设施，构建世界级旅游公共服务体系，引进世界级旅游企业，培育世界级旅游产业体系，充分释放旅游业综合效应、带动效应、辐射效应，积极探索建设世界级旅游城市先行示范区，为引领世界旅游发展提供中国方案、桂林模式。

（二）培育和发展世界级文化旅游项目，引领世界旅游新时尚

“印象·刘三姐”实景演艺以广西的刘三姐文化为灵魂，曾引爆全球旅游演艺新发展，成为引领世界旅游演艺发展的示范与典范。但自“印象·刘三姐”实景演艺成功之后，桂林再无世界级的文化旅游产品出现。为此，建

议依托桂林世界级的龙脊梯田稻作景观文化、灵渠水利文化、会仙喀斯特湿地生态文化、壮瑶文化等，借助每年在桂林举办的世界旅游趋势与展望大会、中国－东盟博览会旅游展等智库平台，设立桂林世界级文化旅游发展论坛，汇聚国内外智库专家为桂林构建世界级文化旅游项目建言献策，培育和发展国际旅游演艺、国际免税店、国际文化交流、国际影视、国际餐饮、开放第五航权、发行竞猜型体育彩票等一批引领世界文化旅游消费的文旅项目，引领桂林文化旅游发展，建设世界级文化旅游之都。

（三）积极发展世界级康养休闲度假新业态，引领世界旅游新方向

借鉴瑞士、以色列、美国、澳大利亚等著名康养休闲胜地的医疗康养、科技康养、海洋保健品康养等发展模式与经验，以三金药业、莱茵生物、桂林南药、吉福思、中华养生谷、地中海俱乐部、悦榕庄、民宿、国际品牌酒店等康养休闲度假企业为试点，充分挖掘桂林各类康养资源，探索以生态康养、中医药康养、运动康养、民族医药康养、医疗康养等为主的具有国际水准的康养休闲度假旅游新业态，积极向世界著名旅游企业整体推出。建立高质量的旅游招商引资项目库，科学组织旅游项目的规划和可行性论证，搞好合作的全程跟踪和后续服务，建设世界级康养休闲胜地，培育和发展一批康养休闲度假新业态，引领世界旅游新方向。

（四）构建世界级旅游消费中心指标体系，引领世界旅游新消费

建设世界级旅游消费中心关键在于配套完善的公共服务设施，重点是加快旅游公共服务设施、旅游综合交通体系、智慧旅游、消费场所等建立与国际通行规则相衔接的旅游服务标准体系，构建“无语言障碍国际化旅游城市”体系。在国家文化和旅游消费示范城市建设标准的基础上，探索具有国际影响力、文化特色鲜明的高品位旅游休闲街区、大型消费商圈、免税购物、境外游客购物离境退税、旅游休闲场所等具体的世界级旅游消费中心标准体系，全力打造世界级文化旅游品牌、建设世界级城市配套、构建世界级服务体系指标，实现世界级消费引领，增强桂林世界级旅游城市的吸引力、影响力和竞争力，引领世界旅游新消费。

（五）率先创建“世界级旅游城市先行示范区”，着力打造世界级旅游城市

坚持以建设世界级旅游城市先行示范区为抓手，推动国家层面的顶层设计和政策创新。建议在中央全面深化改革委员会的指导框架下，加强与国家各部委的沟通协调，发布《关于支持桂林建设世界级旅游城市先行示范区的意见》及其实施方案。

强化国际合作，不断提高国际化程度。在阳朔设立世界旅游特区，对于国际旅游教育培训、世界旅游组织和国际旅游组织观察站、跨国旅游项目、国际赛事、世界学术交流平台、旅游工作签证的设立、运营、管理等方面给予优先政策，打造无障碍“地球村”。

加快桂林国际空港城市建设。给予桂林第五航权。同时，以免签证、落地签证、一签多行、在线签证等政策创新，为游客通达提供便利。

探索建设“四宜”旅游城市新格局。坚持以人民为中心，着力塑造“山、水、城、文”融为一体的城市格局和发展格局，探索城景融合、主客共享、产城共建的宜业、宜居、宜乐、宜游“四宜”旅游城市新格局。

（六）优先构建“无障碍国际旅游城市试验区”，着力打造世界级旅游消费中心

坚持以创建国家文化和旅游消费示范城市为抓手，推动旅游消费创新发展。布局建设具有国际影响力、文化特色鲜明的高品位旅游休闲街区和大型消费商圈，加快推进实施免税购物、境外游客购物离境退税政策，开放设立外商独资旅行社，培育无障碍国际购物渠道。

加快构建无语言障碍城市。重点推进旅游公共服务设施、旅游综合交通体系、智慧旅游、消费场所等无障碍设施建设，建立与国际通行规则相衔接的旅游服务设施，依托驻桂高校，加快小语种人才培养，构建“无语言障碍国际化旅游城市”体系。

探索建立无障碍旅游服务体系。建立既与国际标准、国际惯例相接轨，又与国家标准、行业标准相衔接，“结构合理、层次分明、重点突出、面向国际”的旅游服务标准体系，打造无障碍国际服务体系。

加快建设无障碍线上旅游消费体系。大力开发数字消费市场，建设智慧城市，加快开发数字景区、数字博物馆、线上演艺等新产品，建设一批线上线下融合的旅游消费体验中心，构建无障碍网络世界消费中心。

（七）重点建设“国家文化旅游融合创新发展示范区”，着力打造世界级文化之都

坚持以文塑旅，推进文化和旅游深度融合发展。深入挖掘历史文化底蕴，用好用活红色资源，推动文艺精品“走出去”，让世界了解桂林、关注广西、爱上中国。

坚持以旅彰文，推动文化和旅游创新发展。充分认识并传承利用好历史传统和文化遗产，弘扬红色资源及其承载的家国情怀和共同价值，特别是世界级文化遗产和国家级、省级非物质文化遗产，率先推进文化特色鲜明的旅游休闲城市和街区建设，以世界各国听得懂的语言，向国际游客讲述中华民族的家国情怀和共同价值。

着力打造世界级文旅品牌项目。支持桂林建设中国旅游博物馆，争取把桂林列入世界文化和自然双遗产名录，举办国际书法节，开展赛马运动，提升城市格调、提高旅游品位，彰显桂林的独特人文精神。

加快推进文化底蕴深厚的世界级旅游景区和度假区建设。全力推动长征国家文化公园（广西段）、龙脊梯田创建国家5A级景区，灵渠申报世界文化遗产，积极推动桂林喀斯特世界自然遗产地成为国家公园，新建一批世界级旅游综合体和文体演艺项目，打造世界级文化旅游品牌。

（八）统筹推动“世界级旅游新业态先行先试区”建设，着力打造世界级康养休闲胜地

加快形成“医、康、养、健、智、学”六位一体的健康旅游产业链。打造一批特色旅居康养产业集群，成为全国通过旅游创新发展带动产业升级和城市化的先行城市，着力打造世界级康养休闲胜地。

争取在康养休闲土地政策上有所突破。针对目前康养休闲旅游项目用地规划存在的困难，取得国土部门的继续支持，延长旅游产业用地改革试点年限，确保康养休闲旅游土地的供给得到有效保障。

加快开发一批民族文化康养休闲产业。充分挖掘各类长寿养生、中医中药康养、民族传统康养等文化资源，高起点规划以生态康养、中医中药康养、运动康养、民族医药康养、医疗康养等为主的具有国际水准的康养休闲旅游新业态。

率先推进潜力巨大、特色鲜明的世界级康养休闲区和景区、度假区建设。策划包装一批潜力巨大、市场前景好、具有全局性带动作用的大型文旅康养休闲旅游项目。我们积极向世界著名旅游企业整体推出，借助世界著名旅游企业的国际品牌和强大优势，推动国际合作。

总之，我们要以世界眼光、国际标准、广西特色、高点定位，全力打造世界级文化旅游品牌，建设世界级城市配套体系，构建世界级服务体系，实现世界级消费引领，以打造世界级旅游城市为统领，推进桂林经济社会全面高质量发展，引领世界旅游新发展。

建设世界级旅游城市是一个全新的命题，迄今为止还没有广为接受的概念界定和技术性定义，没有可资借鉴的模式和样本。这迫切需要我们大胆探索、改革创新，先行先试，精准找到制约瓶颈，并破解其难点。这是桂林建设世界级旅游城市的关键。

第二章

世界级旅游城市建设基础：桂林国际旅游胜地建设评估

桂林从上万年前的甑皮岩石器时代开始，直到民国时期，一直是广西政治、文化中心。桂林自1973年对外开放旅游以来，一直是广西旅游发展的龙头。特别是改革开放以来，桂林在旅游公共服务设施建设、接待入境旅游、旅游创汇、旅游景区建设、旅游演艺等方面始终走在全国同类旅游城市的前列，特别是旅游“厕所革命”、旅游实景演艺等旅游创新工程引领着全国乃至全球旅游业的发展。然而，由于桂林整体经济发展水平较弱、城市拉动与辐射功能不足、与其他产业融合不够、旅游产业用地少等因素的制约，使其“甲天下”的资源得不到更好的发挥，无法完全释放其潜能。为此，国务院在《关于进一步促进广西经济社会发展的若干意见》（国发〔2009〕42号）中，明确给予桂林建设桂林国家旅游综合改革试验区、打造桂林国际旅游胜地的新政策。2021年习近平总书记视察桂林时，提出了把桂林努力打造为世界级旅游城市的更高要求。桂林，被国家赋予厚望。

从国际风景游览城市到国家历史文化名城，从国家旅游综合改革试验区到桂林国际旅游胜地建设，再到打造世界级旅游城市，国家始终给桂林以极高的关照与关怀，根据不同的发展阶段，给予桂林不同的定位，桂林的每一阶段发展都反映了世界旅游业发展的新趋势和新方向。2020年面对新冠肺炎疫情带来的巨大冲击，桂林的旅游业凭借着成熟的危机应对和处理经验，迅速制定旅游业复苏措施和提振政策，共接待国内游客1.02亿人次，同比恢复

75.68%；实现国内旅游消费 1231.09 亿元，同比恢复 71.09%。全年共接待入境游客 9.83 万人次；国际旅游（外汇）消费 3549.51 万美元。桂林应对危机复苏旅游的经验为世界旅游复苏提供了良好的经验借鉴。

一、桂林国际旅游胜地建设在“十三五”期间的发展成效评估

“十三五”时期，桂林深入实施文化立市和建设桂林国际旅游胜地的战略部署。文化旅游公共服务能力不断提升，文化旅游产业规模不断壮大，文化旅游发展环境不断优化，文化和旅游新业态全产业链布局不断完善，文化旅游经济效益持续增长，文化旅游融合发展初显成效，为“十四五”时期文化旅游发展打下了坚实基础。

（一）“十三五”文化和旅游发展成果

1. 文旅产业规模取得新突破

文化产业整体实力不断增强。桂林大力实施重大项目带动、产业园区提升、营商环境优化等工程，文化创意产业稳步发展，初步构建了以动漫游戏、网络创意文化、工艺美术品经营等为主的现代文化产业体系，全市文化产业增加值从 2016 年的 63.39 亿元增长到 2019 年的 1874.25 亿元。截至目前，全市现有国家级文化产业示范基地 4 个，占全区的 1/2；自治区级文化产业示范基地 25 家，自治区级文化产业示范园区 5 家，自治区级文化创意产品开发示范基地 3 家，国家认定的动漫企业 2 家。另有秀峰区动漫产业园、希宇文化创意产业园等一批文化产业园，文化产业园区、企业数量和文化产业增加值占 GDP 比重位居全区前列。

旅游经济效益持续增长。“十三五”期间，桂林已经成为国际一流的旅游目的地城市。桂林接待旅游总人数从 2016 年的 5385.87 万人次增长到 2020 年的 10241.20 万人次，年均增长 17.43%；旅游总消费从 2016 年的 637.3 亿元增长到 2020 年的 1233.54 亿元，年均增长 17.95%。其中 2018、2019 年连续两年旅游总消费在全区位列第一（见图 2-1、图 2-2、表 2-1）。2018 年桂林入境游客接待人数在全国排名第十，旅游消费和市场规模均实现扩容提

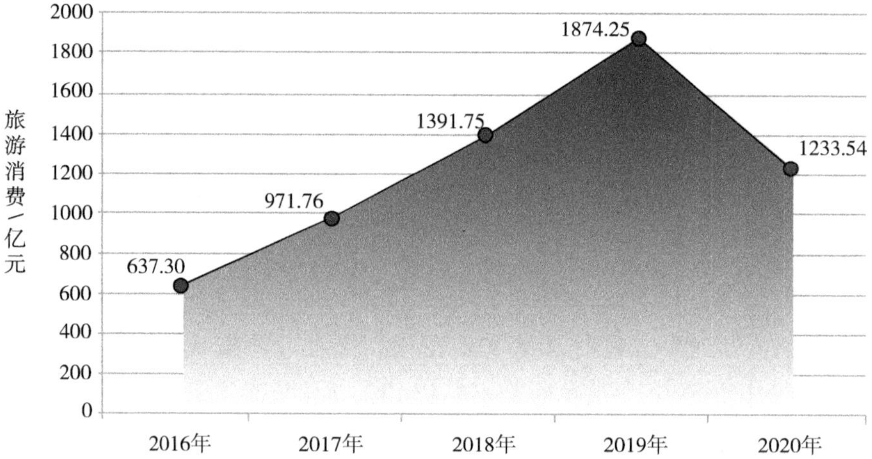

图 2-1 2016—2020 年桂林旅游总消费

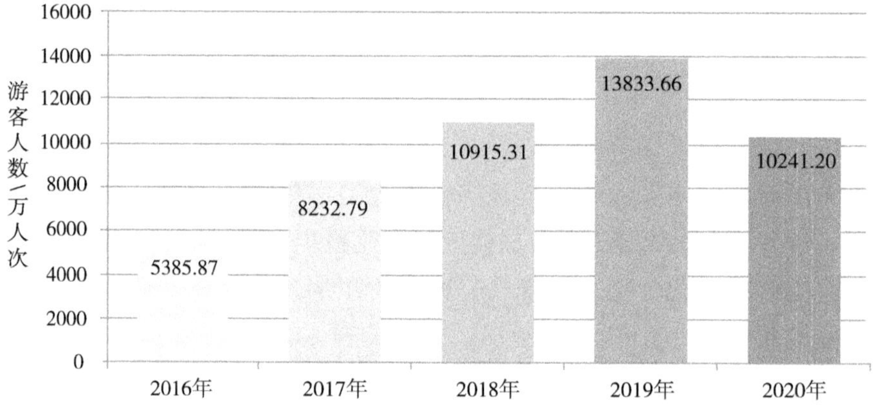

图 2-2 2016—2020 年桂林旅游接待人数

质。2020 年，受新冠肺炎疫情影响，旅游接待总数和总消费均呈下降趋势，其中入境旅游市场受疫情影响较大，入境过夜游客数量和国际旅游消费大幅度缩减。为应对疫情影响，桂林市出台了《桂林市关于加强疫情防控促进文化旅游业振兴发展的若干奖励措施》（“文旅九条”）、“月月奖”等帮扶政策，积极组织开展“桂林人游桂林”“广西人游桂林”“冬游广西（桂林）”等主题宣传推广和促销活动，文化旅游市场复苏成效明显，全市接待游客总人数和旅游总消费同比恢复 74.03% 和 65.81%。2020 年桂林被列入首批国家文化和旅游消费试点城市。

表 2-1　2016—2020 年桂林文化旅游经济指标表

主要指标	2016 年	2017 年	2018 年	2019 年	2020 年
旅游总人次 / 万人次	5385.87	8232.79	10915.31	13833.66	10241.20
旅游总消费 / 亿元	637.30	971.76	1391.75	1874.25	1233.54
入境过夜游客数 / 万人次	233.32	248.90	274.70	314.59	9.83
国际旅游消费 / 万美元	118217.80	131627.23	152421.74	206235.83	3549.51
国内游客人数 / 万人次	5152.55	7983.89	10640.61	13519.07	10231.37
国内旅游消费 / 亿元	558.81	882.89	1290.89	1731.75	1231.09

旅游品牌创建扎实推进。桂林 A 级景区及其他旅游品牌数量居全区前列（见表 2-2）。“十三五”期间，桂林市创建国家 A 级旅游景区 54 家，占现有 A 级旅游景区（共 91 家）的 59%，其中 5A 级景区新增 1 家，4A 级景区新增 20 家；创建广西星级乡村旅游区、星级农家乐 87 家，占现有广西星级乡村旅游区、星级农家乐（共 151 家）的 58%。遇龙河度假区成功创建为广西首个国家级旅游度假区，实现了国家级旅游度假区零的突破。新创建自治区级旅游度假区 3 家、广西生态旅游示范区 9 家，旅游度假区、A 级景区数量在各设区市中位列第一。

表 2-2　“十三五”期间新增文化旅游品牌

国家级旅游度假区（1 家）：阳朔遇龙河

自治区级旅游度假区（3 家）：桂林桃花湾旅游度假区、大碧头国际旅游度假区、猫儿山旅游度假区

5A 级景区（1 家）：桂林两江四湖·象山景区

4A 级景区（20 家）：三千漓中国山水人文度假区、千家峒文旅度假区、桂林旅苑景区、猫儿山景区、阳朔西街、红溪景区、资江·天门山景区、八角寨景区、资江灯谷景区、恭城三庙两馆景区、恭城红岩村景区、桂林在水一汸景区、桂林新区环城水系景区、红军长征湘江战役纪念园景区、红军长征突破湘江烈士纪念碑园景区、湘江战役新圩阻击战酒海井红军纪念园、灵川县大圩古镇景区、灵川县漓水人家景区、大碧头国际旅游度假区景区、全州县湘山·湘源历史文化旅游区

广西生态旅游示范区（9 家）：漓江逍遥湖景区、荔浦市荔江国家湿地公园、资源县八角寨生态旅游示范区、阳朔县十里画廊遇龙河景区、资源县脚古冲生态旅游区、西山生态旅游区、龙胜温泉森林旅游度假区、桂林全州安和龙井生态旅游区、灌阳灌江国家湿地公园

续表

自治区级文化产业示范基地（7家）：桂林湘山酿酒生态园、东漓古村文化产业基地、独秀书房、东方时代网络传媒股份有限公司、桂林两江四湖旅游有限责任公司、桂林市大银工坊文化传播有限公司、阳朔县千漓缘旅游文化有限公司
自治区级文化产业示范园区（4家）：桂林国际文化创意产业园、桂林智慧谷文创产业园、桂林东西巷历史文化街区产业园、桂林象山文化产业园
自治区级文化创意产品开发示范基地（3家）：桂林喀斯特服饰有限公司、桂林力港网络科技股份有限公司、桂林集扇斋文化创意有限公司
国家舞台艺术精品工程剧目（1项）：彩调剧《新刘三姐》
中国民间文化艺术之乡（3家）：永福县、灌阳县、临桂区

扎实开展旅游标准化建设。目前共有2个国家级旅游标准化示范县、4个自治区级旅游标准化示范县，旅游管理水平和服务质量得到有效提升。全市共有星级旅游饭店47家，其中五星级饭店5家，各类旅游住宿设施5060家，共有床位33.26万张，星级汽车旅游营地17家。桂林市旅游产业规模在全区处于龙头地位。

2. 文旅融合发展开创新局面

“十三五”期间，桂林始终坚持大旅游、大文化、大融合思路，立足城市特色、人文资源、产业基础，努力把特色做优、品牌做响、融合做深，文化旅游融合开创新模式。

推进一批文旅融合重大项目建设。重建逍遥楼，建成正阳东西巷、王城历史文化休闲旅游街区、“一院两馆”等文旅融合标志性项目。建成万象城、万达广场等高端文旅休闲综合体，这些特色鲜明的文化旅游休闲景区、街区，为桂林国家历史文化名城增添了新魅力。

“大健康＋旅游”不断融合，培育了中医药养生、康体养生等多元产品。以示范基地的建设为抓手，桂林加快大健康与文旅融合，探索推出了“中医药特色服务＋文旅”“康复疗养＋文旅”“民族医药＋文旅”等融合新模式，推动健康旅游产业不断集聚发展，打响了“漓水青山 养生桂林”城市形象。2017年桂林市被列入首批国家健康旅游示范基地，2018年广西信和信桂林国际智慧产业园被列入国家中医药健康旅游示范基地，2019年瑶汉养寿城被评为广西中医药健康旅游示范基地。

体旅融合加速，推进了示范基地创建和精品赛事举办。目前，全市已成功创建6家广西体育综合体、2家广西航空体育飞行基地、2家广西山地户外运动营地。2017年以来，连续三年成功举办环广西公路自行车世界巡回赛（桂林段），同时还举办了2019年阳朔国际山地越野赛、2018年资江漂流国际精英挑战赛等一系列重大赛事，推动了体旅融合发展。

农旅融合不断深化，促进休闲农业与乡村旅游快速发展。桂林以现代特色农业示范区为载体，大力发展休闲农业，促进农业与全域旅游实现功能衔接和特色互补，荔浦县获评为全国休闲农业与乡村旅游示范县，灵川大圩镇袁家村等6个村获评全国乡村旅游重点村。

坚持"红绿相融"，红色旅游实现新开发。深入挖掘红色文化、长征文化，建设了八路军驻桂林办事处旧址等4家全国红色旅游经典景区，长征国家文化公园广西段建设取得实效，开发以"发扬长征精神，重走红军道路"为主题的灌阳—全州—资源—兴安—龙胜红色文化旅游线路，并纳入2017年发布的全国"重走长征路"精品线路。

同时桂林还与交通、教育等进行融合发展，开发了阳朔低空飞行基地、滑翔伞飞行基地、研学旅游基地等新产品，形成了一批文旅融合新业态、新模式，为文化旅游产业转型升级增添了新动力（见表2–3）。

表2–3 "十三五"期间新增产业融合品牌

1. 国家健康旅游示范基地（1家）： 桂林市
2. 国家中医药健康旅游示范基地（1家）： 广西信和信桂林国际智慧产业园
3. 广西体育综合体（6家）： 桂林乐满地体育旅游度假区、桂林五排河山地漂流旅游度假区、桂林罗山湖体育旅游度假区、桂林市体育中心、广西国际青少年户外运动教育基地、阳朔·戏楼
4. 广西航空体育飞行基地（2家）： 桂林阳朔燕莎航空运动基地、桂林景秀航空体育飞行基地
5. 广西山地户外运动营地（2家）： 桂林花江青少年山地户外营地、桂林金钟山旅游度假区
6. 全国休闲农业与乡村旅游示范县（1家）： 荔浦县
7. 全国乡村旅游重点村（6家）： 灵川大圩镇袁家村、恭城莲花镇红岩村、龙胜龙脊镇大寨村、阳朔镇骥马村、阳朔镇鸡窝渡村、灌阳新街镇江口村
8. 全国红色旅游景点景区（4家）： 八路军驻桂林办事处旧址、红军长征突破湘江烈士纪念碑园、湘江战役灌阳新圩阻击战旧址、湘江战役全州脚山铺阻击战旧址

3. 全域旅游成为经济发展新亮点

“十三五”期间，荔浦、资源、雁山、恭城、灵川5县获批广西特色旅游名县，全市广西特色旅游名县数量达到8个；阳朔、兴安成功创建国家全域旅游示范区，秀峰区、灌阳县、临桂区成为广西全域旅游示范区，特色旅游名县、全域旅游示范区总数达到11家，在全区地市中位列第一。2020年，桂林市10家特色旅游名县、全域旅游示范区实现旅游消费799.71亿元，占全市旅游总消费的65%，旅游接待总人数6873.26人，占全市旅游接待总人数的67%。以“双创”为抓手，桂林市旅游经济增长迈上了新台阶，旅游对县域经济贡献率不断增加，并成为县域经济发展的重要引擎，树立了全域旅游发展的“桂林样板”（见表2-4）。

表2-4 桂林“双创”单位一览表

1. 国家全域旅游示范区（2家）： 阳朔县、兴安县
2. 广西全域旅游示范区（3家）： 秀峰区、灌阳县、临桂区
3. 广西特色旅游名县（8家）： 阳朔县、兴安县、荔浦市、龙胜各族自治县、雁山区、资源县、灵川县、恭城瑶族自治县

4. 文物保护利用取得新进展

加快推进长征国家文化公园广西段建设。桂林市全力推进长征国家文化公园广西段建设，编制完成《长征国家文化公园广西段建设保护规划》，全面完成红军长征过桂北文物、遗址遗迹、档案资料的普查工作和湘江战役红军遗骸的收殓工作。争取国家专项资金9000多万元，支持全州、兴安、灌阳三县湘江战役旧址文物保护修缮工程和纪念馆陈列馆布展工程。2019年9月，以“一园两馆”（即全州红军长征湘江战役纪念园、兴安红军长征突破湘江纪念馆、灌阳新圩阻击战史实陈列馆）为重点的68项红军长征湘江战役烈士纪念设施建设修缮项目建成，并对外开放。目前，红军长征湘江战役纪念园、红军长征突破湘江烈士纪念碑园、湘江战役新圩阻击战酒海井红军纪念园等场馆已成为弘扬和传承长征精神的重要载体。

大力推动文物保护单位的评定与保护工作。桂林市大力开展文物、石刻等的保护工作，2017年出台《桂林石刻保护条例》。加快推进文物保护单位评定工作，截至2020年10月，全市共有不可移动文物1876处，已评定各级文物保护单位429处，其中全国重点文物保护单位20处，自治区文物保护单位 113 处，全国重点文物保护单位、自治区文物保护单位均已划定保护范围和建设控制地带，文物保护力度得到强化。依托丰富的文物资源，桂林市积极创建国家文物保护利用示范区，2020 年制定了《桂林市创建国家文物保护利用示范区工作方案》，加快推进甑皮岩国家考古遗址公园、靖江王城及王陵国家考古遗址公园的创建和提升工作，文物的保护利用水平进一步得到提升。

5. 文化遗产保护利用绽放新光彩

桂林市不断加强世界文化遗产保护和申遗工作，2017 年龙脊梯田成为全球重要农业文化遗产，2018 年灵渠入选世界灌溉工程遗产名录，灵渠申报世界文化遗产工作正加速推进。“十三五”期间，全市非物质文化遗产得到强化，国家、自治区、市、县四级非物质文化遗产的内容日趋丰富。广西文场、彩调、桂林渔鼓、红瑶族服饰和资源河灯节等 8 项非遗项目列入国家级非遗代表性项目保护名录，黄昌典毛笔制作技艺、桂林漆器制作技艺等 84 项非遗项目列入自治区级非遗代表性项目保护名录，红军长征过桂北歌谣和传说、桂林石画、平乐十八酿等 207 项非遗项目列入市级非遗代表性项目保护名录。传承人保护机制不断健全，全市现有国家级项目代表性传承人 7 名、自治区级项目代表性传承人 69 名、市级项目代表性传承人 183 名。出版《桂林市非物质文化遗产概览》《桂林市国家级非物质文化遗产项目代表性传承人口述史》《广西文场—桂林山水情》《桂林方言板路》和《桂林民俗文化》5 套（本）非物质文化遗产丛书，对桂林的非物质文化进行系统性梳理。建成 42 个自治区级非遗传承传习基地、生产性示范基地、展示中心、扶贫工坊等，16 个市级非遗保护工作平台，打造了多方联动共同保护非遗的开放性平台，以平台为基础开展了非物质文化遗产的生产研发、创意设计、人才培养、展示展演、交流合作等，实现非物质文化遗产保护与开发的良性互动。

6. 文艺精品创作谱写新篇章

文化艺术创作成果丰硕。打造了方言话剧《龙隐居》、大型桂剧《破阵曲》、民族歌剧《刘三姐》、儿童剧《可可小爱森林遇险记》等一系列贴近人民群众生活、有深度、有温度的文艺作品。其中，大型桂剧《破阵曲》获 2019 年广西第 15 届精神文明建设五个一工程优秀作品奖、2019 年第九届广西文艺创作铜鼓奖、2018 年第十届广西戏剧展演桂花金奖及单项桂花表演奖；方言话剧《龙隐居》获 2017 年第八届广西文艺创作铜鼓奖、2016 年第九届广西戏剧展演桂花剧目金奖并囊括 10 项单项奖；民族歌剧《刘三姐》获得 2017 年度国家艺术基金 340 万元支持，先后在北京、深圳、浙江以及澳大利亚等国内外巡演 10 余场。文化精品项目《桂林有戏》集桂剧、彩调、广西文场、大鼓、弹词等多种地方戏曲精华于一体，已向社会各界公演 200 多场。

特色演艺精品化发展。桂林市大力推动舞台表演与文化旅游融合，对演艺精品进行创新设计，打造了“印象 · 刘三姐”“桂林千古情”等大型精品演艺。“印象 · 刘三姐”山水实景演出开创了国内旅游演艺的全新模式，“桂林千古情”自 2018 年演出以来持续火爆，月均接待游客 35 万人次，成为演艺新亮点。

文化艺术活动丰富多彩。2017 年，圆满完成央视春晚桂林分会场全程直播活动，在 4 个春晚分会场中收视率位列第一。自 2017 年以来，开展“文化列车”服务项目等系列文艺活动，“文化列车”前往灵川、兴安、龙胜等县（市、区）乡镇开展惠民文艺演出活动，日益满足了人民群众对文化精神的需求。持续提升“桂林百姓大舞台”“桂林百姓大讲坛”“读书月”“漓江之声”“周末大家乐”广场文艺演出等群众文化活动品牌，“桂林百姓大舞台”“漓江之声”先后获得国家文化和旅游部颁发的全国群众文艺政府最高奖——全国群星奖。同时，每年开展文化下乡活动 1600 多场，组织传统戏曲进校园活动，坚持“一村一月一场”农村电影公益放映制度，极大地丰富了基层文化生活，增强了人民群众的获得感、幸福感。

7. 文旅公服体系建设更上新台阶

公共文化服务设施日益完善。截至 2020 年，全市共有公共图书馆 14 个，公共博物馆 14 个，公共美术馆 2 个，文化馆（群众艺术馆）18 个，乡镇（街道）综合文化站 141 个，村级公共服务中心 1681 个，农家书屋 1718 个。建成文化信息资源共享工程省级分中心 1 个，县级支中心 17 个，乡镇（街道）服务点 141 个，村级基层服务点 1600 多个，县区支中心、乡镇服务点覆盖率为 100%，初步形成了市、县（市、区）、乡镇、村四级公共文化设施网络。新建成桂林博物馆、图书馆、非遗展示馆等一批公共文化场馆，漓江大剧院等公共文化场馆也正在加快建设中。桂林市加快推进“壮美广西·智慧广电”工程，2019年至2020年，已完成行政村联网846个，新增用户12.4212万户，重建或新建乡镇服务站118个，重建或新建乡镇机房96个。截至2020年，全市已建成乡镇无线发射台站109个，全市广播电视综合人口覆盖率分别达到了98.6%、99.1%。

旅游公共服务水平不断提高。大力开展“厕所革命”，“十三五”期间，共建成旅游厕所660座，2016年获评全国“厕所革命先进市”，桂林模式在全国重点推广。全面实施旅游中英文标识系统建设，完成秀峰区、漓东百里生态示范带、首届全区文化旅游发展大会考察沿线的旅游中英文标识系统建设，新增147块旅游标识牌，启动大桂林生态休闲旅游精品线路沿线旅游中英文标识系统（一期）建设工作。2016年以来，启动桂林城市旅游服务中心建设工作，先后完成桂林骏达汽车总站旅游集散中心、高铁站（西站）旅游集散中心、高铁站（北站）城市旅游服务中心、万福广场城市旅游服务中心以及桂林市旅游集散中心（木龙湖）的建设工作。在机场T2新航站楼等处新建桂林旅游咨询服务中心、桂林旅游红色驿站等城市旅游服务中心网点。截至2020年底，全市共建成旅游集散中心16处，其中二级旅游集散中心1处、三级旅游集散中心1处，广西旅游咨询服务中心32处，旅游集散网络日益完善。

文化旅游的智慧化水平逐步提升。基本建成“一键游桂林”旅游综合服务平台、综合监管平台和文化旅游大数据中心，智慧旅游监管中心建成投入使用，成为全区推广智慧旅游的典范。桂林文化旅游综合数据中心纵向采集了旅游“食住行游购娱”六要素数据，横向采集了公安、机场、客运、航运及三大运营商数据，并完成与自治区文化和旅游厅“广西旅游直通车平台”“桂林市社会治理与应急指挥平台”的对接，初步实现了行业监管、数据共享和数据统计功能。通过“一键游桂林”旅游综合服务平台和城市旅游服务中心线下服务，桂林已形成覆盖全市主要交通节点、部分市区景区的智慧旅游公共服务网络体系。

8. 文旅改革创新取得新成效

桂林市全面落实中央和自治区关于文化和旅游工作的决策部署，深入推进文化和旅游行业在机构队伍、综合执法、保障体系等方面的有机衔接。推动文化和旅游在职能、资源、产业、市场、公共服务、对外开放等领域全方位深度融合，完成文化和旅游体制机制改革以及市、县的文化旅游机构合并，文化事业、文化旅游产业站上了新的起点。桂林市实施旅游产业用地改革，在全国率先建立旅游产业用地分类体系和基准地价体系，形成促进旅游产业转型升级的供地政策，对全市列入《桂林市统筹推进重大旅游项目建设清单》或《桂林市重点旅游片区发展规划》的旅游开发项目执行旅游用地基准地价。政策保障了融创桂林文化旅游城、芦笛桃花湾农业生态休闲旅游园等一批重大文旅项目的用地。在全国先行探索了一系列符合区域特色、适应旅游项目特点的土地利用和管理新政策，破解了旅游发展用地难题。创新旅游监管体制，在全国率先建立了“1+3+N”旅游管理体制，在全区率先推进了文化旅游综合执法改革。导游管理体制改革走在全国前列，2018 年完成全市 11690 名导游的电子导游证换发工作，启用导游公共服务监管平台，导游服务趋于规范化、标准化。

9. 宣传推广和交流合作迸发新活力

营销推广方式不断创新。2018—2020 年，连续参加“壮族三月三·相约游广西”“冬游广西——山水暖你 壮乡等你”等系列活动，先后到哈尔滨、北京等城市进行主题宣传推介，扩大了桂林文化旅游的影响力，湖南、广东等外省游客人数增长较快。创新开展线上线下联合营销，2019 年在国内外主要客源地开展了“30 秒游桂林”主题报道、“抖 in 美好桂林”城市挑战赛等，2020 年在阳朔县、“两江四湖”景区开展了“三姐带你游广西”直播等系列线上线下宣传促销活动，推广范围进一步扩大，传播效果更加精准。积极开展高铁旅游营销，2017 年开通了兴安“灵渠”号高铁旅游专列，与贵阳、广州等客源地联系更加紧密。利用微电影、纪录片、宣传片等方式开展连续性宣传营销，2016 年拍摄发布了桂林旅游微电影《依恋之城》，并在主流媒体播放。2017 年拍摄记录片《走近桂林文化》《桂林古村落》和旅游宣传片《到桂林邂逅乡愁》。持续开展入境旅游营销，2017—2019 年，先后赴泰国、马来西亚、印尼等入境客源地进行宣传营销，开通柬埔寨—桂林、雅加达—桂林等包机航线。同时不断强化与 BBC、FaceBook、CNN 欧美电视频道等知名境内外媒体网站的精准营销，成立了桂林旅游境外新媒体平台，入境游客人数持续增加，入境市场得到进一步拓展。

文化旅游交流合作日益深入。打造"'大美桂林'桂林画院美术书法精品巡回展"文化交流品牌活动，"十三五"期间，先后赴天津、乌鲁木齐、重庆等20多个城市举办展览，成为宣传桂林的一张文化名片。推进世界旅游组织第一个中国旅游观测点在阳朔设立，连续举办联合国世界旅游组织/亚太旅游协会旅游趋势与展望国际论坛、中国－东盟博览会旅游展、桂林国际山水文化旅游节等国际论坛和展会，2020年还举办了第15届中国－东盟文化论坛（首届中国－东盟文化艺术周）、中国非物质文化遗产整体性保护论坛、文化与自然遗产日主场城市活动，通过一系列展会、论坛扩大了桂林与国内城市及东盟国家的文化旅游交流合作，显著提升了桂林文化旅游的国际影响力。2019年，与吉安、赣州、韶关、永州、遵义等五市就区域红色旅游发展达成合作共识，共同发布《西部红色旅游城市区域合作桂林宣言》，有效提升了桂北红色旅游品牌影响力。

（二）"十三五"期间存在的问题与面临的挑战

1. 存在的问题

发展格局有待进一步优化。桂林城区至阳朔是桂林文化旅游产业的黄金地带，也是全市文化旅游的热点区域，漓江风景区、两江四湖·象山景区、独秀峰·王城景区等5A景区均集中在这个地区和板块上。但与龙胜龙脊梯田、资源八角寨等周边的景区缺乏联动，对周边的县（市、区）辐射带动作用不够，灌阳、资源、平乐、荔浦等县（市、区）文化旅游发展相对较弱。急需培育新的增长点，构建全域联动的线路，进而形成全域化发展格局。

文化旅游发展的国际化水平有待提升。桂林72小时的过境免签时限较短，入境旅游免签的国别范围较小，同时桂林两江国际机场国际航线少、航线覆盖城市少，导致72小时过境免签政策实施效果不明显。基础设施、公共服务设施的国际化服务水平有待提升，国际化人才、全过程管理型人才比较缺乏，急需培育一支国际化的人才队伍。

文化资源优势未转化成产业发展优势。桂林历史文化、红色文化等文化资源丰富，但在产品开发中对文化的利用不足，缺少深度文化体验型的产品。在文艺创作方面，反映新时代中国特色社会主义文化的高质量文化作品及项目相对较少。桂林市文化产业相对较弱，占国民经济比重不高，文化资源优势尚未转化成发展优势。

产品供给的品质化需进一步提升。文化旅游产品缺乏创意创新，与高科技方面的融合不深，观光旅游、乡村旅游、健康旅游等产品的供给品质不高，存在同质化，新业态、高科技的文旅产品开发不足。

市场环境需进一步优化。一是营商环境需优化，支持文旅企业发展的奖励性、引导性措施较少，贯彻落实政策的“最后一公里”尚未打通。二是市场主体综合实力需增强，桂林旅游股份有限公司、桂林市文化体育产业投资发展集团有限公司等企业与国内其他大型文旅企业相比，综合实力不够强，示范带动作用不明显，桂林本土文化旅游龙头企业、上市企业较少。

市场执法和监管力度还需进一步加强。目前桂林市文化旅游市场还存在低价竞争、强制消费等现象，在高质量发展新形势下，应联合各部门，建立市场综合执法和长效监管机制，进一步加大执法力度，促进文化旅游市场的规范化发展。

2. 面临的挑战

错综复杂的国际环境给文化和旅游发展带来挑战。当今世界多极化加速发展，新冠肺炎疫情全球大流行，国际经济、科技、文化、安全、政治等方面正在发生深刻变化，安全风险点增多，国际关系分化组合更趋复杂。外部复杂变化环境将持续影响“十四五”期间桂林文化旅游产业的增长，桂林文旅市场面临国际投资减少、入境游客大幅缩减、文旅产业风险增大、对外交流合作阻力增加等挑战，文旅市场恢复还需一定时间。“十四五”期间，桂林文化旅游发展应更加注重产业结构的升级和优质产品的供给，从注重速度与规模增长向注重品质与质量提升方向转变。

文化旅游深刻变化带来新的需求。文化旅游的产业形态、市场结构、消费需求正在发生深刻变化，给桂林文化旅游发展带来新的需求和挑战。一是对安全要求越来越高。当前，在疫情影响下，游客对文化旅游环境安全性有了更高的要求。二是对品质要求越来越高。随着人们的精神需求发生重大变化，对文化旅游产品质量提出了更高的新要求。三是对科技含量要求越来越高。传统旅游经济模式难以为继，必须综合运用现代科技手段，以创新驱动赋能文化旅游提档升级。四是对个性化要求越来越高。文化旅游市场需求专业化、多样化、细分化的特征越发明显，“量身定制”的个性化产品模式日渐成为文旅市场新时尚。

文旅市场外部竞争较为激烈。贵州贵阳、云南昆明、湖南长沙等广西周边地区文化旅游发展迅速，西安、苏州等国家历史文化名城加速文化旅游开发，知名度不断上升，东南亚国家热点旅游城市不断升级文化旅游产品等，来自国内外的文化旅游竞争日趋激烈，给桂林文旅市场的拓展带来一定挑战。

（三）“十四五”期间桂林旅游发展形势分析

1. 国际形势

当前和今后一个时期，我国发展仍然处于重要战略机遇期，但机遇和挑战都有新的发展变化。当今世界正经历百年未有之大变局，新一轮科技革命和产业变革深入发展，国际力量对比深刻调整，和平与发展仍然是时代主题，人类命运共同体理念深入人心。同时国际环境日趋复杂，不稳定性不确定性明显增加，对文化旅游业，特别是出入境旅游带来前所未有的挑战。随着“一带一路”倡议深入实施，中日韩及东盟十国等国家正式签署《区域全面经济伙伴关系协定》（RECP），中国与国际市场进一步开放合作，将有力提振各方对经济增长的信心，显著提升东亚区域经济一体化水平，促进区域产业链、供应链和价值链的融合，为桂林开展对外文化旅游合作带来新机遇，推动建立开放型区域经济一体化发展新格局。

2. 国内形势

我国开启全面建设社会主义现代化国家新征程。“十四五”时期是我国全面建成小康社会、实现第一个百年奋斗目标之后，乘势而上开启全面建设社会主义现代化国家新征程、向第二个百年奋斗目标进军的第一个五年。我国文化旅游长期向好发展的趋势没有变，人民群众对文化旅游的刚性需求逐步扩大，人民生活水平显著提高，人们的文化旅游需求逐步由注重观光向兼顾观光与休闲体验转变，市场空间广阔。桂林文化旅游应遵循高质量发展的时代主题，深化供给侧结构性改革，同时注重需求侧改革，迎合新需求开发更多新业态新产品。

坚定文化自信，建设社会主义文化强国。“十四五”规划对文化建设领域做出新的谋划和部署，强调把文化建设摆在更加突出位置，加快建设社会主义文化强国，并明确了到2035年实现建设文化强国的战略目标。桂林应充分发挥文化旅游在促进文化传播、推动精神文明建设方面的独特优势，坚定文化自信，以社会主义核心价值观引领文化建设，推动文化事业和文化产业大发展大繁荣，加速文化和旅游深度融合，提高城市的文化软实力，塑造城市的文化形象。

加快构建以国内大循环为主体、国际国内双循环相互促进的新发展格局。党的十九届五中全会提出，要坚持扩大内需战略基点，加快培育完整内需体系。必须深刻认识我国社会主要矛盾变化带来的新特征新要求，深刻认识“十四五”时期我国将进入新发展阶段的重大判断，贯彻落实新发展理念，紧扣推动高质量发展，做大做强文化旅游产业，培育繁荣国内旅游市场，充分释放内需潜力，促进国内大循环。桂林要贯彻落实全会精神，巩固国内市场，大力开拓入境市场，构建国际国内双循环格局。

3. 广西壮族自治区形势

“建设壮美广西，共圆复兴梦想”，为新时代广西发展指明新方向。中国共产党广西壮族自治区第十一届委员会第九次全体会议提出围绕“建设壮美广西，共圆复兴梦想”总目标，全面落实“三大定位”新使命和“五个扎实”新要求，坚持稳中求进工作总基调，坚持新发展理念，坚持以改革开放为动力，加快推动开放发展、创新发展、绿色发展、高质量发展，到2035年基本建成“壮美广西”，与全国同步基本实现社会主义现代化。桂林要贯彻落实会议精神，加速文旅产业发展，促进产业转型升级和全面提质，为实现“壮美广西”建设贡献桂林力量和桂林智慧。

构建“南向北联东融西合”新格局，推动广西全方位开放发展。随着中国－东盟自由贸易区升级版建设进程加快，广西着力构建“南向北联东融西合”新格局，加快建设西部陆海新通道及中新国际大通道，全面担负起国家全面开放发展的重大任务；积极拓展与长江经济带的深度合作，擎起西南中南地区新的战略支点；主动对接融入粤港澳大湾区，推动两广一体化向更高质量发展；深度参与孟中印缅经济走廊和澜沧江湄公河区域合作，开拓新兴市场。桂林要发挥区位优势，在广西全方位开放发展中主动对接湖南、贵州及粤港澳大湾区市场，构建文旅合作新平台。

加快文化旅游产业高质量发展，开启文化旅游强区建设新征程。

“十四五”时期，广西将以每年召开的全区文化旅游发展大会为契机，加快文化旅游供给侧结构性改革，创新文化旅游融合发展机制，提升文化旅游产业体系，加快健康文旅产业发展，加快构建“三地两带一中心”新格局，打造世界健康旅游目的地，提升全区文化旅游公共服务设施水平，坚持以人民为中心的工作导向，推动广西文化产业事业繁荣兴盛。桂林要坚持国际旅游胜地建设“一本蓝图绘到底”，加快文化旅游产业优化升级和融合创新，强力支撑文化旅游强区建设。

4. 广西壮族自治区桂林市形势

国家加快建设长征国家文化公园，桂林红色文化实现新开发。2019 年，国家印发了《长城、大运河、长征国家文化公园建设方案》，“十四五”时期，国家将对长征国家文化公园建设给予资金和政策支持。桂林市要充分利用这一契机，加快长征国家文化公园广西段建设，重点打造红军长征突破湘江烈士纪念园等红色旅游景区，发展红色旅游，讲好长征故事，弘扬长征精神，让桂北红色旅游成为桂林旅游的新名片。“十四五”期间，桂林将继续推进长征国家文化公园广西段的建设，以红色文旅项目为重要抓手，发展红色旅游，彰显红色旅游精神底色，增添红色旅游的文化亮色，擦亮红色旅游的时代特色，进一步提升桂林文化软实力。

自治区大力支持桂林国际旅游胜地建设，桂林国际旅游胜地向世界一流旅游目的地转型升级。自治区相继出台《关于支持桂林市加快文化旅游产业发展的意见》《关于以世界一流为发展目标打造桂林国际旅游胜地的实施意见》等政策，提出支持桂林市打造世界一流的国际旅游胜地。桂林将对标世界一流，建设一流的精品景区、提供一流的旅游服务、培育一流的旅游品牌、建成一流的国际消费中心、形成一流的文旅体验、建设一流的康养基地，在“补短板、强弱项、提质增效”上下功夫，着力构建以国内大循环为主体、国内国际双循环相互促进的新格局，继续深化改革、完善政策，推动桂林文化旅游实现高质量发展。

桂林市大力发展健康产业，建设国家健康旅游示范基地。桂林是全国首批健康旅游示范基地，在国家、自治区相关政策的支持下，桂林将充分利用生态资源优势，抢占大健康产业发展制高点，大力发展健康旅游、健康服务、健康管理等方面的产业，优化健康旅游产品供给，提升健康旅游服务设施，把全市打造成大健康旅游的重要增长极。

桂林市充分发挥文旅资源优势，全力打造国家全域旅游示范区。桂林市地处湘桂交界，是湘桂走廊的重要交通要塞，毗邻粤港澳大湾区，区位条件优越，有利于拓展粤港澳、广东及湖南等地的客源市场。桂林市文化旅游资源众多、类型丰富，世界自然遗产中国南方喀斯特、世界灌溉工程遗产灵渠等自然山水资源在国际市场享有极高知名度，甑皮岩国家考古遗址公园、靖江王城及王陵遗址公园等人文资源彰显桂林深厚的历史文化底蕴。壮、苗、瑶、侗等民族风情浓郁，传统村落古香古色，乡村田园风光秀美，红色文化、抗战文化资源丰富，奠定了打造世界一流国际旅游胜地的资源本底。桂林市应积极发挥区位优势和资源优势，推动文旅全域化发展、全产业融合、全要素配套，加快推进国际旅游胜地提质升级。

二、桂林国际旅游胜地建设发展的重要成果评估

（一）先行先试：桂林国家旅游综合改革试验区建设

2009年是中国旅游业发展的改革关键年，也是中国旅游转型升级的关键年，国家于当年密集出台促进地方经济社会发展和旅游业发展的改革政策，其中在《关于进一步促进海南、云南、广西经济社会发展的若干意见》中将云南省、海南岛、桂林市作为首批国家旅游综合改革试验区，构建起“一省一岛一市”的国家旅游综合改革试验格局。

桂林国家旅游综合改革试验区的核心是国家、综合、改革、试验四个关键词。桂林一直被视为中国旅游业发展的“风向标”和“晴雨表”，联合国世界旅游组织也将桂林作为与中国旅游业界合作、研究中国和亚太旅游发展趋势的“基地”和“桥头堡”。同时，桂林也是最早对外开放的国际风景旅游城市（1973年开放）。在近40年的旅游发展历程中，桂林旅游探索和创造了许多经验并在全国推广，桂林是全国第四大入境游城市，仅次于北京、上海、西安，成为唯一被选中的旅游综合改革实验区的地级市，通过桂林旅游综合改革试验，可以为国家实施旅游综合改革试验提供先行先试经验和样本模式。桂林国家旅游综合改革试验区的“综合性”体现在，对构建实验示范

体系、构建旅游要素市场、旅游发展功能创新、建立旅游生态环境保护补偿机制等方面进行更好的探索，将旅游业置于经济、社会、环境、生态、产业、文化等整体中进行考虑，突破旅游单一的发展模式。同时，对政府服务体系、财税、旅游用地、生态补偿、旅游要素、生态文明、国际合作、国际交流、物权产权等领域的改革进行尝试与探索，并在入境游客落地签证、生态补偿机制、环境保护、投融资机制、行政区划调整、事权责划分、市场运行机制等方面进行有益的试验。

2009 年，《桂林国家旅游综合改革试验区总体方案及规划纲要》完成编制上报给国家，桂林进入为期三年的国家旅游综合改革试验区建设阶段。从 2009 年至 2011 年，利用三年的时间，桂林市在国家旅游综合改革试验区的先行先试方面取得明显成效。以建设桂林世界旅游城作为“改革”突破口，推动服务业转型升级，第三产业实现增加值 467.58 亿元，增长 7.9%；三产税收占全部税收比重达 54.4%，比上年提升 2.9 个百分点。罗山湖体育休闲产业园等 30 个桂林世界旅游城重点项目集中开工或竣工。2011 年接待游客 2788.17 万人次，增长 24.1%，其中入境游客 164.39 万人次，增长 10.6%，为桂林国际旅游胜地建设积累了改革试验的经验。

（二）发展纲要：桂林国际旅游胜地建设规划成果

桂林市利用三年时间对旅游业进行综合改革，在多个领域实施先行先试，在此基础上又审时度势，依据国家给予桂林的政策，积极推进桂林国际旅游胜地建设。2012 年 11 月 1 日，经国务院同意，国家发展改革委批复《桂林国际旅游胜地建设发展规划纲要》（以下简称《规划纲要》），标志着桂林进入国际旅游胜地建设阶段，也标志着桂林国际旅游胜地建设上升为国家战略。规划范围涵盖桂林市全境，共 6 区 10 县 1 市（2015 年 5 月临桂撤县设区），总面积 2.78 万平方千米。

《规划纲要》确定了 6 个方面的建设任务。第一，构建高效有序、协调发展的空间格局，合理划分城市化地区、农产品主产区、重点生态功能区和文化自然遗产保护区，构建“一轴两带”产业发展格局，统筹推进中心城区、临桂新区、重点城镇等建设，促进城乡协调发展。第二，加强生态文明建设，深化漓江、名城景观、自然保护区、森林公园及湿地的保护与开发，做好污染综合防治、低碳与循环经济发展。第三，强化旅游业发展，着力打造八大系列旅游产品、推进“六个一批”重点工程，做好旅游市场开发、旅游市场主体建设和旅游公共服务体系建设，推进旅游区域合作。第四，加快相关产业发展，统筹推进会展业、文化体育业、商贸服务业、金融服务业、绿色农业、低碳工业等产业发展，促进相关产业与旅游业深度融合发展。第五，增强国际旅游胜地建设发展的保障水平和支撑能力，在保障体系建设方面，构建立体交通、新能源、网络信息、新基建、旅游公共服务、综合治理等保障体系，促进城乡共同协调可持续发展。第六，用足用好用活现有的政策基础上，在政策创新、财税改革、机制体制创新、绿色发展、投融资、社会资本等方面加大创新改革力度，为桂林国际旅游胜地建设保驾护航。

从上述规划定位与内容、目标可以得知，桂林国际旅游胜地建设最大的改革创新在于：旅游业与整个区域经济社会融合发展，着重解决市民与游客的主客“共建共享”问题，强化国际文化交流与交往，促进世界命运共同体发展，突破桂林旅游一直以来以单一的旅游经济为发展导向的局限，突破“就旅游发展旅游”的发展路径，更加注重经济、社会、文化、生态、环境等多重目标功能的协调融合发展。经过 9 年时间，桂林国际旅游胜地建设基本完成规划目标，取得国家旅游综合改革试验区、旅游产业用地改革、世界旅游趋势与展望大会、世界旅游城、国家可持续发展议程创新示范区、中国－东盟博览会旅游展等多个重大建设成果。

旅游转型升级取得新成效。建成地中海俱乐部桂林度假村、阳朔悦榕庄、玉圭园·环球名胜水上乐园、罗山湖水上世界等一批高端度假旅游精品项目，投资 300 亿元的桂林万达文化旅游城项目已初步建成，为世界一流的旅游目的地建设提供了重要载体支撑。旅游文化融合发展成果丰硕，建成王城东巷文化旅游街区、“飞虎队”遗址公园、万达广场等文旅、商旅、体旅产业融合项目。一批旅游新业态加快发展，高铁旅游、低空旅游、乡村旅游成为桂林旅游新亮点，旅游逐步向多元化和休闲度假模式转变。与海航合作成立桂林航空旅游集团，拥有了自己的航空公司“桂林航空”。

旅游软硬环境明显改善。随着湘桂高铁、贵广高铁开通运行以及“北通南畅、东拓西联”工程建设，桂林旅游通道能力大幅提升。在全国率先启动旅游厕所建设提升工程，“厕所革命”取得阶段性胜利。大力实施品质旅游战略和旅游标准化建设，先后荣获“中国十大休闲城市”“中国十佳品牌会展城市”，跻身全国旅客满意度十强，旅游服务业标准化试点城市通过国家验收。

全域旅游建设取得重大成就。2020 年桂林市被评为国家文化和旅游消费试点城市，开启全天候旅游消费模式；阳朔县和兴安县建成国家全域旅游示范区，灌阳县和临桂区建成广西全域旅游示范区；龙胜各族自治县、灵川县等 8 个县区获得广西特色旅游名县称号；拥有国家、自治区级旅游度假区 4 个，5A 级旅游景区 4 家，A 级旅游景区 100 余家，位列广西第一；首创的“一键游桂林”模式成为广西典范；创造“桂林有礼”“桂林有戏”“养生桂林”“红色桂林”等文旅融合新品牌。

此外，桂林在旅游消费升级、产业升级、产品升级、管理升级、业态升级、质量升级等方面也有不少新的突破。旅游产业成为桂林的优势产业，所占的国民经济比重达到 54.4%，成为经济增长主引擎。

（三）改革突破：桂林旅游产业用地改革试点

旅游改革最大的瓶颈之一就是项目用地难。由于旅游项目的特殊性，决定了旅游项目用地无法和城镇用地、工业用地等一样采取集中供地或大面积使用建设用地。一直以来桂林都不缺乏大型旅游项目，但许多优质项目因采用现行用地管理办法和土地分类而无法有效解决用地难题。因此，在桂林国家旅游综合改革试验区发展阶段，桂林就开始探讨旅游用地改革问题，在国际旅游胜地建设发展中终于实现改革突破。

桂林市强化旅游业用地支撑，全面落实国土资源部（现自然资源部，下同）、住房和城乡建设部和国家旅游局（现文化和旅游部，下同）《关于支持旅游业发展用地政策的意见》（国土资规〔2015〕10 号），优化调整并细化《桂林旅游产业用地改革试点若干政策（试行）》（桂政发〔2013〕35 号）（以下简称“31 条”）。2013 年 6 月，经国土资源部批复，桂林市开始旅游产业用地改革试点，探索旅游产业用地规划管控、分类管理、农民利用集体土地参与旅游开发并分享收益、旅游产业转型升级等方面的制度改革。2014 年，桂林市颁布实施“31 条”及相配套的《桂林市重点旅游片区发展规划（2014—2020）》《桂林市统筹推进重大旅游建设项目清单（2014—2018 年）》《桂林市旅游项目用地专项年度计划指标管理暂行办法》等一系列政策，建立桂林旅游用地分类体系，编制桂林旅游用地基准地价，并围绕规划管控、分类管理、农民参与旅游开发、节约集约用地等改革的主要任务开展实践探索。支持城乡建设用地增减挂钩、耕地占补平衡等指标优先安排自治区级旅游重点项目；推动各地将旅游休闲基础设施建设纳入城乡建设总体规划；支持城镇和乡村居民利用自有住宅依法从事旅游经营。

1. 出台系列旅游产业用地改革政策

一是创新编制“多规合一”规划。桂林市旅游发展委员会联合市国土资源局（现市自然资源局，下同）组织桂林市原11县6区，编制重点旅游片区规划，将土地利用总体规划、城镇总体规划、漓江风景名胜区保护规划和旅游总体规划等进行融合。依据《规划纲要》，桂林市发展改革委牵头组织拟定项目清单，将一批有影响力，经济效益、社会效益、民生效益明显的旅游项目纳入项目清单。纳入项目清单的项目与重点旅游片区规划衔接，对于列入项目清单的旅游重点项目给予优先用地支持。

二是颁发“31条”。依据《桂林旅游产业用地改革试点总体方案》的要求，在国土资源部的指导下，经过多轮实地调研和广泛征求各级政府、相关部门意见，经自治区政府同意，“31条”于2014年6月25日正式颁布实施。目前，“31条”已在广西20个旅游名县中推广运用，对广西旅游产业转型升级起到极大促进作用。

三是完善旅游产业用地改革试点相关配套政策。依据“31条”政策，进一步细化和制定《桂林市旅游产业用地项目规划修改与调整管理暂行办法》《桂林市旅游项目用地供应管理暂行办法》《桂林市旅游项目用地专项年度计划指标管理暂行办法》《桂林市旅游用地报批管理暂行办法》《桂林市农村集体土地使用权开发旅游流转暂行办法》等5个配套政策，并由桂林市政府印发“市政〔2015〕70号文”从旅游项目用地规划、指标分配、报批、供地、土地流转等5个方面对旅游项目投资进行政策支持，简化相关程序，从而提高旅游项目业主投资的积极性。

四是探索低效用地再开发利用政策。根据《桂林旅游产业用地改革试点总体方案》中“开展城镇低效用地再开发利用，扩展旅游产业用地空间”的精神，结合“31条”中落实节约优先促进旅游产业转型升级的供地政策，颁布实施《桂林市城镇低效用地再开发利用暂行办法》，组织编制《城镇低效用地再开发工作专项规划（2014—2018 年）》，将布局散乱、利用粗放、用途不合理的旧城镇、旧厂房和旧村庄共 743 个地块纳入专项规划。经统计，桂林市城镇低效用地总规模为 3654.84 公顷，改造后预计可给桂林市带来巨大的经济收益。

2. 构建桂林市旅游用地分类体系

在桂林市旅游产业用地现状调查与需求分析的基础上，根据法律法规、《土地利用现状分类》（GB/T21010—2007），结合规划、旅游业态和生态保护等实际，针对旅游用地管理和使用的普遍问题，构建直接用于分类管理、出让的统一体系。该分类体系采用 4 级分类，将旅游用地划分为建设用地、非建设用地 2 个一级地类，下设旅游设施用地、旅游地产用地、旅游景观和生态用地 3 个二级地类，之下又细分为 8 个三级地类、24 个四级地类。

二级地类中的旅游设施用地、旅游地产用地属于建设用地，旅游景观和生态用地属于非建设用地，主要包括耕地、园地、林地、草地、水域等农用地及其他类型的非建设用地。旅游设施用地、旅游地产用地与城镇用地、农村居民点用地等相并列，具有建设用地的性质和特点要求，但又不同于一般的建设用地。

旅游设施用地是服务于自然景观和人文景观的旅游配套设施用地；旅游地产用地主要是依托周边旅游资源而建，具有旅游开发价值，服务于旅游活动的系列建设用地；旅游景观和生态用地是旅游景区中具有生态服务功能的各类非建设用地，具有多功能性和边界模糊性等特点，不在《土地利用现状分类》中独立出来，可按原地类用途管制，只在用地管制方面提出促进旅游与其他功能协调发挥作用的措施与要求。

桂林市旅游用地分类体系的建立为桂林市合理规划、利用、统一管理旅游用地提供了科学标准，更为我国土地利用现状分类改革积累了试点经验。

3. 编制旅游用地基准地价

旅游用地基准地价体系将桂林市中心城区定为 6 个等级，临桂区及 11 个县（自治县）分为 1~4 个不同等级，同时，桂林市在旅游用地分类体系的基础上，对各类用地进行具体的细分和评估，最后形成细分用途的旅游用地基准地价。

4. 积极探索农民利用集体土地参与旅游开发模式

探索农民利用集体土地参与旅游开发和分享收益的方式，在实践中摸索出自主经营、门票分成合作、林权流转合作、股份制合作、土地租赁合作等模式。针对实践中暴露出的一些具体问题，相应制定《桂林市农村集体土地使用权开发旅游流转暂行办法》，进一步确定政府、企业和农民之间的权利和义务，在严格保护耕地和生态环境的前提下，保证农民“不失地、不失业、不失居”，在提高农民收入、拓宽就业途径的同时有效地保护和改善当地的生态环境。

从 2013 年 6 月国土资源部批复同意《桂林旅游产业用地改革试点总体方案》以来，桂林市共制定出台“31 条”和《桂林市旅游产业用地项目规划修改与调整管理暂行办法》等 5 个配套政策，完善土地管理制度，建立差别化的桂林旅游用地分类体系，编制桂林旅游用地基准地价并加以实践。试点工作开展以来，自治区国土资源厅（现自治区自然资源厅，下同）每年支持桂林 100 公顷新增建设用地指标，支持旅游产业用地改革试点，直接促使和保障桂林文化旅游城、塔山片区等重大项目的落地。落实最严格的耕地保护制度和节约用地制度，严格实行土地用途管制制度，在保护基本农田的基础上，加强对土地利用的引导和管控，实施差别化土地政策，优先保障国际旅游胜地建设的鼓励扶持类项目用地。

桂林市的改革成果得到国家的认可，国土资源部、住房和城乡建设部、国家旅游局在印发《关于支持旅游业发展用地政策的意见》（国土资规〔2015〕10 号）中就吸纳了桂林改革试点中旅游用地分类管理、农村集体参与旅游开发等方面的经验做法。广西壮族自治区人民政府办公厅《关于支持文化旅游高质量发展用地政策的通知》（桂政办发〔2019〕110 号）中则采纳了桂林改革试点中旅游用地分类管理、农村集体土地参与旅游开发等方面的经验和做法，并在广西 20 余个特色旅游名县中推广运用，为促进广西旅游产业转型升级和全域旅游发展起到积极作用。

（四）创新示范：景城融合建设世界旅游城

“保护漓江，发展临桂，再造一个新桂林”是桂林旅游发展的重要战略举措，从 2007 年开始，广西对桂林发展做出重大战略调整，城市建设的重心向西，创造性地谋划桂林城市旅游发展，提出“景城同建、产城融合、主客共享”的城市旅游发展理念和世界旅游城建设方案，这是世界旅游城市发展史上罕见的、具有颠覆性的创新，桂林再次引领世界旅游发展的新潮流、新格局、新理念。

近年来，桂林市积极探索旅游转型升级，从传统以观光旅游为主导的目的地向更为多元、复合、提质、增效的旅游目的地升级，从宏观发展环境看，建设桂林国家旅游综合改革试验区、国家服务业综合改革试点区域以及广西加快推进新型城镇化等一系列政策的相继出台与实施，为桂林旅游转型升级与发展提供了多重机遇，正是基于这一机遇，桂林市委、市政府审时度势，在全国首次提出建设世界旅游城宏伟蓝图，将临桂区、永福县和象山区三个区县区域划为世界旅游城建设范围，规划城市建设用地 120 平方千米，将文化、旅游、城市建设融为一体打造世界级旅游新城。

世界旅游城建设在全国的创新示范引领作用，具体表现在以下几个方面。

1. 主导产业：构筑三大新动力体系

一是大旅游产业。通过大旅游推动旅游产业优势提升与产业融合。大旅游产业围绕旅游主体产业、旅游延伸产业和旅游支撑产业三大板块，通过资源整合、能级跨越、领域拓展、设施完善，实现“吃、住、行、游、购、娱、商、学、养、闲、情、文、展”等旅游产业要素的集聚、融合与创新，全面塑造国际化、特色化的新旅游功能体系。

二是新兴产业。结合国家大力扶持发展的新兴战略性产业政策机遇，重点实现大康养产业、旅游装备产业和文化创意产业突破性发展，推动优势产业升级与新兴产业的培育发展。在大康养产业方面，重点规划发展现代医养结合、中医药大康养产业，将桂林旅游医院、三金药业、莱茵生物、罗汉果小镇、信和信大中华养生谷等一批医养旅游项目落户世界旅游城市，引领桂林大康养旅游产业发展；在旅游装备产业方面，重点发展体育装备、新型住宿设备、旅游电子科技产业等；在文化创意产业方面，重点突出桂林一院两馆、国际会展中心、抗战文化园、凤凰休闲体育运动园、力港动漫、金顺昌等桂林本土特色文创优势。通过三大新兴产业的规划建设，在桂林大地上打造形成一个集文化、商业、旅游、休闲为一体的超大型旅游航母。

三是现代特色产业。结合临桂新区、桂林经济技术开发区和万福休闲旅游度假区建设，世界旅游城引进一大批世界级的休闲娱乐、购物、会展、艺术等现代特色产业项目，万达文化旅游城、吾悦广场等超级旅游项目纷纷落地运营。桂林国际旅游集散中心、桂林智慧旅游中心、桂林国际艺术民宿中心等也将落户世界旅游城。

三大主导产业按照“对接区域、联动老城、融合山水、彰显特色”的空间战略构筑“一点、三星、三区”的开放格局，突出“旅游、生态、创新、低碳”四大发展主题，使其成为带动和辐射广西旅游业的新引擎，成为桂林国际旅游目的地和游客集散地新的增长极，更是成为景城融合、产城融合和产城旅共建共享的典范。

2. 项目建设：基础性、带动性和标志性项目先行

世界旅游城将首先推进核心区基础性、带动性和标志性项目建设，主要包括创业大厦、中心公园、“一院两馆”、广电大厦、桂林日报传媒中心、防洪排涝及湖塘水系、快速公交、旅游通道及教育、医疗卫生等项目建设。同时，还将启动一批重大项目，包括建设世纪大道门户展示区、山水大道综合服务区、创业大厦行政中心区等。

3. 管理体制：坚持市场化运作

建设世界旅游城要加大资源整合力度，积极探索建立高效运转、权责对等的桂林世界旅游城管理体制、运行机制和建设开发模式。此外，还要坚持市场化运作，创新项目投融资体制机制，多渠道筹措项目建设资金，加大招商引资力度，着力引进一批大企业和国际知名品牌，加快形成以政府投入为引导、社会投入为主体的多元化投资格局。

4. 建设成效：临桂全域旅游大发展

临桂作为桂林城市旅游边缘化的县区，得益于实施世界旅游城建设，从2011年开始发力，大力推进景城同建共融，已日益成为桂林新的政治文化中心，成为设施配套齐全、道路四通八达、产业融合集聚、环境生态宜居的世界旅游新城。

临桂按照打造世界旅游城的全域发展理念，通过整合旅游资源、健全公共服务、优化体制机制、完善政策体系等，探索出景城融合、共建共享的全域旅游带动整体社会经济协调发展的世界旅游城样本与模式。

推进全域旅游，做强旅游产业。临桂按照世界旅游城的总体规划，将临桂新区作为一个大景区进行打造，建成新区环城水系、罗山湖、美国飞虎队桂林遗址公园、抱璞博物馆、一院两馆、崇华中医街等一批国家A级旅游景区，做强枫林美食街、喜来登酒店、宏谋大酒店、希尔顿酒店、两江国际机场、都市风光、桂林有礼会客厅、城市候机厅、桂林大剧院等一大批“吃、住、行、游、购、娱”旅游产业，打造景区与城市全民共建共享的全域旅游模式，构建“城市引领乡村发展”的全域旅游大格局。

打响品牌战略，做亮旅游品牌。临桂按照建设世界旅游城的战略定位，持续推进A级旅游景区、星级酒店、城市旅游等品牌战略，坚持在“集小成大”树品牌、“无中生有”创品牌、“有中生新”育品牌和“借题发挥”打品牌上下功夫，打造了红溪和在水一汸等国家4A级旅游景区、一院两馆城市文化旅游新名片、崇华中医街国家级大康养基地、五通农民画国家文化产业示范基地等一批国字号旅游品牌。

突出旅游特色，引领乡村振兴。临桂深挖景城全域融合旅游元素，突出发展“新区休闲度假、城郊养生养老、会仙湿地古运河、历史名人文化、义江乡村生态”特色旅游，探索出一条产旅互动、景城融合、城乡一体的全域旅游发展新路，以世界旅游城引领与带动临桂乡村振兴。

打造研学旅行集群，推动产业转型升级。临桂积极发展城区福达工业研学、莱茵生物研学、一院两馆国学研学、信和信中华养生谷康养研学，辐射带动会仙湿地生态研学、义水中庸田园综合体农业研学、红溪森林研学、桂林花海花卉科普研学、乐8小城创意研学发展，打造会仙喀斯特湿地生态新标杆、义江流域乡村休闲新高地、一院两馆城市文化新名片、临桂新区宜居宜游新天地，叫响世界旅游城品牌，推动临桂工业、农业、生态等产业转型升级。

创新旅游业态，加深文化和旅游融合。临桂以景城融合共建共享为抓手，创新发展“旅游＋体育赛事”“旅游＋美食”“旅游＋文化地产”“旅游＋节事活动”“旅游＋夜间经济”等旅游新业态，积极推动环广西公路自行车世界巡回赛、“建昌”杯175篮球联赛全国总决赛、“三月三”夜游临桂、吾悦广场万达广场夜游、枫林美食街不夜城、泛舟新区环城水系、市民广场音乐狂欢等文旅项目融合发展。

截至2020年12月，临桂已落户各类酒店200多家，建成国家4A级旅游景区1家（新区环城水系）、国家3A级旅游景区4家（抱璞博物馆、一院两馆、崇华中医街、美国飞虎队桂林遗址公园）、四星级酒店1家（喜来登酒店）、大型旅游购物场所5处（吾悦广场、万达广场、花生唐、抱璞博物馆、桂林有礼）、大型剧场1处（桂林大剧院），各类旅游要素配套齐全，已成为生态环境良好、旅游氛围浓郁、旅游要素齐全的旅游新区，被评为国家三星级绿色生态城区、国家文化和旅游消费示范城市。

（五）风向标：联合国世界旅游组织/亚太旅游协会旅游趋势与展望国际论坛

建设桂林国际旅游胜地需要体现国际元素，需要在国际上有桂林的声音、有桂林的方案，而联合国世界旅游组织/亚太旅游协会旅游趋势与展望国际论坛成为桂林走上国际舞台的又一高端平台。

自2007年首届联合国世界旅游组织/亚太旅游协会旅游趋势与展望国际论坛在桂林举办以来，截至2020年，已在这里成功举办了14届。这14年以来，在各界人士和政府的努力下，无论是论坛的举办形式还是内容，都在不断地创新发展，已成为具有区域性国际影响力的旅游业态成果与思想理论交流、合作、展示的重要平台。通过这一平台，不仅能够让世界了解到中国旅游的最新发展成果，进一步认识广西、认知桂林旅游，而且桂林也可以通过这一智库平台，吸收全世界最新的理论研究成果和实践经验，为桂林探索和打造世界一流旅游目的地和建设世界旅游城市提供智库支持。通过这一平台，桂林可以进一步加强与世界旅游组织、亚太旅游协会以及国际、区域间旅游组织机构的合作交流，全面扩大深化合作交流领域，不断完善产业自身建设，拓展旅游发展空间，从而对全面推动桂林旅游的发展产生积极的影响。

（六）国际交流：中国－东盟博览会旅游专题展

中国和东盟是互利共赢的好伙伴。由中国和东盟10国政府共同主办的中国－东盟博览会已经成功举办15届，成为具有特殊国际影响力的国家级重点展会，服务中国－东盟自由贸易区建设，推动包括旅游在内的各领域务实合作。

旅游是软实力，是人与人、国与国之间进行沟通交流的重要外交平台。东盟国家是中国海上丝绸之路的重要节点区域，在其经济社会发展中旅游是一个重要的支柱产业，尤其是泰国、新加坡、越南、马来西亚、印度尼西亚等国家，一直以来都将旅游业作为经济增长点。自2015年起，桂林每年都会承办中国－东盟博览会旅游专题展。专题展由国家文化和旅游部、中国东盟秘书处、广西壮族自治区人民政府共同主办，每年会根据旅游业发展的动态确定主题，并邀请东盟10国旅游主管部门和旅游企业、旅游中间商、旅游代理商参展，采用线上和线下相结合的方式进行展览。通过中国－东盟博览会旅游专题展，桂林国际旅游胜地建设在走上国际化的道路上迈出了新的一步。

（七）全域旅游：桂林国际旅游胜地建设的重要贡献

桂林从国际旅游胜地建设发展的经验中，探索出全域旅游的核心要义：创新、引领、示范、共建、共享，正是得益于这些基本经验，从2015年开始，桂林全面推进全域旅游建设发展，形成桂林国际旅游胜地建设发展实践的新模式，得到国家层面的认可与推广。

推进全域发展，坚持“大桂林就是一个大景区”的理念，打造桂林全域旅游示范市。围绕“文化和旅游+”“+文化和旅游”，推动文化旅游与农业、林业、水利、工业、交通、住房、医疗、养老、体育、教育等的融合发展；加快推进生态休闲旅游精品线路建设，构建大桂林生态休闲旅游圈；大力实施文化旅游扶贫，打造一批文化旅游重点村、民族风情特色村、传统村落、田园综合体和产业园；加快乡村旅游品质提升，建设升级一批星级乡村旅游区、星级农家乐，加快推广遇龙河国家旅游度假区、秀峰桃花湾旅游度假区的高端民宿业态模式，推动乡村休闲度假转型升级；提升打造一批旅游度假区、高A级旅游景区、文化旅游街区、文化旅游精品线路、文化旅游演艺和文化创意品牌，促进漓江文化旅游提升发展，推动一批星级酒店和精品民宿建设；加快发展健康体育旅游，建设国际旅游消费中心，大力营销“桂林有礼”品牌和广西特产，塑造桂林饮食文化。

加强示范创建。桂林将城市、县城、乡镇、村庄进行统筹谋划、统一推进，建成千余亩的临桂新区山水公园、300 亩的市民公园，新区水系和“两江四湖”二期建成通航，新增 2 个“两江四湖”的游览面积；打造 8 条大桂林生态休闲精品线路，阳朔、兴安成为国家全域旅游示范区、全国旅游标准化示范单位，遇龙河成为广西首个国家级旅游度假区。

坚持以创建全域旅游示范区、广西特色旅游名县、旅游标准化示范县为引领，打造一批文化旅游强县。以创建国家、自治区全域旅游示范区为重要抓手，推进各县（市、区）出台支持文化旅游发展的政策措施，完善旅游基础设施和旅游公共服务体系，补齐公共服务短板，提升旅游品质。推动兴安、龙胜、恭城、雁山加快创建国家全域旅游示范区，除永福、平乐、叠彩、象山、七星县区外，其他县区全部建成广西全域旅游示范区（或广西特色旅游名县）。

推动融合提升。桂林全力推动文化旅游生态融合发展，坚持国际旅游胜地建设“一本蓝图绘到底”，取得较好成效。实现从传统产业发展模式向全域旅游升级、从观光游览地向休闲度假地升级、从旅游产业基本要素发展向“文化旅游”深度融合升级、从开发一般文化和旅游项目向创造未来文化遗产升级、从基本服务规范向国际化服务品质升级、从旅游企业相互竞争向文化和旅游产业集聚发展升级、从一般国际旅游城市向国际旅游胜地升级。

（八）生态文明：桂林践行青山碧水蓝天白云的见证

建设全国生态文明建设示范区是桂林国际旅游胜地建设发展的四大目标定位之一。桂林拥有得天独厚的漓江山水生态景观资源，享有“山水甲天下”的美誉，是全国首个国家旅游综合改革试验区，是国际旅游城市、国家历史文化名城和区域性中心城市。桂林拥有世界上发育最典型的喀斯特地貌，以漓江山水为代表的喀斯特景观资源，是“中国南方喀斯特”地貌演化史的代表。2014 年，以桂林山水为代表的“中国南方喀斯特”地貌被联合国教科文组织列入世界自然遗产名录。但桂林地处西部多民族欠发达地区，经济发展方式还比较粗放，基础设施建设相对滞后，景观资源的保育能力不足，支撑社会经济发展等方面的能力均有弱化趋势。有效保护与合理利用好各类景观资源、实现经济社会同步可持续发展，是摆在桂林面前的重大挑战，尤其是在国家对环保约束越来越严格的背景下，如何保护好脆弱的喀斯特山水资源、少数民族原生态资源和文化景观，以及脆弱的历史文化记忆和遗址遗迹遗存，是桂林需要解决的难题。

桂林市重视资源永续利用发展，积极组织开展国家可持续发展议程创新示范区创建工作，先后聘请专家编制《桂林市可持续发展规划（2017—2030年）》《桂林市国家可持续发展议程创新示范区建设方案（2017—2020年）》。经过努力，国家于2018年批复桂林市以“景观资源可持续利用”为主题建设国家可持续发展议程创新示范区（国函〔2018〕31号）。由此，桂林拉开了示范区建设的大序幕，对喀斯特石漠化生态修复、环保、生态治理、绿色农业、生态旅游、生态康养等各类工程技术进行深层次的改造创新，探索出一系列可操作应用、复制推广的实践模式，建立了一批“绿水青山就是金山银山”实践创新基地，为我国山区可持续发展提供了宝贵的实践经验。

桂林市坚持问题导向、创新驱动、项目带动，高标准实施“自然景观资源保育、生态旅游创新发展、生态农业创新发展、文化康养产业创新发展、创新驱动能力支撑”五大行动和17项重点工程。在破解可持续发展典型问题、培育发展新动能、提升老百姓幸福感和获得感等方面取得明显成效，并积累了成功经验，初步形成创新驱动可持续发展的局面。近3年来，总投资累计1215亿元，完成计划投资额的76.92%，有效推进79个重点工程项目的实施。其中，生态旅游产业创新发展行动资金投入603.80亿元，约占总投资的50%；自然景观资源保育行动资金投入197.70亿元，约占总投资的16%；创新驱动能力支撑行动资金投入166.60亿元，约占总投资的14%；文化康养产业创新发展行动资金投入164.46亿元，约占总投资的13%；生态农业创新发展行动资金投入82.70亿元，约占总投资的7%。不断深化科技与体制机制改革，出台《关于实施创新驱动发展战略的决定》《桂林市促进科技创新发展实施办法》等系列政策文件，形成政策组合拳；2019年10月，与深圳市共同建立“人才飞地”机制，实现深桂两市人才直接对话、跨区域资源对接和信息共享；完善可持续发展相关地方立法，制定出台《桂林市漓江风景名胜区管理条例》，积极推动《桂林市喀斯特景观资源可持续利用条例（草案）》等地方立法工作；创新保护与发展体制机制，推进漓江“三统”（统一管理、统一经营、统筹利益分配）改革；探索建立健全漓江生态补偿机制，拟定《建立桂林漓江风景名胜区生态补偿机制实施方案》；成功打造中国－

东盟可持续发展创新合作国际论坛，与联合国开发计划署等国际机构建立良好的合作关系，组建可持续发展专家智库。

桂林市通过国家环境保护模范城市复核，先后成为全国水生态文明建设试点城市、国家级低碳城市试点城市、国家生态文明先行示范区，表明桂林市生态环境保护工作成绩得到国家有关部委的高度认可，一批成果经验和成熟模式能够在全国范围内推广应用。

一批重大生态文明建设工程取得成效。桂林防洪及漓江补水、漓江流域环境保护与治理、桂林喀斯特世界自然文化遗产申报、靖江王城及王陵建设等工程建设取得明显成效。桂林市生态环境质量始终保持良好，环境空气质量逐年改善，市域主要江河干流漓江（桂江）、浔江、洛清江、湘江、资江水质达到或优于国家III类水质标准，国控、区控断面水质达标率均为100%。

三、桂林国际旅游胜地建设发展面临的挑战

（一）制约桂林国际旅游胜地发展的结构性矛盾未得到更好解决

桂林国际旅游胜地建设各项事业得到较好的发展，但与打造世界一流旅游目的地和世界旅游城市的更高要求相比，桂林旅游仍存在结构性矛盾未得到更好解决的问题。主要表现在：一是世界级的优质资源与世界级旅游品牌不匹配的矛盾。桂林拥有“甲天下”的山水、文化、生态资源，桂林旅游也是世界品牌，但已有的旅游品质尚未达到世界级水平。二是旅游空间与旅游新发展的矛盾。桂林在旅游发展空间方面基本上仍停留在漓江与桂林秀峰区，阳朔尽管近年来旅游空间有所扩大，但主要布局在遇龙河和县城，呈现的依然是点—线发展模式，未形成带—面发展模式，导致许多旅游新业态难以及时落户桂林。三是国际化元素和国际化程度低。桂林旅游公共设施、旅游产品水平、旅游基础设施、旅游服务水准、旅游元素、文明城市等各方面的国际化水平和国际化元素均不明显，尤其是国际化管理水平与国外一些著名的国际旅游胜地差距较大。四是已开发的资源（比如阳朔的十里画廊、桂阳公路旅游带、漓东旅游带等旅游项目）掌握在小投资商、小公司、小业主

手中，许多优质资源难以得到有效整合开发，形成集约化、集团化、集群式发展格局。五是旅游客源大部分由旅行社和实力较弱的中间商掌控，导致桂林在客源市场结构改革上举步维艰，适应市场发展的新业态、新方式难以得到快速发展，特别是传统的旅游产品结构没有得到根本性的改革，客源结构依然以观光为主，导致桂林的旅游经济和旅游市场难以做大、做强。

（二）国际标准的旅游公共服务体系仍不健全

要建成世界一流的旅游目的地，不仅要有世界级的旅游资源和高端休闲度假旅游项目，也要有符合国际标准、世界一流水平的旅游公共服务体系，才能为广大境外游客营造良好的旅游环境。但是，当前桂林城市服务功能国际化水平不高，旅游交通接驳脱节，旅游道路建设滞后、等级不高，大部分景区景点和主要街道缺少双语路名牌、指示牌、导览牌等，旅游公共接待设施存在老化和供给不足现象，且服务配套滞后、缺失，当前以景点、景区为依托的旅游公共配套和服务设施已不能满足大众旅游市场需求。只有按照国际标准，加大力度完善旅游公共配套设施，提升旅游综合服务水平，才能为建成世界一流的旅游目的地提供坚实的服务基础。

（三）区域竞争激烈，扶持政策收紧，生态保育任务繁重

区域竞争日益激烈。近年来，国内旅游呈现持续快速增长势头，尤其是云南、海南、贵州等地旅游业发展十分迅速，旅游模式、品种多样，极大地促进了当地的经济发展。如贵州省从2005年开始抓旅游，逐步构建“全季节体验”的旅游产品体系，打造山地旅游、健康旅游、民族风情旅游、文化旅游、高铁旅游等旅游新业态，使本省的旅游产业呈现井喷式增长，一跃成为国内的旅游大省。面对诸多竞争，桂林依托其独一无二的山水景观，深挖历史文化内涵，做足休闲度假概念，重视旅游产品推陈出新，以适应越来越激烈的市场竞争。

区域经济发展的扶持政策正在收紧。当前，在土地资源管理政策日益收紧、财税金融政策愈发严格、环保耗能约束逐渐严厉的形势下，地方区域经济发展如何应对新常态、招商引资如何适应新形势，寻求创新发展，已经成为桂林打造国际旅游胜地过程中必须要面临的一个重大课题。面对新的发展

形势，桂林必须要利用好国际旅游胜地的优势，立足当地现有产业和项目做好转型升级和培育的文章，多方面整合资源配置，达到对外部项目和资本的吸引能力，做好地方或区域产业发展资源要素的对接承接，拓展招商引资形式，搭建多类平台，促进招商引资工作开展，努力实现招商引资的新突破。

桂林生态景观资源保育任务依然繁重。近年来，虽然有一大批生态文明建设工程和项目建设取得明显成效，但仍难以在短时间内完全改变桂林生态环境本底脆弱的实际情况，桂林水生态系统保护与修复、岩溶石漠化治理、耕地保护综合整治、漓江流域营林造林等工作依然十分繁重。加之越来越多的游客数量和不断扩张的城市空间，城市资源环境承载能力将面临巨大考验。如何修复、保育与合理开发桂林山水的生态资源，整体提升支撑桂林发展的生态承载力，为子孙后代保护传承好桂林山水生态资源这座“金山银山”，是桂林创建全国生态文明建设示范区的使命和课题。

（四）对外交流合作平台的带动效应仍显不足

一是国际会展交流不足。虽然桂林已有国际会展中心等 5 个大型场馆，室内展位面积约 3.8 万平方米，但由于场馆设施及功能不完善，无法满足更高规格、更大规模的展览及会议论坛需求，在一定程度上制约着桂林会展业的发展，导致现有国际会展平台带动商贸、旅游、餐饮住宿等产业发展的能力不足。

二是跨区域旅游合作发展水平不高。随着高铁的开通运营，许多周边地区高度重视高铁旅游业发展，贵州省各地、福建南平通过定期、定向减免门票、减免高速公路通行费等方式来吸引游客，相对而言桂林乃至广西在这方面的针对性举措不多。此外，虽然粤桂黔高铁经济带合作试验区（桂林）广西园落户灵川，但园区组织管理、开发建设进展缓慢，与广东、贵州以及柳州等地的工作存在明显差距。

三是文化旅游发展的国际化水平有待提升。桂林 72 小时的过境免签时限较短，入境旅游免签的国别范围较小。同时桂林两江国际机场国际航线少、航线覆盖城市少，导致 72 小时过境免签政策实施效果不明显。基础设施、公共服务设施的国际化服务水平有待提升。此外，桂林的国际化人才、全过程管理型人才较缺乏，急需培育一支国际化的人才队伍。

四、桂林国际旅游胜地建设发展对策

（一）进一步加快产旅融合、城景协调发展

1. 创新城景协同发展

创新城景协同发展，加强旅游在城市品牌建设中的辐射力，将旅游资源的潜力彻底转化为城市吸引力，将分散的旅游线路节点转化为旅游目的地和旅游景区。以突出城市文化底蕴及特色为核心，合理规划集“衣、食、住、行、娱、购、体验”于一体的24小时全域旅游线路。

2. 注重老城区城市更新与景区提档升级的协同

结合老城区功能疏解、危旧房改造等内容，将“两江四湖”项目周边地区搬迁腾出用地的规划与开发工作纳入“两江四湖”项目升级版建设。建议由市政府统一安排，将原行政事业用地重点发展休闲购物、滨河（湖）特色餐饮、小众文艺演出等业态，将“两江四湖”周边危旧房升级改造成桂北特色民居带，实现“两江四湖”由传统的观光旅游项目向集观光旅游与都市休闲互动于一体的旅游项目转变。

3. 注重县域城镇化与特色旅游（产业）小镇的协同

没有产业支撑的城镇化建设完全就如同空中楼阁、海市蜃楼，但是推行城镇化也不是要大拆、大建、大搬迁，而是要结合桂林各县生态环境优良、特色资源丰富的实际，推行就地城镇化。所以，依托地区优势产业基础和特色资源禀赋，加快特色旅游（产业）小镇建设，可以成为县域城镇化的重要载体。按照A级旅游景区的标准，打造一批特色旅游小镇，能够集聚旅游及相关产业要素和人气，有效提升城镇人口数量。

4. 注重美丽乡村建设与全域旅游的协同

全域旅游是美丽乡村建设的新载体，美丽乡村是全域旅游的重要依托。要从点、线、面全方位统筹美丽乡村与全域旅游发展。首先是抓好景区景点、村庄、居民点建设，每一个景点、每一个居民点甚至每一栋建筑都可以打造为精品、塑造为景观，同时通过发展民宿经济，让每个点的环境更加优美、服务功能更加完善。其次是将连接各个乡镇和散落分布的景点的盘山公

路、乡间小道、隧道、高架桥等建设为风景路、景观道，让游客走在路上就有赏心悦目的旅游体验，近期可以通过将广西公路自行车赛道与城市街道、自然景区相结合，打造桂林特色的旅游风光道路。最后是注重面上的软环境改善，包括提升当地居民整体文明素质、改善旅游市场秩序等。

（二）积极发展旅游消费新模式，全面提升旅游消费水平

1. 建设国际旅游消费中心

加快创建国家文化和旅游消费城市，营造高品质消费环境，发展中高端、个性化旅游产品，激发旅游消费潜力，培育壮大旅游消费市场，建设成为国际一流的旅游消费中心。依托桂林市中心城区、阳朔以及其他具备条件的县（市），打造一批文化旅游消费集聚区，培育文化和旅游消费热点。重点推动秀峰桃花湾、融创桂林文化旅游城、阳朔遇龙河、兴安猫儿山、全州大碧头等培育健康养生、休闲度假、体育运动等消费市场，提升服务质量和水平，引导高端私人定制旅游消费规范发展。积极开展夜游景区、夜间演艺、夜游街区等夜间文化旅游活动，培育夜间游憩、特色餐饮、健身休闲、时尚购物等夜间经济产业，丰富夜间旅游消费场景。重点提升“两江四湖”沿岸和阳朔西街夜游体验，大力开发驻场演艺、公园夜游和沉浸体验式夜生活项目，完善城市夜游综合配套与服务保障水平，支持有条件的旅游景区（点）、文化场馆等夜间开放，开发业态多元、吸引力强的夜间旅游优质项目和产品，拓展夜间消费市场。

2. 扩大和引导文化消费

加大力度推进文化消费供给侧改革，强化文化消费业态的创新，以积极、健康、向上的现代文化消费理念引领一批国家级文化产业示范基地的新发展，培育一批文化创意产业体系和做强做大桂林具有潜力的文化创意产业企业，特别是引导“印象·刘三姐”“宋城千古情”、力港网络动漫、五通农民画等创意产业、衍生文创、IP文创的创新发展，开发面向大众的文化消费产品，满足国内外不同文化背景的游客的消费需求。出台激励政策，支持业余休闲文化消费业发展，让更多的优秀影视作品、图书、演艺、动漫、文创等文化实体进入机关学校、乡村企业、部队基层，积极开展全民阅读、雅俗共赏等文化消费活动。鼓励各地积极打造文创商店、特色书店、小剧场、文

化娱乐场所、主题街区等多种业态的文化消费集聚地，推进传统文化消费转型发展。

3. 培育新型文化旅游消费模式

加快适应新形势新需求，积极利用新技术新手段，全力开拓文化旅游消费新领域，激发文化旅游市场消费活力。一是大力培育“双周”经济。积极开展“桂林人游桂林”等宣传推介活动，加强柳州、南宁、广州、深圳、贵阳等周边客源市场开发，重点策划周末短期游主题体验产品和短途旅游线路，推出一系列惠民套餐，迅速提升周边周末短期游市场占有率。二是支持发展文化和旅游数字经济。利用现代化信息技术，推动文化和旅游消费效能提升，推广电子票、云排队等消费形式，提高文化和旅游消费便捷度，打造数字文化和旅游共享经济新模式。三是鼓励发展网红经济。创新文化旅游游览体验，打造网红餐厅、网红景区、网红小吃、网红酒店等消费热点，开展网络演艺、线上游览、直播带货等消费业态。

4. 完善促进消费政策

鼓励各地制定消费优惠政策，举办消费季、消费月活动，制定带薪休假制度实施细则，实行国民休闲旅游计划等。结合“壮族三月三”和其他少数民族的传统节庆活动，灵活安排带薪休假和错峰休假，扩大节假日消费；引导有条件的企业和单位根据实际情况，依法优化调整作息安排，为干部、职工周五下午与周末外出休闲度假创造有利条件。建立健全文化旅游市场监管和消费维权体系，实施放心消费行动，全方位优化消费环境。

（三）强化优质旅游，引领旅游新业态发展

1. 文化旅游产业提质增效

把握好后疫情时期文化旅游产业发展趋势和机遇，优化“一核三带三极多点”全域旅游发展格局，加快建设桂林市中心城区文化旅游发展核心，打造漓江沿线、湘桂走廊、西南通道三大文化旅游经济发展带，做优做强阳朔、龙胜、兴安三大文化旅游增长极，强化多点辐射，带动桂林市文化旅游发展和提质扩容，建设大桂林大景区。

2. 旅游新业态、旅游新产品、旅游新基建、现代特色服务工程提质增效

采用最新的发展理念，包装策划一批具有世界级水准的精品旅游景区、

线路、旅游带、旅游廊道等。依托桂林优质的农业、山水、林业、文化等资源，规划一批大康养、沉浸式体验、休闲度假、山地运动、精品民宿、商务会展、旅居康养等旅游新业态、新产品、新服务项目，构建全域化、国际化、品牌化、高端化的全域旅游体系。强化夜间旅游、私人定制、文创IP等新型旅游消费业态；开展旅游服务标准化体系建设，推出诚信旅游建设、服务质量建设工程，以国际、国家和地方旅游标准化为依据，打造一批旅游标准化示范基地、示范企业，不断提升具有国际水准的旅游公共服务体系。尤其是强化“旅游+、+旅游”的产业融合体系工程建设，培育打造一批农旅融合、文旅融合、体旅融合、林旅融合、康旅融合、医旅融合新业态。统筹推进华江九寨、清江湿地公园、观阳古镇、兴坪特色镇、梦幻阳朔、妈祖文化、仙家温泉、福寿田园综合体、九曲龙溪田园综合体、阳朔·春风漓水田园综合体、红色记忆·梨李飘香田园综合体等项目建设。

3. 历史文化遗产保护传承与开发示范工程提质增效

开展灵渠（南渠）修缮工程，建设非遗展示馆和传承展示中心等非物质文化遗产生产性保护示范基地。在红军长征过广西路段沿线深入挖掘一批主题鲜明、内涵清晰、影响突出的长征文物和文化资源，推动红色旅游基础设施建设，开展湘江战役干部培训学院、长征国家文化公园、非物质文化遗产（彩调）传承综合建设及县级文化馆、桂台民族文化创意园等项目建设，串联沿线重要遗址遗存、民族文化、自然生态等，建设红色文化教育培训、实景演出、管控保护、主题展示、文化和旅游融合、传统利用等主题功能区，实施保护传承、研究发掘、文化和旅游融合、环境配套、数字再现、人才提升等项目。

4. 民俗与特色文化保护开发示范工程提质增效

着力打造民俗与特色文化标签，增强桂林文化的知名度和影响力。探索推出“城市文化菜单”，收录具有一定国际影响力、具备行业标志性的品牌文化活动，繁荣文化演艺产业，支持各类经营主体建设中小型文化演艺空间，打响具有桂林特色的文化演艺体验品牌，规划建设特色影视拍摄基地，探索举办有影响力的电影节。培育壮大文化创意产业，提升动漫游戏、出版发行、创意设计、文博非遗、数字创意等产业发展水平，提升桂林高新区创意产业园发展水平，积极打造一批文化艺术创作基地。开展桂台民族文化创意园、阳朔国际艺术村、阳朔影视文化和旅游产业示范基地等项目建设。

5. 消费提升和环境营造工程提质增效

通过消费促进桂林旅游业、生态农业、农产品加工业、健康医药产业、文化产业跨越式发展。顺应消费升级趋势，提升传统消费，培育新型消费，适当增加公共消费。加快发展大宗消费、线上消费、健康消费、文化和旅游消费，鼓励发展新消费模式。完善促进消费政策，推动传统商品消费提质升级。开拓城乡消费市场，打造专业化、特色化、区域性国际消费中心城市，提升以县城为重要载体的城乡融合消费网络节点。促进服务消费，壮大夜间经济，培育更多消费新增长点。完善节假日制度，落实带薪休假制度，扩大节假日消费。加强消费市场监管和信用体系建设，畅通消费者维权机制，营造安全放心的消费环境。

（四）完善公共服务，提升国际旅游竞争力

1. 推动国际旅游集散地升级发展

完善旅游集散中心建设，提升旅游交通集散服务效能，创新旅游集散联动运营模式，持续推进桂林国际旅游集散地升级发展。优化市域旅游集散中心总体布局，结合机场、火车站、汽车客运站、旅游码头等建设旅游集散中心，加强各县（市、区）现有旅游集散中心的提升，争取在“十四五”期间建成 18 个三级以上旅游集散中心。推动旅游集散中心标准化建设，完善游客自助旅游、团队服务、旅游信息咨询、旅游集散换乘、车辆租赁、景区票务服务、购物休闲等功能，培养专业管理服务人才，推进运营管理与服务规范化。推动成立桂林市旅游集散中心联盟，构建覆盖桂林市的集散网络运营平台，加强各地旅游集散中心线路联运、信息互通、资源互享、客源互送、产品互联、营销互动。

2. 打造智能高效的旅游咨询服务体系

实施旅游咨询服务中心（点）提升工程，对各县（市、区）现有的旅游咨询服务中心（点）进行硬件设施和服务的提档升级。优化桂林两江国际机场、市域各高铁站、市县汽车客运站、漓江旅游码头、高速公路服务区、星级旅游饭店、重要景区和度假区、特色街区等重要场所旅游咨询服务中心（点）建设，完善桂林城市文化旅游服务中心旅游咨询服务功能，扩大旅游

咨询服务网络，争取到“十四五”末使桂林市旅游咨询服务中心（点）数量达到60个。依托“一键游桂林·i游桂林”智慧服务平台，完善线上查询、咨询服务功能，推广重要涉旅区域国际语言无障碍服务终端系统、桂林文化旅游公共服务智能互动平台设置，加快旅游咨询服务便捷化、高效化、智慧化发展。

3. 深入开展“厕所革命”

继续推进“厕所革命”，推进旅游厕所标准化建设，大力发展智慧旅游厕所，提升桂林市旅游厕所管理与服务水平。实施旅游厕所建设提升工程，推动A级以上旅游景区、度假区、桂林市城区等旅游厕所标准化建设，推动现有旅游厕所升级改造，按照国家相关规范标准完善旅游厕所各类设施设备，推广节能节水、生态环保、卫生保洁等先进科技的应用。优化旅游厕所布局，加强公共文化设施、文化产业园（基地）、乡村旅游廊道沿线、漓江（桂林城区至阳朔段）沿线、西北和南部旅游环线公路等重点区域旅游厕所建设，到“十四五”期末，争取使桂林市A级旅游厕所数量达到600座以上。整合利用云计算、物联网、移动互联网等技术，重点推进桂林市城区、4A级及以上旅游景区、自治区级及以上旅游度假区、漓江（桂林城区至阳朔段）沿线等智慧旅游厕所建设，推进桂林市景区内外旅游厕所电子地图上线工作。健全厕所管理与服务机制，积极探索旅游厕所社会化、市场化管理新模式，鼓励“以商建厕、以商养厕、以商管厕”，促进旅游厕所建设与管理可持续发展。

4. 加快智慧文化和旅游新基建

推动公共文化服务数字化。加快建设数字文化场馆，推动市博物馆、市图书馆、市非遗展示馆、省立艺术馆以及县级图书馆、文化馆等植入先进信息化、数字化技术，加强智能化展陈设施配备，增强文化场馆展览互动性和体验性，提升公共文化设施智能化服务水平。推进“互联网+公共文化”融合发展，建设公共文化云、智慧图书馆体系，提升全民阅读、全民艺术普及数字化水平。支持桂林市博物馆、图书馆、省立艺术馆开展基于5G等新技术的数字化、网络化服务，大力发展云展览、云阅读、云视听、云演艺、数字艺术等业态，推动公共文化服务走上“云端”、进入“指尖”。完善数字文化资源供给，加强移动互联网传播和数字文化服务推广，逐步形成内容丰富、技术先进、覆盖城乡、传播快捷的公共数字文化体系。

打造“一键游桂林·i游桂林”智慧旅游服务体系。加快建设智慧旅游公共服务体系，升级旅游综合监管、智慧旅游服务、智慧营销综合功能，实现网络全覆盖，推进旅游公共服务数字化、智能化。整合共享交通、民航、出入境、公安等涉旅数据信息，加快各县（市、区）智慧旅游平台数据接入，加强对桂林市文化旅游主管部门、涉旅企业、重要旅游设施的智能高效监管，加快形成市、县、企业三级可视化旅游综合管理系统，增强旅游市场大数据监管和服务能力。整合桂林市文化旅游优质资源，围绕“吃、住、行、游、娱、购”六大旅游要素为游客提供一站式服务。推进建设一批智慧景区、智慧乡村旅游区、智慧旅游饭店、智慧旅行社，引导旅游企业开展信息化、数字化提升改造，持续完善在线预订、分时段预约游览、智能导游导览等“一键”服务。加强与旅游企业的信息合作营销，建立跨区域的智慧旅游营销合作平台，丰富旅游宣传营销渠道。鼓励通过网络直播等多元形式开展线上营销，利用5G、VR等新技术开发线上云游、线上展览等应用，提升智慧营销水平。

加快建设智慧旅游服务终端。加快开发“国际语言无障碍服务终端系统暨桂林文化旅游公共服务智能互动平台”，在重要涉旅场所开展部署，服务国内外广大游客。在两江国际机场、旅游集散中心和旅游咨询服务中心、星级旅游饭店等部署语言无障碍服务终端；在两江国际机场、桂林北站、桂林站、琴潭客运站、“一院两馆”及其他重要文化设施、4A级及以上景区、度假区、星级旅游饭店等部署文化旅游公共服务智能互动终端。

（五）扩大国际合作与交流，深化跨区域共建共享

1. 加强与东盟、欧美、日韩及“一带一路”沿线其他国家和地区的交流合作

加强与东盟的开放合作。依托联合国世界旅游组织/亚太旅游协会旅游趋势与展望国际论坛、中国－东盟博览会旅游展和中国－东盟文化艺术周等国际性活动，深化与东盟国家城市在旅游、人文等方面的交流合作，推进桂林与东盟国家资源共享、客源互送。积极发挥桂林旅游学院中国－东盟旅游人才教育培训基地的作用，推动设立国际旅游人才培训基地。争取与具有合

作潜力的国外城市缔结友好关系，开拓繁荣旅游多边贸易市场。积极参与广西丝路书香工程，争取创办广西（桂林）建设“一带一路”旅游发展高峰论坛及旅游商品交易博览会，强化与“一带一路”沿线国家在旅游市场营销、旅游景区开发等方面的交流合作。实施开放便利的出入境管理措施，扩大旅行社行业开放、放宽旅游从业人员限制、鼓励旅游金融创新等，逐步实现免税自由购物、免审跨区投资。围绕动漫、数字艺术、创意设计、演艺娱乐等领域，培育文化出口重点企业，推动建立一家以上面向东盟的文化出口基地，扩大文化产品和服务出口。

拓展与欧美、日韩等其他国家和地区的文化和旅游交流合作。依托联合国世界旅游组织 / 亚太旅游协会旅游趋势与展望国际论坛，加强与欧美、日韩等国家的文化旅游交流合作。支持联合国世界旅游组织、亚太旅游协会、世界旅游旅行理事会、世界旅游城市联合会、世界旅游联盟等国际旅游组织在桂林设立办事处，支持境外旅行商在桂林市设立分支机构，给予场地、税收等优惠政策支持。积极参与国际文化旅游合作与分工，承办国际文化交流节会，开展国际性赛事娱乐活动，加强桂林与各国在文化旅游可持续发展战略、目的地宣传与开发建设、文化对外贸易、人才教育培训等方面的合作，将桂林打造成为国际文化旅游中心。

2. 深化与粤港澳大湾区的交流合作

加强文化和旅游企业的交流合作。以广西构建“南向、北联、东融、西合”开放新格局为契机，深度融入粤港澳大湾区发展，立足桂林区位优势，积极举办面向粤港澳大湾区的文化旅游专题招商洽谈会和文化艺术交流活动。加强科技、人才、营销等方面的交流，不断拓宽文化旅游合作领域。加大对粤港澳大湾区招商引资力度，对香港、澳门、广东的文旅创新企业以及旅游高科技企业、技术进行引进，通过各种交流与合作平台提高涉粤港澳大湾区企业的服务水平，以此提升桂林文化和旅游企业的竞争水平。

规划实施好“粤桂画廊”。以旅游线路为纽带，以产业互补、共建共享、互通有无为重点，深化粤桂两地的肇庆、广州、贺州、桂林四市文化和旅游合作，构建点、线、带、面梯度发展的国家级旅游廊道，以广州和桂林为两个龙头，舞动“粤桂画廊”的康养旅游、文化旅游、休闲度假等大项目共建共享，共同打造世界级的康养旅游休闲度假旅游胜地，加快文化和旅游人才队伍集聚，为合作共建提供坚实的人才支撑，推动沿线城市文化和旅游产业互助、成果共享，为新发展阶段推进东西部合作提供新样板。

3. 强化与国内省市的交流合作

加强与西南地区的文化和旅游交流合作。推动成立粤桂湘滇黔五省区文化旅游合作联盟，形成区域旅游资源共享、信息互通、线路互推、游客互送、利益共赢的良好合作模式。推动与湖南、贵州等“重走长征路”沿线城市、西部红色旅游城市等地区的红色旅游推广合作，联合打造红色跨省区线路，共建湘桂红色精品旅游线路。推动桂林与昆明、贵阳、重庆等游客集散地（出游地）的联结与互动，加强整体促销推广，共同打造“大西南旅游”品牌。

积极构建湘桂文化旅游走廊。依托湖南永州—桂林—柳州湘桂高速铁路、泉南高速公路等交通干线构建湘桂文化旅游走廊，积极对接湖南、湖北等中南地区，强化与南宁、柳州等区内城市连接，构建面向东盟国家和地区的文化旅游国际大通道，加强南北双向交通互通、线路互通、产品互助、优势互补，推动引客入桂（林），形成联通中南地区、北部湾城市和东盟国家的海陆衔接文化旅游国际廊道，推动文化旅游对外交流合作。

加强与国内其他城市的合作。加强与北京、上海和西安等全国旅游影响力较大城市的交流合作，扩大桂林国际旅游胜地在全国的影响力。推动成立京沪西（安）桂（林）旅游联盟，积极融入“北上陕”中国入境旅游枢纽合作机制。加强与长三角、京津冀、成渝等区域的旅游合作关系，强化与东北、华北等地区在旅居养老、健康养生等方面的合作，持续办好“冬游桂林”活动。

第三章

世界级旅游城市建设战略思路研究：基于大数据分析视角

建设桂林世界级旅游城市，顶层设计是关键，需要加强战略创新，通过创新引领和推动世界级旅游城市高质量发展和科学建设。桂林世界级旅游城市建设需要坚持世界眼光、国际标准、广西特色、高点定位，从有利于全力打造世界级文化旅游品牌、建设世界级城市配套、构建世界级服务体系、实现世界级消费引领，高质量推进桂林国际旅游胜地升级发展，高水平建设桂林世界级旅游城市的视角出发制定发展战略。在战略上，政府要着力打造世界级山水旅游名城，落实最严格的生态保护机制，守护世界最美漓江，优化城旅一体的景观体系，实现“城在景中、景在城中、城景交融”的城市旅游发展；要着力打造世界级文化旅游之都，深入挖掘历史文化底蕴，用好用活红色资源，推动文艺精品“走出去”，让世界了解桂林、关注广西、爱上中国；要着力打造世界级康养休闲胜地，加快形成“医、康、养、健、智、学”六位一体的健康旅游产业链，形成一批特色旅居康养产业集群；要着力打造世界级旅游消费中心，布局建设具有国际影响力、文化特色鲜明的高品位旅游休闲街区和大型消费商圈，培育夜间经济，拓展跨境旅游消费。政府通过重点创新“一城一都一地一中心”的战略定位引领桂林世界级旅游城市建设，增强桂林世界级旅游城市的吸引力、影响力和竞争力。

一、从大数据视角审视桂林世界级旅游城市建设战略需求

（一）数据显示，桂林距离世界级旅游城市还有较长的距离

“十二五”和“十三五”期间是桂林旅游业持续稳定增长的10年，国内旅游接待人次从2010年的2097.71万增长到2019年的13519.07万，增长了644.47%（见图3-1）。同期全国的国内旅游出游人次分别为21.03亿、60.06亿，增长了285.59%。从数据来看，桂林的国内旅游市场增长速度明显要高于全国平均水平。从入境旅游市场来看，2010年桂林接待海外游客148.62万人次，2019年这一数据为314.56万人次，增速虽然明显高于全国数据，但总体处于自然增长态势。2019年，入境过夜游客人均每天花费为268.84美元，扣除物价因素，与10年前相比仅有微弱的增长。这个数据无论是与北京、上海、广州、苏州等入境旅游目的地城市相比，还是与纽约、巴黎、东京等

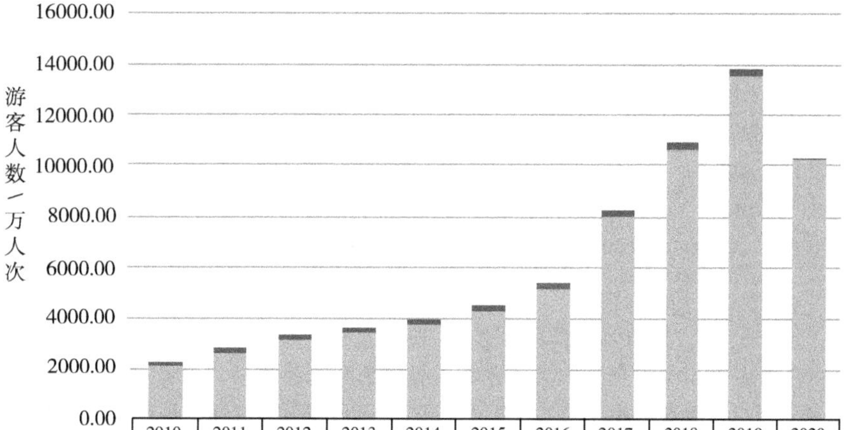

	2010	2011	2012	2013	2014	2015	2016	2017	2018	2019	2020
■ 入境人数/万人次	148.62	164.39	182.41	193.65	204.78	216.34	233.32	248.90	274.70	314.59	9.83
■ 国内游客/万人次	2097.71	2623.78	3110.24	3390.52	3737.84	4253.61	5152.55	7983.89	10640.6	13519.0	10231.3

图3-1　桂林接待国内、入境旅游人次（2010—2020）

注：由中国旅游研究院数据分析所根据桂林旅游部门历年发布的数据整理制图。浅色部分为访桂国内旅游人次、深色部分为入境访桂旅游人次。

世界城市相比，或是与日内瓦、威尼斯、坎昆、多米尼加、迪拜、奈良等世界中小型旅游城市相比，都有十分显著的提升空间。

在过去的10年中，访桂国内旅游者人均消费从639.62元增长到1280元，翻了一番，同期国内旅游人均消费从598.2元增长到925.8元。应当说这是一组不错的数据，但是考虑到北京、上海、广州、深圳、重庆、成都、武汉、苏州、杭州、哈尔滨、青岛、大连等直辖市和副省级城市、口岸城市，以其经济、科技、教育、贸易、金融等综合优势发展城市旅游并稳居第一方阵的现实，桂林在国家旅游城市竞争力版图中的位置与40年前、30年前和20年前相比，还是呈明显的后移趋势。从年游客接待人次、旅游总收入和增长速度等经济数据来看（见图3–2），桂林也能明显感觉到来自三亚、海口、黄山、张家界、洛阳、郑州、拉萨、敦煌等省会城市和重点旅游城市的追赶压力。

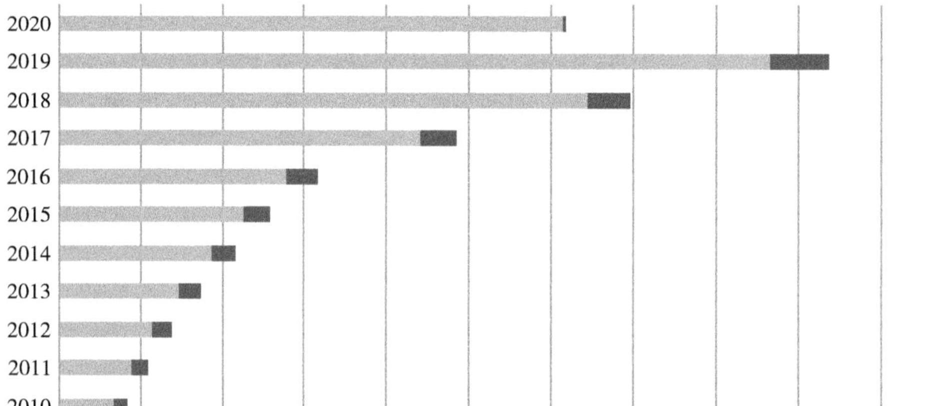

图3–2 桂林市国内、国际旅游收入（2010—2020）

注：由中国旅游研究院数据分析所根据历年桂林旅游部门发布数据整理制图。浅色部分为国内旅游收入（亿元人民币 / 年）、深色部分为国际旅游收入（亿美元 / 年）。

根据中国旅游研究院2021年4月21日在郑州召开的世界旅游城市市长论坛期间发布的《世界旅游城市发展报告》，竞争力位于全球前20位的旅游城市是：伦敦、东京、纽约、巴黎、洛杉矶、北京、莫斯科、首尔、马德里、新加坡、都柏林、上海、罗马、阿姆斯特丹、柏林、香港、悉尼、大阪、多伦多和慕尼黑。上榜城市的共性特征包括但不限于具有全球辐射力的航空枢纽、国际贸易中心、商业消费中心、文化中心、科技创新中心、现代化的治理能力，政府对旅游、休闲、会展领域的重视和投入，以及由专业人员组成、市场化运作的全球旅游推广机构。与世界级城市的旅游发展成就相比，桂林在一些基础指标上还有很大的赶超空间。

接下来，就以访问桂林的入境旅游者为例，看看他们的钱都花哪儿了（见表 3–1）。长期以来，访桂旅游者的长途交通和购物项目各占总消费的三成左右，住宿、餐饮和娱乐分别占到 10%、6% 和 5%，景区游览消费占 6%~7%。这样的消费结构意味着桂林还是典型的观光旅游地，而非休闲度假旅游目的地，更不是国际旅游消费中心。这组数据还预示着桂林旅游业高质量发展的空间和供给侧结构性改革的方向，那就是进一步延伸国际国内游客的在桂停留时间，有效提升广大游客在本地居停期间的休闲消费，而不是来了、看了、走了。

表 3–1　桂林入境过夜旅游者消费结构（2014—2019）

年份	人均每天花费 / 美元	长途交通 / %	住宿 / %	餐饮 / %	景区游览 / %	娱乐 / %	购物 / %	市内交通 / %	邮电通信 / %	其他 / %
2019	268.8	12.6	9.7	6.4	6.2	3.1	22.9	5.8	1.4	32.0
2018	245.1	7.5	10.6	4.8	5.6	4.5	32.8	3.8	1.1	29.3
2017	236.3	31.8	13.2	5.8	5.1	2.4	19.2	2.8	2.0	17.6
2016	257.9	34.8	14.1	6.2	6.0	3.2	17.9	3.0	1.7	13.2
2015	237.0	35.9	13.0	6.4	5.6	3.4	17.4	2.9	1.6	13.6
2014	228.4	24.7	11.7	5.1	7.1	6.7	31.3	2.9	1.9	8.6

注：由中国旅游研究院数据分析所根据入境旅游抽样调研资料与桂林市文化和旅游相关数据整理制表。

进一步引入节假日旅游市场数据，及其占全年旅游接待人次和旅游收入比例加以分析，国庆节假日七天接待游客数量自 2016 年之后保持了持续高速增长态势，2020 年接近 300 万人次，增幅远超访“十三五”期间桂游客的年均增幅（见图 3–3）。春节假日旅游市场也大体是这个趋势（见图 3–4），

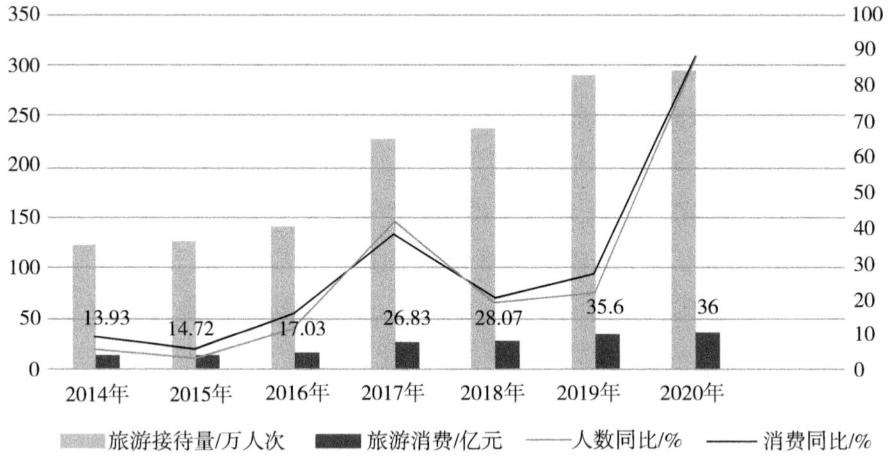

图 3–3　桂林国庆节假日旅游市场（2014—2020）

注：由中国旅游研究院数据分析所根据桂林市文化和旅游主管部门假日数据整理制图。

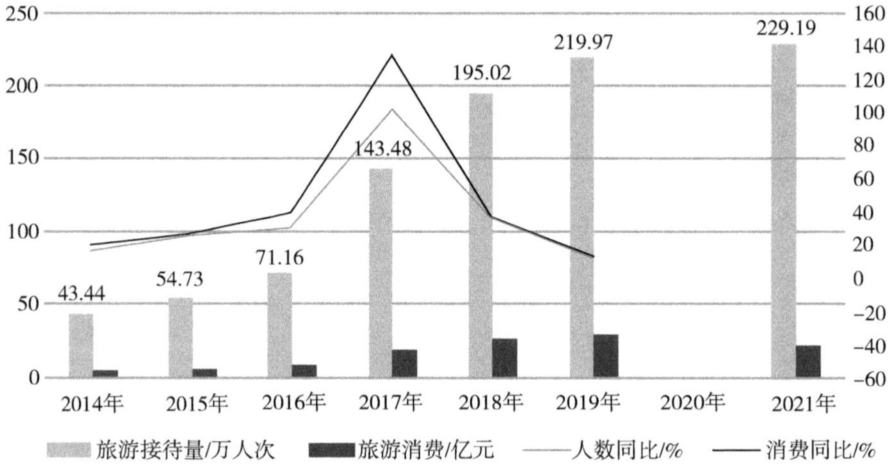

图 3–4　桂林春节假日旅游市场（2014—2020）

注：由中国旅游研究院数据分析所根据桂林市旅游主管部门假日数据整理制图。

意味着节假日对桂林旅游市场的重要性在增加。

对比世界级旅游城市的工作日、周末和公众假期的市场数据可以看出，尽管会有春节、圣诞节等少量的消费高峰期，总体上还是比较平稳的。到访游客在时间和空间维度上的常态分布，有利于形成城市公共和私营部门及社会各界形成稳定的市场预期，进而高效率地做好游客接待和安全生产工作。

节假日游客密集到访和集中消费、非节假日却相对冷清的城市，很难保证服务质量和游客满意度在高位运行。

（二）游客视角，他者眼中的世界级旅游城市及其应该有的样子

走向高质量发展的桂林旅游，建设世界级旅游城市的桂林，必须对“游客满意度高不高”“市场主体竞争力强不强”“旅游业发展动能新不新”念兹在兹，不断提升。其中，游客满意度是衡量旅游业发展质量的重要指标，也是决定一座城市能否建成世界级旅游目的地的重要抓手。与经济社会发展的其他领域不同的是，无论我们有多少自以为稀缺的资源，有多少规划出来的精品线路、产品和服务，但如果没有游客的到访和认同，就不可能有成为旅游城市的任何可能。自 2009 年创设全国游客满意度项目以来，中国旅游研究院已经连续 52 个季度对包括桂林在内的全国 60 座城市开展游客满意度调查。可以通过国际国内游客对桂林的满意度评价数据，从历史比较和横向比较等维度对桂林旅游业的高质量发展进行系统研判。

2013—2020 年，桂林游客满意度整体保持上升趋势，从“基本满意（75~80 分）”升至“满意（80~85 分）”区间（见图 3–5）。在纳入测算的 60 个国内主要旅游城市中，桂林的游客满意度排名处于国内中等偏上水平。除 2013 年进入前 10 位和 2016 年跌入后 20 位以外，其余年份的全国排名基本在 15~25 位之间。值得关注的是，2016 年之后，游客对桂林的满意度评价

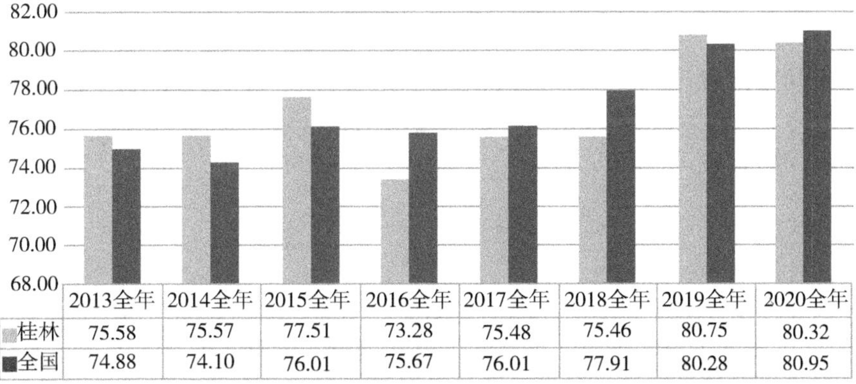

	2013全年	2014全年	2015全年	2016全年	2017全年	2018全年	2019全年	2020全年
桂林	75.58	75.57	77.51	73.28	75.48	75.46	80.75	80.32
全国	74.88	74.10	76.01	75.67	76.01	77.91	80.28	80.95

图 3–5　桂林市游客满意度调查指数（2013—2020）

注：资料来源于中国旅游研究院历年来全国游客满意度调查报告。

低于全国平均分数。从区内来看，桂林的游客满意度一直高于南宁和北海，但是北海近两年的游客满意度提升较快，与桂林的差距在逐渐缩小甚至持平。

最新的游客网络评论数据显示，桂林各项指标满意度水平仍然高于全国平均水平（见图 3–6）。其中，旅行社服务、当地居民态度、预订满意度评价较高，性价比、推荐度、餐饮、景区、购物满意度居中，住宿、目的地形象和行业管理则有较大提升空间。

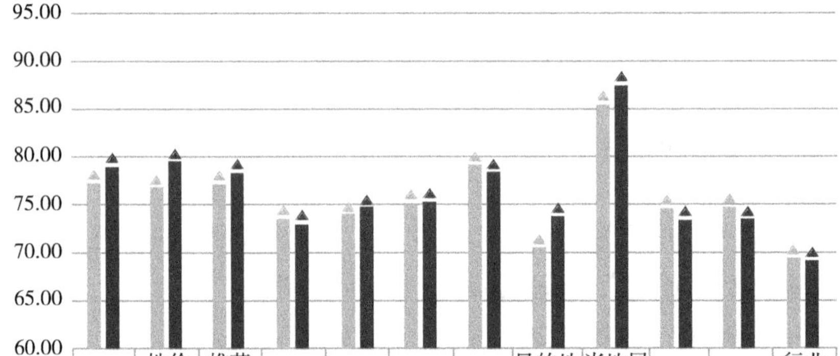

	综合	性价比	推荐度	住宿	休闲	餐饮	交通	目的地形象	当地居民态度	景点	购物	行业管理
全国整体	78.21	77.69	78.03	74.22	74.86	75.93	80.20	71.17	86.90	75.30	75.45	69.98
桂林	79.94	80.49	79.31	73.59	75.61	76.24	79.44	74.57	88.90	74.07	74.21	69.54

图 3–6　2021 年第一季度游客对桂林的线上评论数据

注：资料来源于中国旅游研究院历年来全国游客满意度调查报告。

（三）基于大数据分析桂林旅游需求

根据文化和旅游部《旅游统计调查制度》、自治区文化和旅游厅《广西旅游统计工作手册》开展的国内游客情况抽样调查、入境游客花费抽样调查和入境过夜游客定期统计结果，结合移动运营商、公安、铁路、民航等其他大数据显示，对 2021 年桂林市客源数据进行抽样分析。

1. 年龄分布

2021 年接待游客中，45 岁到 65 岁的游客为主力军，占总游客数的 43.81%，说明桂林市旅游产品目标游客年龄以中老年为主，25~45 岁的中青年目标群体仍然有很大上升空间，如图 3–7 所示。

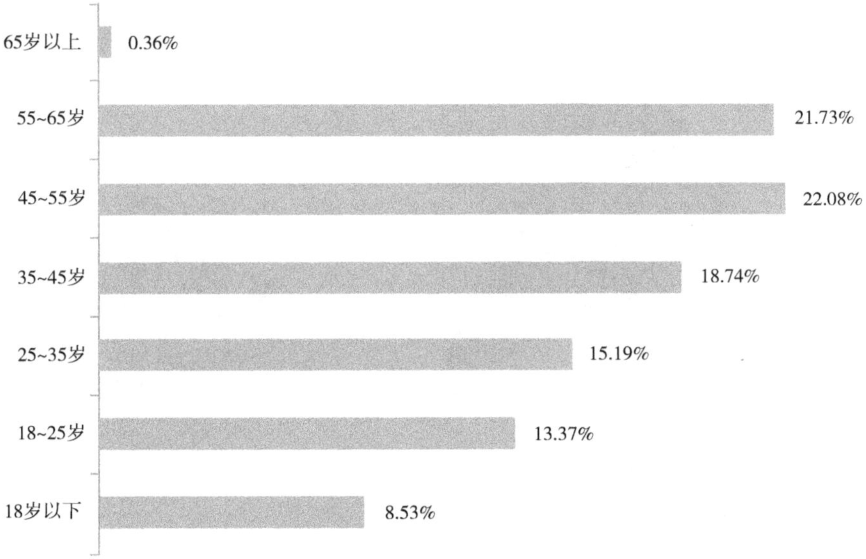

图 3-7　桂林市客源年龄段结构比例

注：数据来源于移动端定位数据。

2. 性别比例

2021 年接待游客中，以男性游客居多，占比约为 52.9%，如图 3-8 所示。

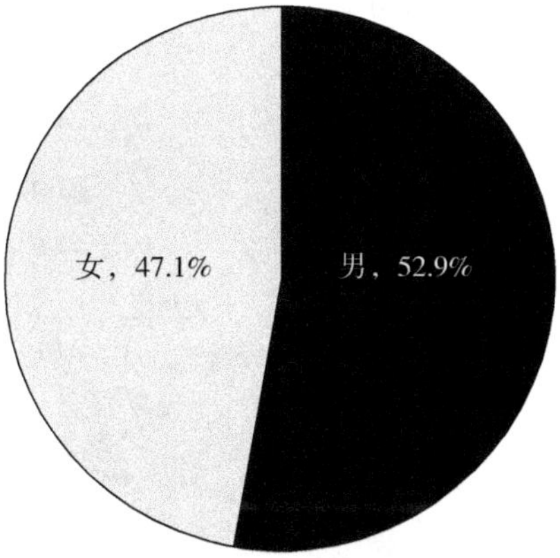

图 3-8　客源性别比例结构

注：数据来源于移动端定位数据。

3. 职业分布

2021 年，来桂游客职业分布比较均匀，列在前五位的依次为企事业管理人员、专业 / 文教科技人员、服务销售人员、工人、离退休人员，前三位之和占总体比例的 44.13%，如图 3-9 所示。

4. 旅游目的

从旅游目的来划分，桂林市客源以观光 / 游览、休闲 / 度假为主，二者之和占总体比例近六成，商务、会议及文化 / 体育 / 科技交流类型仍有很大上升空间，如图 3-10 所示。

5. 出行工具

按出行工具划分，飞机占比 4%，火车占比 15.33%，高铁动车比例不高，

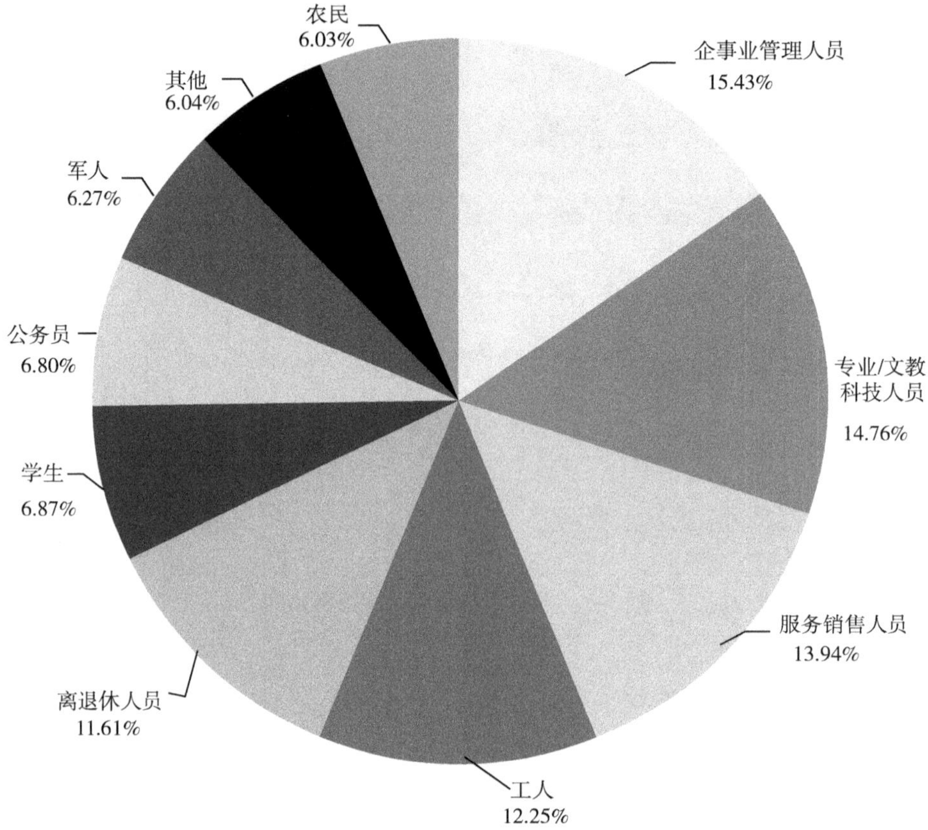

图 3-9 客源职业结构比例

注：数据来源于旅游统计。

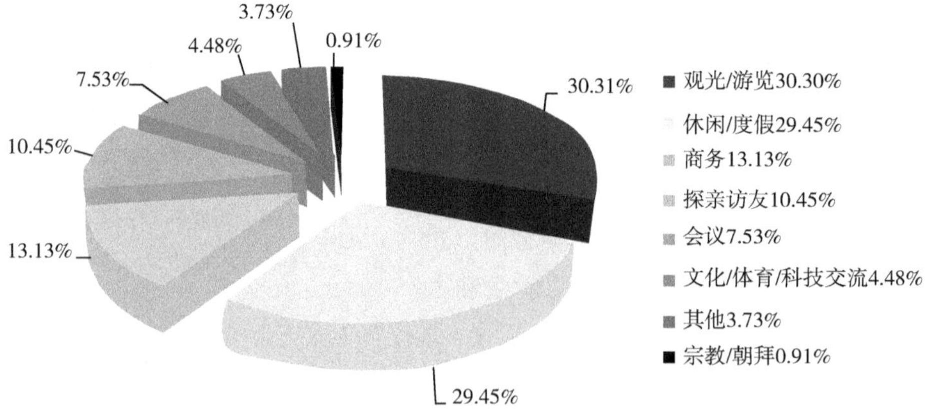

图 3-10 客源旅游目的结构比例

注：数据来源于旅游统计。

说明桂林落地后大交通与小交通的无缝对接较弱，提供便捷高效的接驳配套成为当务之急，如图 3–11 所示。

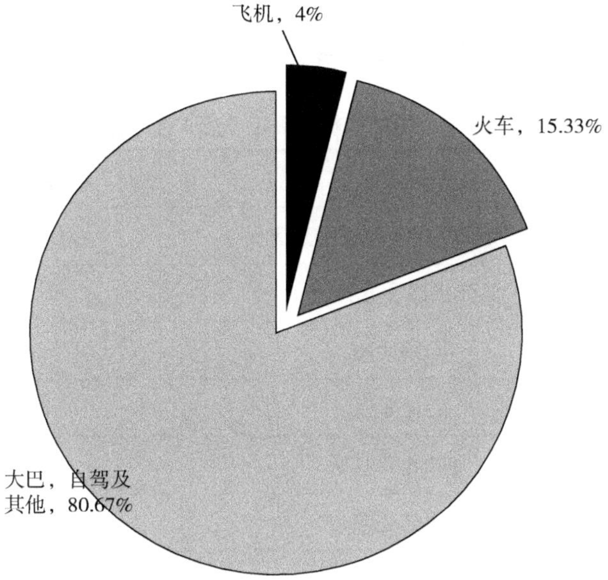

图 3–11　出行工具比例结构

注：数据来源于火车站、两江机场及部门统计。

6. 停留时长

2021 年，大多数游客会在桂林停留 3~4 天，占比为 40.57%，如图 3–12 所示。

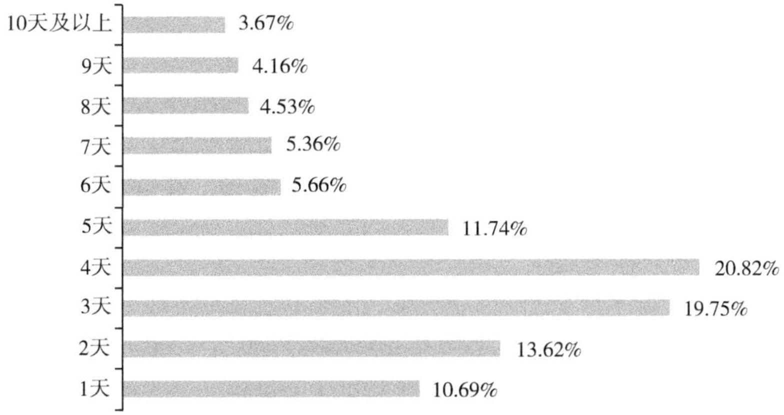

图 3–12　停留天数分布情况

注：数据来源于移动端定位数据。

7. 热门景区（点）

2021年，最受游客欢迎的景区（点）前三依次是正阳东西巷·逍遥楼景区、漓江景区（含排筏）、阳朔西街。市区的景区停留人数可观，桂林市的都市旅游业态吸引力在逐步上升，如表3–2所示。

表3–2 桂林市热门景区（点）排名情况

排名	景区（点）	接待游客/万人次
1	正阳东西巷·逍遥楼景区	829.89
2	漓江景区（含排筏）	523.27
3	阳朔西街	489.14
4	七星景区	445.58
5	龙胜龙脊景区	397.32
6	漓江公园	311.83
7	木龙湖公园	293.00
8	滨江景区	248.00
9	银子岩景区	228.3
10	桂林尧山景区	223

注：数据来源于旅游统计。

8. 热门住宿设施

旅游统计结果显示，2021年桂林市平均床位利用率为69.6%。其中，星级住宿设施出租率较高的有漓江大瀑布饭店、资源盛源大酒店、兴安兴怡度假山庄、台联宾馆、新桂大酒店、阳朔碧莲大酒店、恭城白天鹅大酒店等；非星级住宿设施出租率较高的有桂林丹霞温泉有限公司、雁山漓江缘度假民宿、愚自乐园·地中海度假村、秀峰后街青年旅馆、全州天湖度假村、灵川县毛洲岛农庄、临桂喜来登欢朋酒店、荔浦金凤凰大酒店等。

9. 热门商圈

从排名情况来看，东西巷正阳街、联达商圈、桂林梦之岛百货等老牌商圈依旧稳居前三，此外，部分新兴商圈也在迅速崛起，如表 3–3 所示。

表 3–3 桂林市热门商圈排名情况

排名	商圈	占比 /%
1	东西巷、正阳街	25.85
2	联达商圈	19.70
3	桂林梦之岛百货	9.22
4	万福广场	8.79
5	七星万达广场	8.75
6	百货大楼	7.83
7	沃尔玛商圈	7.15
8	红街广场	4.80
9	微笑堂商厦	4.42
10	甲天下广场	3.48

注：数据来源于移动端定位数据。

10. App 使用分析

2021 年，游客最爱使用的 App 前三位依次为微信、QQ、支付宝。使用安卓手机系统的占 69%，使用 IOS 手机系统的占 24%，如图 3–13 所示。

从桂林旅游大数据分析发现，桂林要打造世界级旅游城市，在政策创新上需要紧扣吸引年轻人市场这一重心发力，同时需要加强现代新科技融入旅游的力度。

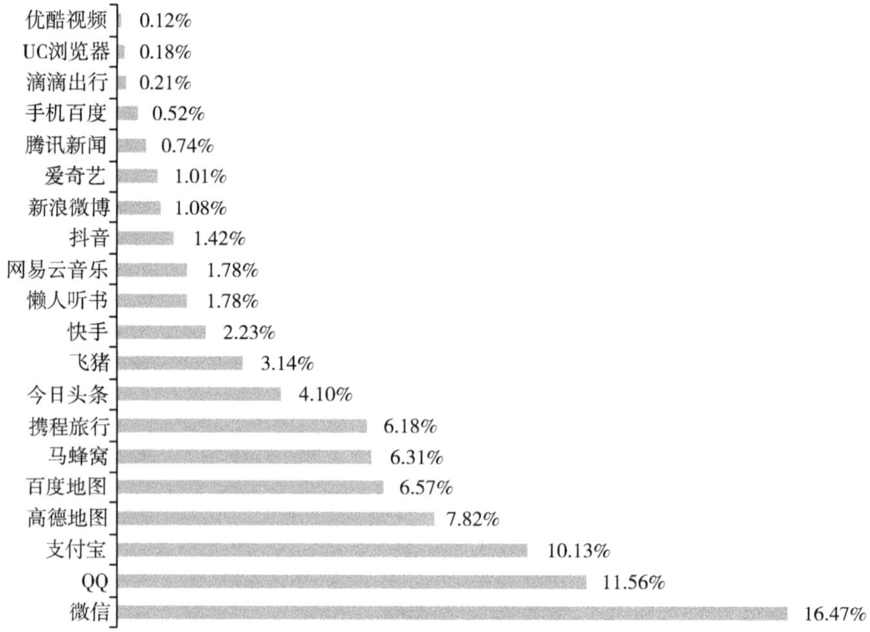

图 3-13 热门 App 使用情况

注：数据来源于移动端定位数据。

二、桂林世界级旅游城市文化和旅游融合战略研究

《规划纲要》提出了建设世界一流旅游目的地、全国生态文明建设示范区、全国旅游创新发展先行区、区域性文化旅游中心和国际交流重要平台四大战略定位，体现了桂林国际旅游胜地建设要坚持文化与旅游融合发展的实际内涵。习近平总书记强调，要“以文塑旅、以旅彰文，提高服务质量，提升格调品位”，就是要求加强文化与旅游融合，促进旅游高质量发展。文化是旅游的灵魂，旅游是文化的载体，文化需求是旅游的重要动因，旅游过程实际是文化的体验和享受，只有具有丰富文化内涵的旅游产品，才具有持久的生命力、吸引力和感召力。随着旅游业的不断发展，旅游目的地之间的竞争日益激烈，竞争压力与创新发展要求旅游地必须注意文化与旅游的融合，形成明显特色，以获得更大发展。

桂林在打造世界级旅游城市中，发挥得天独厚的自然山水风光和历史文化资源优势，聚焦“寻找桂林文化的力量，挖掘桂林文化的价值”，积极推动旅游产业与文化产业结合，着力打造特色鲜明的文化旅游产品，加快推进文化资源向旅游产品转化，实现旅游业转型升级，加速世界级旅游城市建设步伐，打造了一批文化和旅游融合发展的典型案例（见表 3–4），为打造世界级文化旅游之都奠定了基础。

表 3–4　桂林文化与旅游融合典型案例分析

文旅融合模式	典型案例名称	文旅资源	文旅融合要点	文旅融合成效
创意文化与旅游融合模式	印象·刘三姐	以 12 座著名山峰为背景，以流淌的漓江为舞台，利用“刘三姐”的文化品牌效应，吸纳桂林山水文化、广西少数民族传统文化精髓，建立了目前全球最大的山水实景剧场，在 1.654 平方千米水域上开展融真山真水和民歌于一体的超大型演出	借助电影进行旅游影视营销；借助舞台演出开发新的实景演艺旅游产品；借助民族音乐推出全新概念的音乐盛典——“鼓楼大乐”	成为全国最佳山水实景演出产品，荣获国家首批文化产业示范基地。世界旅游组织秘书长评价道：“这是全世界看不到的演出，从地球上任何地方买张飞机票飞来看，再飞回去都值得。”演出成为世界旅游组织目的地会议、最佳休闲度假推荐项目
	愚自乐园	结合桂林“山水甲天下”的地理景观与全球杰出艺术家创作心血，以洞窟艺术与当代雕塑为主的大型国际地景艺术公园，是城市新的视觉名片	以举办国际雕塑创作营、绘画创作营的方式收集艺术品；持续策划与举办各项艺术活动，典藏的艺术作品也在不断增加；园区建筑秉承“顺势而为”的理念，与山势、地景结合，与自然共舞	已举办多次国际雕塑创作营，被评为国家级 4A 景区；被文化和旅游部授予“全国文化产业示范基地”称号，已成为中国南方现代艺术的新地标
历史文化与旅游融合模式	正阳路东西巷	包含了正阳东巷、西巷、江南巷、兰井巷等桂林传统街巷，是桂林唯一遗存的明清时代历史街区，拥有“市井街巷、名人府邸”特色，体现桂林历史文脉	通过保护性修缮改造，还原了 20 世纪 30 年代桂林的建筑风貌；通过打造桂林具有地方特色的标志性街区，集中展示历史文化名城的深厚底蕴	已建成项目占地面积 2.92 万平方米，总投资预算 5.5 亿元，集历史体验、文化旅游、消费购物等多种功能于一体的文化旅游街区

续表

文旅融合模式	典型案例名称	文旅资源	文旅融合要点	文旅融合成效
历史文化与旅游融合模式	逍遥楼	始建于唐代的桂林名楼。历史上的逍遥楼是达官贵人与文人墨客的会集之地，著名书法家颜真卿曾经题下“逍遥楼”三个大字，石刻真迹至今仍矗立于逍遥楼旁	逍遥楼建成后，把“两江四湖”和逍遥楼、东西巷以及王城景区、“三山两洞”串联起来，形成了一条历史文化和山水休闲完美融合的顶级文化旅游线路	筹资2000万元重建了逍遥楼，层高三层，建筑面积630平方米，总高度23.6米，成为市民游客观赏漓江风光的最佳观景点
休闲文化与旅游融合模式	两江四湖	包括桂林市中心区的漓江市区段、桃花江市区段、榕湖、杉湖、桂湖、木龙湖等，既包含自然景观也有丰富的历史人文景点	在桂林市中心城区建设以“水”为主题的开放式景区，形成了山水文化交融的游憩区，完善了桂林市中心城区的城市旅游功能，改善了本地居民的人居环境	形成了一条能与威尼斯水城相媲美的环城水系，堪称中国一绝。乘船游览（夜游）“两江四湖”成为中外游客游览桂林城的首选方式
	阳朔西街	位于阳朔县城中心、漓江之滨，拥有明城墙、碑刻、古寺、古亭、名人故居、纪念馆等历史文化资源，漓江山水资源，以及由中外游客交流形成的“地球村”文化	20世纪70年代阳朔对外开放后，西方游客被西街古朴典雅的民居和传统文化、民风民俗所吸引，大量境外游客到西街观光、休闲乃至长期居住、成婚、开店	西街成了中西文化交融的“洋人街”，超越地域的“地球村”

续表

文旅融合模式	典型案例名称	文旅资源	文旅融合要点	文旅融合成效
节庆、民族风情与旅游融合模式	龙脊梯田	梯田开造于元代，完工于清代，来水依靠两种方式——天水和山水。景区内主要居住有瑶、壮、苗、侗等少数民族，是一个以少数民族为主的多民族聚居区	悠久的历史、良好的生态，推动农业生产、民俗文化与旅游业融合，衍生生产当地特色手工艺产品、特色美食，形成农业、文化、美食等多维一体的旅游形式	蔚为壮观的梯田景观和独特的壮瑶民俗风情吸引着无数的游客流连忘返，实现自然生态与民族文化高度的融合，声名享誉中外
民间文化与旅游融合模式	桂林米粉	桂林米粉是全球游客到桂林必须品尝的一道风味，涵盖了桂林历史文化、名人文化、地方饮食文化和民间传说文化	桂林米粉经过长期的发展，目前已成为融合桂林悠久历史文化、民间传说故事和地方特色饮食文化于一体的载体	桂林享誉全球的一张重要名片、旅外桂林人乡愁的寄托，入选首届中国金牌旅游小吃，被评为海外华人最魂牵梦绕的“思乡菜”
	福利画扇	源于船民妈祖祭祀文化，以漓江山水为主要创作题材，以漓江沿岸生产的毛竹、牛皮纸为主要原料，由本地画师制作的旅游纪念品	打破传统经营模式，加强游客的参与力度；强化商品包装意识和品牌意识，全力打造旅游商品精品	带动150多户居民投入画扇生产、销售工作，年产150多万把，被文化和旅游部授予“中国画扇第一镇”的美誉
红色文化与旅游融合模式	八路军驻桂林办事处纪念馆	位于桂林市中山北路96号。长方形2层中式木结构建筑，建筑面积800平方米。是抗战时期八路军桂林办事处、中共中央南方局驻地遗址	通过大量珍贵历史影像史料展示、场景复原以及多媒体等现代化技术，再现“抗日烽火映桂林”的壮丽史诗场景；通过直接参与、亲身感受调动观众的热情与兴趣	已建成集展览、研究、文物保管为一体的陈列馆，为全国爱国主义教育示范基地、全国百家经典红色旅游景区，广西唯一被列入国家级抗战纪念设施、遗址名录者

续表

文旅融合模式	典型案例名称	文旅资源	文旅融合要点	文旅融合成效
娱乐与旅游融合模式	乐满地	桂林乐满地度假世界占地396万平方米，于2000年12月25日正式对外迎客，为时尚、动感、刺激与欢乐并存的主题乐园，是国家首批5A级旅游景区	增加了更多游客主动参与和带有娱乐性质的体验性主题游乐项目，形成了集观光、表演、娱乐、餐饮、购物、居住等多元产业要素于一体的集约型产业经营模式	改变了桂林以观光游为主的旅游业发展局面，填补了桂林人文景观和高科技游乐园的空白，对桂林、广西乃至整个华南地区的旅游市场起到了积极的推动作用
引进社会资本助推文化与旅游融合模式	图腾古道	甑皮岩与社会资本合作建设，位于阳朔著名的“十里画廊”中段，以人为模拟方式再现了12000—7000年前桂林先民居住、生活、宗教、狩猎活动场景，展现了甑皮岩文化的历史风貌	在保持主馆公益性质的基础上，引入社会资本在分馆开展市场化运作经营，实现文物保护、史前文化活化展示与旅游开发的共赢，文化事业与产业的有机结合	打破以古文化遗址地作为项目开发载体的做法，探索了以文化内容而不是文化遗址作为开发载体的新路子
	王城·独秀峰景区	桂林王城是全国重点文物保护单位，是明代朱元璋侄孙靖江王朱守谦的藩王府，有全国保存最完好的明代藩王府和藩王文化遗迹。这里曾是唐代府学、清代贡院，代表了桂林历史上最早、规格最高的科举教育文化。耸立在王府内的独秀峰，是桂林历史上最早开发的旅游景点之一，“桂林山水甲天下”这一千古名句就镌刻于此	在对历史文化资源严格保护的基础上，以文化旅游为发展主线，结合王城资源、周边环境条件，打造一系列特色文化旅游体验产品。“拆围透墙”后，靖江王城区域、改造后的东西巷和重建的逍遥楼，构成桂林历史文化集中展示区	通过实现王城深厚历史文化底蕴与现代教育的结合、王城与观光旅游的结合，王城的历史教育功能得到绝好的发挥，彰显了桂林历史文化品位，进一步丰富了桂林的旅游文化内涵

注：表格内容摘自中共桂林市委政策研究室《桂林文化与旅游融合发展对策研究》(2016年12月)。

在未来打造世界级文化之都过程中，桂林必须进一步加大文化和旅游融合力度，积极实施文化和旅游融合发展战略。

（一）着眼全域旅游，明确融合的目标和重点

1. 明确文旅融合发展方向

认真学习和践行五大发展理念，树立“大文化”“大旅游”观，增强对桂林自身的文化自信，在保持对桂林山水自豪感的同时，坚持“寻找桂林文化的力量，挖掘桂林文化的价值”，在文化与旅游融合过程中旗帜鲜明地彰显桂林本土文化，从而打造桂林文化旅游业的特色优势。通过构建科学合理的空间格局，打造实力强劲的产业集群，创新文化旅游融合模式，建立文化旅游循环互补机制，形成资源整合、特色鲜明、循环可续的产业融合发展格局。将桂林打造成为世界级文化旅游目的地、中华优秀传统文化传承基地和全国文化旅游融合发展示范城市。

2. 树立全域旅游发展新观念

全域旅游是区域资源有机整合、产业融合发展、社会共建共享，以旅游业带动和促进经济社会协调发展的一种新的区域协调发展理念和模式。《国家旅游“十三五”规划》明确提出，“十三五”时期，必须创新发展理念，转变发展思路，加快由景点旅游发展模式向全域旅游发展模式转变，促进旅游发展阶段演进，实现旅游业发展战略提升。发展全域旅游，对桂林从根本上改善文化与旅游融合发展环境，激发发展动力带来新的契机。要在全社会各行各业凝聚共识，打破部门和地域、事业和产业的界限，劲往一处使，主动促成文化与旅游的融合发展。要转变政府职能，变管理为服务，通过建立相互支持、互动发展的工作机制，充分发挥企业、行业协会、文化艺术团体、科研院校在文旅融合发展中的主体作用，解决好产业融合发展中的具体问题。

3. 突出桂林山水核心优势

桂林之所以有别于其他旅游城市，主要还是独特的山水自然景观与深厚的历史文化在桂林实现了天衣无缝、相得益彰的结合。有美丽的桂林山水，才有“江作青罗带，山如碧玉篸”这样优美的诗句。“桂林山水甲天下”这一口号的提出，正是桂林山水与桂林历史文化交映生辉的最佳见证，桂林发

展文化旅游的核心优势仍然要在山水上做文章。要深度挖掘桂林山水深厚的文化内涵，使游客在桂林旅游时不仅感受到自然之奇美，还能感受到真正的文化享受和精神愉悦。

4. 整合桂林优秀文化资源

以桂林近年来开展的全面文化资源调查为基础，把已发现整理的文化资源分为不同等级，及时申报各级文物保护单位、非物质文化遗产，继续推动灵渠申报世界文化遗产。同时将基础好、可形成产业的文化资源编入《文化产业导向目录》，以便有针对性地开展文旅融合规划设计、推介营销、招商引资。把非物质文化遗产保护传承与旅游有机结合起来，通过桂剧、彩调、文场等非物质文化遗产的保护传承，地方传统文化研究，鼓励建设传统民居、传统工艺活态移植与保护传承基地，鼓励开展桂海碑林碑拓技艺、漓江画派创作写生艺术研学等，进一步提升桂林的文化氛围，夯实文旅融合的文化基础。

（二）做好统筹谋划，完善融合发展区域格局

1. 以老城区为主体建设世界级文化旅游目的地

围绕桂林老城区，立足市区漓江、公园景区、“两江四湖”等旅游景观资源，融合藩王文化、抗战文化、宗教文化、历史名人文化；升级桂林“三宝”等传统土特产，创新开放文化旅游创意产品；开发特色餐饮，弘扬桂林传统美食文化，满足游客了解和体验地方饮食文化的需求；建设健康城市，打造一批医疗康体养生项目，建设国际康体养生胜地，形成独具特色的桂林山水文化主题城市体验，构建世界级文化旅游目的地。

2. 围绕百里漓江黄金水道打造世界遗产休闲旅游地

立足漓江水系和沿岸喀斯特地貌、田园风光，融合桂林山水文化、历史名人文化、古镇古村落民居文化、少数民族文化，大力发展游轮旅游、生态旅游、主题公园游、都市休闲、艺术创作研学游。推进黄金旅游水道向桂林城区上游（南洲岛）至阳朔下游（留公村）河段、平乐延伸，打造享誉国际的世界遗产休闲旅游地。

3. 以灵渠—相思埭为主线建设大环城水系文化旅游带

沟通古代运河（灵渠、相思埭）、著名河流（漓江、湘江、桂江、柳

江）、独特的喀斯特地貌、湖泊湿地（会仙国家湿地公园）和城市生态水系（“两江四湖”、临桂新区水系），融合桂林古代军事水利文化、独特地理文化等，构建大环城生态水系文化旅游带。

4. 围绕历史文化培育桂林全域历史文化旅游体系

以桂林厚重的历史文化带动旅游发展、厚植旅游业的文化内涵，打造桂林全域历史文化旅游体系，重点打造 4 条精品文化旅游线路。一是历史文化旅游线路，包括“一院两馆”、非遗展示馆、省立艺术馆、王府历史街区（逍遥楼）、桂海碑林、王陵景区、甑皮岩博物馆等；二是红色文化旅游线路，包括八路军办事处纪念馆、湘江战役纪念园、红军堂、酒海井、新圩阻击战等；三是名人故居旅游线路，包括李宗仁官邸、李济深故居、白先勇纪念馆、黄旭初故居、救亡日报、雁山园、唐氏庄园等；四是古镇古村落旅游线路，包括兴坪古镇、大圩古镇、灌阳月岭村、灵川熊村等。

5. 围绕民族民俗特色打造桂北乡村文化旅游圈

以阳朔、龙胜、兴安、恭城、雁山等县区入选创建国家全域旅游示范区单位为切入点，通过统筹文化旅游各要素的规划建设，连点成线、连线成面，加快县域特色文化旅游资源整合，打造县域旅游升级版。规划建设阳朔、兴坪、高田休闲度假特色主题城镇，兴安秦汉文化特色主题城镇，临桂会仙喀斯特湿地旅游特色小镇，龙胜和平龙脊民族生态文化旅游主题小镇，以及阳朔留公村、恭城红岩村、灌阳洞井村等 26 个旅游主题小镇和 38 个精品乡村旅游示范村，全力打造 5 条全域旅游精品线路，构建桂林特色乡村文化旅游圈。

（三）坚持市场导向，创新融合模式

1. 培育壮大市场主体

建设开放的文化旅游市场体系，扶持不同规模、所有制、行业的企业向专业化、规模化、集约化、资本化发展，建立资源优配、分工合理、市场清晰的文化旅游产业经营体系。推动文化旅游资源优势向资本和经济优势转变，不断提高文化旅游企业、景区景点的市场竞争力。积极支持国有大型企业和国外知名企业经营开发文化旅游产业，推动文化旅游企业以资本为纽带跨地域、跨所有制整合资源，培育一批覆盖旅游投资、旅游经营、文化创

意、文化娱乐、影视制作等领域的具有较强竞争力的大型综合性文化旅游企业集团。鼓励引导中小型旅游文化企业丰富文化内涵，提升品牌价值，增强核心竞争力，走特色化、专业化道路。大力培育和壮大行业协会和中介组织，积极引导和整合社会力量，共同推进文化旅游融合发展。

2. 拓展文化旅游产业体系

构建全领域文化旅游产业业态，以文化旅游景区或旅游集团为核心，推进包括旅游产业、文化产业、休闲娱乐产业、健康养生产业、现代服务业以及互联网、教育等不同产业的垂直、水平和斜向合作，实现覆盖全领域的文化旅游产业网络。健全文化旅游产业链条，整合文化旅游产业上游环节的文化旅游资源规划、开发，中游环节的文化旅游产品和文化旅游服务，下游环节的品牌包装与公关营销，并在每一个环节中加强与本地特色文化的对接，增强旅游的文化属性，构建集食、住、行、游、购、娱于一体的文化旅游产业链。

3. 提升文化旅游产业的延展性

挖掘文化旅游品牌的形象价值，注重对景区、度假区文化内涵的挖掘，强化文化业态对景区、度假区的渗透融合。大力开发与桂林特色景区景点相关的旅游纪念品，对桂林的民间工艺品、土特产进行文化包装，鼓励有创新特色的旅游工艺品、纪念品申请外观设计专利，加强对旅游工艺品、纪念品的知识产权保护，通过提升旅游纪念品和地方土特产的文化内涵来提高其商业价值。深度挖掘、开发桂林特色饮食文化，实施品牌发展战略，推进桂菜“名菜、名师、名店”工程，培育建设特色餐饮街区。引进国内外著名餐饮企业和餐饮品牌，结合旅游节庆和会展活动，举办美食文化节。鼓励和规范发展各类生态、文化主题酒店和特色化、中小型民宿客栈。培育提升一批精品演艺活动，积极引入国内外品牌文化演艺项目，建设市民广场、休闲公园、音乐码头，提升“两江四湖”夜游吸引，带动激活沿岸夜市、演艺吧、茶吧发展，拉动夜间旅游消费，打造桂林不夜城。

4. 培育建设文化旅游平台和市场

加快推进桂林万达文化旅游城、动漫戏曲文化产业园、独秀动漫游戏产业园区、甲天下产业园、印刷产业园、灵川希宇文化产业园等大型文化产业项目发展，建设文化旅游创意转化平台。重点培育建设一批特色文化旅游平台和市场，如以桂林博物馆、甑皮岩遗址博物馆、靖江王陵、桂海碑林、李宗仁官邸博物馆、桂林鸡血玉博物馆等为核心的文博旅游平台；以桂剧、彩调、广西文场、桂林渔鼓等国家级非物质文化遗产演艺为重点的地方传统文化展示平台；以德天玉器城、瓦窑国际旅游批发城、桂林国际根雕奇石文化城等为代表的文化旅游商品市场；以壮侗苗瑶民族文化景区、民族文化村寨、民族文化博物馆为支撑的民族文化旅游平台；以八路军驻桂林办事处旧址、红军长征突破湘江烈士纪念碑园、老山界等红色旅游景点为核心的红色文化旅游平台；以漓江画院、桂海碑林、驻桂林高校为核心的文化艺术研学旅游平台。

5. 重点打造一批文旅融合特色产品

保持“印象·刘三姐”等知名品牌的业界影响力。利用春晚效应，在2017年央视春晚桂林分会场原址上，充实更多如桂剧、彩调、文场、桂林籍演员等桂林元素，打造一台展现桂林山水、历史文化、人文风情的“大美桂林”山水实景演出，力争将其打造为与“印象·刘三姐”相媲美的高水准国际性品牌节目。积极扶持开发一批桂林特色鲜明、形式创新多样的演艺产品，促进桂林演艺娱乐业可持续发展。立足桂林山水资源，启动山水题材艺术创作工程，建设国际艺术创作基地，吸引全球艺术人才进驻桂林开展艺术创作，创作一批桂林内涵丰富、格调高雅的艺术精品。立足桂林文化资源，加强选题策划，推出一批讲述桂林故事、传递桂林精神的历史文化题材文艺精品。支持各地实施“一县（镇、村）一品”战略，鼓励挖掘、保护、发展老字号、非物质文化遗产。进一步提高愚自乐园、桂剧、彩调等文化品牌的影响力，积极打造“桂林演艺之都”“桂林动漫基地”“漓江画派”“中国农民画第一村”等桂林文化品牌。

6. 办好一批特色文化旅游节会活动

文化节会要面向旅游市场，扩大文化影响力；旅游节会要增加文化内容，增强旅游吸引力。着力提高节会活动的策划创意、宣传营销和综合管理水平，打造一批全国知名的文化旅游节会品牌。支持各县区、相关单位和旅游企业策划和举办多种形式的节庆、会展和旅游文化活动，增加旅游产业的文化内涵和旅游产品吸引力。组织策划、承办运营一批具有桂林特色和国际影响力的赛会。进一步强化联合国世界旅游组织/亚太旅游协会旅游趋势与展望国际论坛、中国－东盟旅游展、桂林国际山水文化旅游节、中国桂林创新创意文化节暨桂林国际动漫节等展会节事活动的桂林内涵；提高桂林山水摄影书画作品展览、国际模特大赛、美式台球世界女子九球锦标赛、国际公路自行车赛、国际马拉松赛等赛事活动的举办水平和国际影响力。

（四）加强保障措施，构建多角度支撑体系

1. 加强规划引导

按照全域旅游的发展思路，在全面梳理文化旅游资源的基础上，吸纳桂林市已出台的《桂林市文化发展十三五规划》《桂林市旅游总体规划修编（2015—2020年）》《桂林关于深化文化体制改革推动文化大发展大繁荣的决定》等系列成果，尽快制定《桂林市文化与旅游产业融合发展规划》，为发展文化旅游产业提供科学指导。在抓好文化旅游发展总体规划的基础上，系统地抓好旅游概念的分项规划，以及每个文化旅游项目的专题规划。规划要注重古今融合，既体现传统文化脉络，又具有鲜明的时代感。注重系统性，根据不同旅游文化资源的特点，抓好系统分类，进行深度挖掘，使每一个景观、每一项产品以及服务都成为特定文化的缩影，体现独特的桂林文化元素符号。

2. 强化创新政策支持

国家发展改革委和国家旅游局下发文件，从2017年开始，在全国范围内建设“两岛一带一地一区”五大旅游发展重点工程，其中“一地”就是指桂林国际旅游胜地。广西壮族自治区也将桂林国际旅游胜地建设纳入自治区“双核驱动、三区统筹”核心战略。要做好相关政策的梳理和转接，强力推动国家赋予桂林的各种试点、试验、示范政策落到实处，力争国家和自治区赋予桂林更多优惠政策，争取更多项目纳入国家、自治区规划盘子，最大限度释放国际旅游胜地建设政策红利，切实把政策优势转化为发展优势。

进一步完善促进文化旅游融合发展的政策体系，出台文化、旅游产业专项资金的补贴、贷款贴息政策，对项目开发的用地、用电等实行优惠价格等方面的政策。市财政出资并吸纳社会资金设立文化旅游融合发展专项基金，为旅游与文化产业融合发展的科学研究、市场开拓等方面提供资金支持，同时以后补助形式鼓励企业研究开发文旅融合的新产品。明确政策扶持标准，

鼓励创新创意，重点扶持一批符合文化旅游融合发展方向的项目。各级政府要充分认识旅游产业与文化产业之间的相互促进作用及其融合对区域经济发展的推动作用，制定和完善推动文旅融合发展的产业政策，在市场准入、财税调节、投融资渠道等方面给予有力的扶持，为文化产业和旅游产业的融合发展提供良好的保障，实现双方利益的最大化。建立健全行业协会等文化旅游非政府自律管理组织，推进文化旅游产业规范化发展。

3. 深化文旅融合改革

按照产业融合的思路改革体制机制，消除条块分割的行业壁垒。加强对文化旅游融合发展的投融资改革，进一步整合旅游资源，建立文化旅游投融资平台，成立文化旅游投资有限公司，高效率配置资源，积极开展对外融资，探索利用资产证券化盘活现有资产收益权，形成旅游资源市场化整合、产业化发展、一体化管理的新格局。鼓励银行、保险、担保、基金、证券等金融机构积极创新文化旅游金融产品和服务。支持有条件的企业通过发行股票债券、股权转让、风险投资等方式融资。支持利用景区景点经营收费权、文化内容产品版权及知识产权、地理商标、文化创意等无形资产抵（质）押贷款。对小规模、成长性好的文化旅游企业，鼓励探索联保、联贷等融资方式。鼓励和吸引社会资本特别是民间投资以合资、独资、特许经营等方式参与文旅融合产业开发，积极推广政府和社会资本合作（Public-Private Partnership，PPP）模式建设文化旅游项目。积极引进境外资本投资桂林旅游演出市场。同时，加快简政放权，强化市场监管力度，优化产业创新发展环境。加强对文化旅游融合发展产生的产品创新、运营方式创新、组织结构创新等涉及的商标权、版权、知识产权、专利权等进行保护，严肃惩处侵权行为。

4. 培育文化旅游复合型人才队伍

根据市场需求和文化旅游产业发展实际，尽快建立完善文化旅游产业人才培养、引进、使用、奖励机制，改变产业融合发展中领军人才缺乏、整体素质不高、后备力量不足的现状。要加大高层次人才的选拔引进力度，落实人才引进的政策待遇；加强旅游职业教育，培养适应旅游产业发展需求的人才；发挥桂林本地教育与培训资源的优势，通过与国际培训机构合作办学、联合培养等方式加快国际化人才的培养步伐，建议吸纳国内外资金资源，在阳朔创办中国山水画学院；积极推进旅游人才的再培训计划，有步骤地选派业务骨干到境外深造。建立以政府投入为主、用人单位和社会资助为辅的人才队伍建设投入机制，优先保证对人才发展的投入，为文旅融合发展提供必要的经费保障。引导文化旅游业收入分配机制改革，鼓励通过期权、分红、无形资产入股等方式，充分尊重和保护知识、人才、创意的价值。

5. 创新培育文化旅游新业态

推动"万众创新，大众创业"，建立"政、校、企、研、民、用"共同促进文化与旅游融合发展的机制，形成类似深圳、长沙、青岛等城市及韩国、日本等国的文创环境，力争打造文化旅游创意设计城市。通过发布产业项目、创新要求、发展思路、激励办法等，吸引国内外"创客"积极投身桂林文化旅游产业建设，投资创办实体俱乐部、文化旅游产业园区、街区以及文创乡村等项目，打造包括原创、研发、生产、创新、发展等环节完整、良性循环的旅游文创产业链体系，从根本上解决桂林文化旅游业的创意来源。

6. 加大文化旅游营销推广力度

整合文化和旅游两个系统的推广营销渠道，创新推介方式和营销模式，运用新技术新手段扩大营销覆盖面，形成全市行动、区域联动、内外互动的大宣传、大推介、大营销格局。开发制作一批桂林特色鲜明、形式新颖多样的旅游宣传品，形成包括画册、声像宣传品、旅游书籍、文艺作品、旅游卡通形象、特色旅游纪念品、有针对性的特定市场宣传资料等特色旅游宣传品系列。积极推动宣传"走出去"，扩大在中央媒体和境外媒体的文化旅游宣传，强化国内媒体旅游推介作用，在充分利用各类网站、报纸、杂志、节会等传统宣传渠道的同时，用好新媒体、自媒体等新平台全面宣传桂林文化旅游。

7. 提升游客参与度

充分发挥手机移动客户端、网络订票选座、移动支付等新兴网络应用软件产业在文化旅游融合发展中的作用。利用旅游与文化产业融合的参与性和体验性，推动文博场馆、演艺场所、旅游景区灵活运用 VR 虚拟现实技术、全息影像技术、3D 成像技术等现代科技手段，提高视觉震撼力和表现的生动性，增强博物馆和景区的参与体验性和吸引力。充分发挥漓江画派、桂林碑拓技艺等文化要素的作用，开展研学、写生旅行，采用创作修行、趣味课堂、体验交流会等形式推介桂林文化，丰富旅行活动内涵。建立非物质文化遗产活态展示的场所和平台，让旅游者亲自参与文化产品的设计和制作，从而更好地了解和接受旅游文化创意产品，接受桂林文化。

8. 加强配套设施建设

加快构建多层次旅游公共服务体系。建设现代旅游综合交通运输体系，加大城市交通枢纽接驳系统、游客咨询服务中心、旅游停车场、旅游导览系统等公共服务设施的建设力度。加快拆墙透绿、沿漓江两岸自行车道、越野赛路线、休闲绿道建设，营造与山水自然和谐、彰显丰厚文化底蕴、独具桂林城市魅力的交通环境，使桂林旅游之行充满文化韵味。进一步加强旅游互联网基础设施建设，搭建旅游大数据平台和客户端，掌握实时旅游动态，制定精准营销策略，为游客提供更方便快捷的体验，为文旅融合发展提供技术支撑。打造一个涵盖地方文化展示中心、非遗文化互动体验基地、多功能艺术中心、本土元素与原创设计空间、城市品牌文化创意展示中心的桂林文化综合体，为桂林文旅融合提供坚实载体。

三、世界级旅游城市可持续发展议程创新示范战略研究

2015 年 9 月，联合国 193 个成员方在发展峰会上共同通过纲领性文件——《2030 年可持续发展议程》，文件包含 17 项可持续发展目标、169 项子目标，致力于推动全世界消除极端贫困、促进健康、遏制气候变化等挑战，为全球可持续发展指明了方向。我国高度重视落实《2030 年可持续发展议程》。习近平主席在出席联合国发展峰会时郑重承诺，中国将以落实《2030 年可持续发展议程》为己任，团结协作，推动全球发展事业不断向前。2016 年 9 月，我国发布《中国落实 2030 年可持续发展议程国别方案》，从战略对接、制度保障、社会动员、资源投入、风险防控、国际合作、监督评估等 7 个方面入手，制定了一揽子落实举措。2016 年 12 月，国务院印发《中国落实 2030 年可持续发展议程创新示范区建设方案》（国发〔2016〕69 号），提出在“十三五”期间建设 10 个左右国家可持续发展议程创新示范区（以下简称“示范区”），打造一批可复制的可持续发展现实样板，并明确要求示范区建设要以实施创新驱动发展战略为主线，以破解制约我国可持续发展的

关键瓶颈问题为着力点，集成各类创新资源，加强科技成果转化，探索完善体制机制，提供系统解决方案。

桂林拥有得天独厚的漓江山水生态景观资源，享有“山水甲天下”的美誉，是全国首个国家旅游综合改革试验区，是国际旅游城市、国家历史文化名城和区域性中心城市。桂林市拥有世界上发育最典型的喀斯特地貌，以漓江山水为代表的喀斯特景观资源是“中国南方喀斯特”地貌演化史的代表。2014 年，以桂林山水为代表的“中国南方喀斯特”地貌被联合国教科文组织列入世界自然遗产名录。但桂林地处西部多民族欠发达地区，经济发展方式还比较粗放，基础设施建设相对滞后，景观资源的保育能力不足，支撑社会经济发展等方面的能力均有弱化趋势。如何有效保护和利用好景观资源、同步实现经济和社会的可持续发展，既是桂林面临的重大挑战，也是中国乃至世界自然资源丰富、生态环境脆弱、社会经济发展相对滞后的同类型城市所面临的共性问题。

2018 年 2 月，国务院批准桂林市以“景观资源可持续利用”为主题建设国家可持续发展议程创新示范区（国函〔2018〕31 号），要求重点针对喀斯特石漠化地区生态修复和环境保护等问题，集成应用生态治理、绿色高效农业生产等技术，实施自然景观资源保育、生态旅游、生态农业、文化康养等行动，统筹各类创新资源，深化体制机制改革，探索适用技术路线和系统解决方案，形成可操作、可复制、可推广的有效模式，对中西部多民族、生态脆弱地区实现可持续发展发挥示范效应，为落实 2030 年可持续发展议程提供实践经验。

建设世界级山水旅游名城、世界级文化旅游之都、世界级康养休闲胜地和世界级旅游消费中心需要围绕建设国家可持续发展议程创新示范区为战略，重点围绕“喀斯特石漠化地区生态修复和环境保护”瓶颈问题，以“景观资源可持续利用”为主题，以转变发展观念、创新发展模式、提高发展质量为主线，按照生态资源保护利用、生态产业发展、生态环境改善、生态文明建设的思路，以满足人民日益增长的美好生活需要为目标，以提供优质生态产品和生态服务为主要内容，实施自然景观资源保育、生态旅游产业创新发展、生态农业创新发展、文化康养产业创新发展、创新驱动能力支撑等五大重点行动，通过创新漓江流域保护机制、全域旅游发展新模式、科技转化为生产力的内部动力机制、社会广泛参与的多元化投融资机制，以及可持续发展国际交流合作与落地示范基地建设等举措，持续改善桂林市生态环境质量，促进生态旅游业、生态农业、文化与康养等产业创新发展，实现生态保护与绿色产业的协调发展。

（一）创新景观资源生态价值转化机制

1. 创新生态产品价值实现路径

深化资源性产品价格和税费改革，探索生态价值向人文价值、经济价值、生活价值转化的实现路径，搭建生态价值实现平台，构建以山水景观为核心的绿色发展动力机制。鼓励引导社会资本参与山水景观建设，深化山水景观管理体制改革，构建生态建设运营双平衡机制，完善生态建设成本定向提取等制度，探索以土地增值收益平衡前期投入、以市场运营收益平衡后期维护的可持续投入方式。构建生态系统生产总值（GEP）核算标准和评估体系，在恭城、龙胜等生态功能重点区县探索GDP和GEP“双核算、双运行”的绿色经济考评体系，实现GDP与GEP良性互动互促，构建以GEP核算为基础的生态产品市场交易机制，加速推动生态价值转化为经济价值。利用生态景观资源经济业态升级、模式创新，以生态价值多元转化保障生态环境建设的可持续性。以景观资源与社会经济融合为突破口，培育全息情景营造、主题消费体验、田园生态旅居等新经济业态，打造形成新业态、新模式、新场景的策源地，推动土地增值与生态投入良性互动，以生态价值多元转化保障生态环境建设的可持续性。

2. 健全生态环境保护管理机制

完善生态保护红线、环境质量底线、资源利用上线和生态环境准入清单等“三线一单”生态环境分区管控体系，开展重要生态空间自然资源确权登记，构建桂林市水资源和生态环境保护制度体系。进一步健全排污权、用能权、用水权、碳排放权等交易机制，降低交易成本，提高运转效率。加快建立初始分配、有偿使用、市场交易、纠纷解决、配套服务等制度，做好绿色权属交易与相关目标指标的对接协调。健全水权交易平台，加强对水权交易活动的监管，强化水资源用途管制。推动设立漓江流域生态环境保护专项资金，通过健全漓江水上游览票制票价体系，争取市级层面的价格审批权限，鼓励探索建立多元化的漓江流域生态补偿机制，逐步加大对漓江流域重点生态功能区转移支付的支持力度，推动开展中央、自治区、桂林市、示范区内县四级联动生态公益林补偿机制试点。制定自然资源资产管理、生态价值评估、生态环境损害评估和赔偿、多元化生态补偿、自然资源权属管理、有偿使用和使用权流转等各项制度。全面落实河湖长制和林长制。市县乡三级党委、人民政府主要负责同志共同担任总河长，分级分段（片）设立河长湖长；市、县两级分别设立总林长、副总林长和林长，建立部门协作机制、林长会议制度，设立林长制办公室，各级林长重点负责抓总纲、解难题、压责任，帮助各级林草部门解决自身难以解决的问题，统筹推动森林资源保护和发展各项工作。完善应对气候变化工作机制，建立健全应对气候变化部门及区县联席会议制度，夯实温室气体减排责任机制，落实碳排放权交易相关工作，积极推进碳达峰和碳中和，科学设定碳达峰目标和路径，推动能源、工业、交通、建筑等部门制定实施碳达峰专项行动方案，形成纵向传导、横向互动的碳达峰行动布局，构建多层级多领域的“零碳”示范体系等，推动建设一批碳达峰、碳中和领先企业、示范园区。

3. 创新生态价值转化多元投入机制

创新景观与生态资源市场化运营模式，探索设立生态价值转化基金，建立自然景观、公园绿地、生态带要素支持制度，撬动更多的社会资本投资生态环境保护和绿色产业发展，完善漓江可持续发展资金保障体系，重点支持景观资源保育、生态环境保护修复、生态环境基础设施建设、生态环境产业发展等，促进景观资源可持续利用。通过先建后补、以奖代补、贷款贴息、PPP 等方式，引导社会资本多渠道、多形式投入生态领域。支持桂林喀斯特世界自然遗产地创新生态开发投融资机制，探索“生态银行”模式，创新自然保护地管理体制机制。鼓励和支持运作规范、符合条件的创业投资企业创新各类募集手段，通过上市募集、发行双创债、发行资金信托等融资方式拓展融资渠道，形成市场化、多元化的资金来源。

（二）优化要素市场化配置机制

1. 创新土地要素市场化配置机制

推动国务院可以授权的永久基本农田以外的农用地转为建设用地审批事

项委托桂林市政府批准。支持在符合国土空间规划要求的前提下，推进二三产业混合用地。支持盘活利用存量工矿业用地，探索解决规划调整、土地供应、收益分配、历史遗留用地问题。探索利用存量建设用地进行开发建设的市场化机制，完善闲置土地使用权收回机制，落实宅基地集体所有权、资格权、使用权“三权分置”机制，提升存量建设用地和荒山、荒坡、荒滩及石漠化等废弃地的开发利用水平，建立多元化的乡村产业用地供应方式。

2. 创新资本要素市场化配置机制

梳理和破解影响资本有序进入的政策障碍和体制机制障碍，力争率先试点国家和自治区资本要素市场化配置优惠政策，积极开展“完善股票市场基础制度，加快发展债券市场，增加有效金融服务供给，主动有序扩大金融业对外开放”探索实践。研究出台金融服务民营企业的具体措施，支持示范区内注册并实体化运营的企业登陆科创板，不断优化“专精特新版”。研究推出“乡村振兴板”“生态旅游板”“景观资源可持续利用板”等特色板块，鼓励农业、旅游业、康养产业中小企业进入股权市场，让资本市场成为产业升级和创新驱动的推进器，支持普惠金融、互联网金融、绿色金融等多种金融模式在桂林落地示范及可持续发展实践，探索建立县域金融机构服务“三农”的激励约束机制。

3. 创新劳动力要素市场化配置机制

通过率先试点国家和自治区劳动力配置相关政策，完善城市发展政策和劳动政策的纠偏方案和矫正机制，并通过完善利益诉求机制和信息畅通机制，引导劳动要素在劳动力市场上的理性有序流动和合理配置，探索适应景观资源可持续利用新技术、新业态、新产业、新模式发展需要的特殊工时管理制度。根据各县区发展需求，优化劳动密集型产业布局，提升就业吸纳能力，多措并举帮助大学毕业生、返乡农民工等重点群体就业，对劳动密集型企业实施差异化的税费、金融支持政策，鼓励吸纳更多就业。健全人力资源市场体系，完善技术技能评价制度；以职业能力为核心制定职业标准，进一步打破户籍、地域、身份、档案、人事关系等制约，畅通非公有制经济组织、社会组织、自由职业专业技术人员职称申报渠道。推进新时代社会保障改革，引导市场主体、社会力量、个人和家庭共同参与，健全覆盖全民、统筹城乡、公平统一、可持续的多层次和高质量社会保障体系。坚持男女平等原则，在新的起点上保障妇女儿童合法权益，综合应用社会救助、社会福利、慈善事业、优抚安置、创业基金等多种手段，不断创新和丰富妇女儿童基本公共服务供给。

4. 创新要素市场评价贡献机制

探索完善生产要素由市场评价贡献、按贡献决定报酬的机制，增加劳动者特别是一线劳动者劳动报酬。充分尊重科研、技术、管理人才，探索充分体现技术、知识、管理、数据等要素价值的实现形式。深入推进国资国企综合改革试验，支持建立和完善符合市场经济规律与企业家成长规律的国有企业领导人员管理机制，探索与企业市场地位和业绩贡献相匹配、与考核结果紧密挂钩、增量业绩决定增量激励的薪酬分配和长效激励约束机制。

（三）构建市场导向的绿色技术创新体系

1. 建立绿色技术转化机制

健全绿色技术知识产权保护制度，强化绿色技术研发、示范、推广、应用、产业化各环节知识产权保护。积极建设绿色技术银行，加快推进市场导向绿色技术创新体系建设，实现科技成果资本化，为绿色技术的转移转化提供资金服务。推动本土科技要素市场与上海绿色技术银行的对接合作。加强科技政策与产业、财政、金融等政策有机衔接，完善科技治理体系，推动重点领域项目、基地、人才、资金一体化配置。充分发挥国家科技成果转化引导基金作用，强化创业投资等各类基金引导，支持绿色技术创新成果转化应用。支持企业、高校、科研机构等建立绿色技术创新项目孵化器、创新创业基地。及时发布绿色技术推广目录，加快先进成熟技术推广应用。围绕产业链，部署创新链，实现价值链“三链融合”。以企业为科技创新主体、以市场为创新导向、以产学研协同创新体系和军民融合为突破口，打造国家科技成果转移转化示范区，促进科技、人才、资本、政策深度融合，建设高水平的技术支撑体系。

2. 设立常态化的区市两级可持续发展科技专项

完善自治区、桂林市两级政府科技稳定投入保障机制，优化财政科技投入结构和支持方式，在自治区、市两级科技专项资金中设立可持续发展专项对可持续发展基础研究、前沿技术研究和社会公益性技术研究、技术集成与工程示范给予稳定支持。采取计划项目资助、购买服务等方式，支持重大可持续发展创新平台建设、创新载体引进、重大项目研发、科技成果转化、创新人才培育等。对可持续发展带动性强的标杆性重大科技项目，实行“一企一策、一事一议”；推动先进适用的科技成果在县域的转化和产业化，构建“技术引入—技术匹配—技术孵化加速—技术商业化”的技术发展和产学研合作全链条。

3. 健全创新生态体系

改革科研项目立项和组织方式，建立主要由市场决定的科技项目遴选、经费分配、成果评价机制。深化科技成果使用权、处置权和收益权改革，在探索赋予科研人员科技成果所有权或长期使用权、成果评价、收益分配等方面先行先试。持续加强需求引导的基础研究，持续优化基础科学研究支持体系建设，重视推动基础研究和应用研究的融通创新、全面发展、重点突破。加快完善技术成果转化相关制度，推进国家科技基础资源服务业基地和科研机构聚集区建设，建立具有地方特色的绿色技术创新成果转化服务体系，建设特色鲜明的绿色技术交易市场，适当提升县域层面技术合同技术交易额补贴、简化申报流程，提高科技成果转移转化效率。探索设立桂林市科技成果转化基金和创业孵化基金，完善科研人员成果转化收益分配政策，完善事业单位科技成果转化处置实施办法，研究制定知识产权股权分红等激励政策，调动科研人员的积极性和创造性。加强对技术交易中介机构的指导和评价监管，培育一批专业化的绿色技术创新“经纪人”。加强创新共建共享，建设创新共同体，打造协同创新示范区域。

4. 健全绿色技术创新人才激励机制

以“引育培用留”为重点，加快实施人才优先发展战略，打造以景观资源可持续利用为核心的国际一流人才汇聚之地、建设具有较强竞争力和产业带动力的人才强市。充分利用桂林—深圳人才飞地机制，进一步打造国内外创新创业引才聚才平台，建立跨区域发展合作机制和利益共享机制，搭建桂林与粤港澳大湾区人才、技术、资本和项目等创新要素的流通渠道和高端资源的对接平台，为桂林可持续发展源源不断地注入新鲜血液。加大柔性用才力度，推动用人单位到区外设立离岸研发中心和孵化基地，就地延揽高层次人才，对引进的创新人才视同在示范区工作，可申报自治区级人才工程和科技项目。依托院士工作站、技能大师工作室、专家服务基地等载体，灵活使用各类人才。优化人才服务环境、着力解决人才来桂就业创业的过渡性、周转性住房问题，不断完善人才生活居住保障体系，完善“共建共管共享”的运营模式，把人才公寓建成人才生活、创业、创新集聚载体，构筑人才留桂栖息地；优化人才发展环境，落实高层次急需紧缺人才落户、住房、医疗、子女上学、配偶就业等政策，推动形成“山水甲天下，英才聚桂林”的人才生态环境。

（四）创新绿色金融政策

1. 探索优化绿色金融体系

创新金融政策，健全绿色金融支撑，探索建立绿色基金和碳基金，大力发展绿色信贷，发行绿色债券，创新绿色保险；支持符合条件的绿色企业上市融资，发挥国有资本示范作用，引导社会资本投入重大生态工程，率先形成绿色金融全产业链示范。鼓励金融机构对清洁生产企业的绿色信贷支持和保险服务；鼓励有条件的区（市）县通过专业化绿色担保机制、设立绿色发展基金等手段，撬动更多的社会资本投资绿色产业。鼓励通过招商、绿色信贷等途径，吸引社会资金以独资、合资、承包、拍卖、股份制、股份合作制等不同形式参与桂林市可持续发展行动。鼓励符合条件的金融机构探索绿色信贷、绿色保险、绿色证券、绿色债券、绿色基金等金融新业态新产品，支持重点产业和项目实施绿色信贷、科创贷，提供贷款贴息、财政资助、税收返还等优惠。推动银行设立具有相关组织体系、配备相关工作人员的绿色分行、绿色支行或绿色金融事业部等绿色专营机构，集中开展绿色金融业务。

2. 设立可持续发展基金

对接科技部国家科技成果转化引导基金等资源，探索设立桂林市可持续发展创新引导基金和可持续发展影响力基金，发挥引导作用，吸引社会资金进入可持续发展创新领域。整合政策性金融、开发性金融、商业性金融、合作性金融等资源，建立健全多主体、多渠道、多形式的投融资机制，建立分工合理、相互补充的创新金融体系，重点为乡村振兴、产业升级、城市提质、景观资源保育、生态文化保护和城乡融合发展等提供金融支持。支持符合条件的项目通过上市、企业债、资产证券化等金融工具筹集发展资金，鼓励私募基金、风险投资、社会捐赠资金和国际援助资金加大对产业转型和乡村振兴的资金投入。

3. 加快推进金融改革创新

健全商业性金融、开发性金融、政策性金融、合作性金融，形成分工合理、相互补充的金融机构体系，引导金融行业服务向可持续发展领域倾斜，发展普惠金融，探索建立财政、国资收益和社会资金多渠道并举的滚动投入机制。鼓励境外专业机构组建人民币创业投资基金、国有产业集团参与设立创业投资企业，加快推动天使投资发展。不断丰富创业投资企业募集资金渠道，鼓励和支持运作规范的创业投资企业在法律法规允许的框架范围内创新各类募集手段，通过上市募集、发行企业债券、发行资金信托和募集保险资金等方式和融资工具，拓展融资渠道，建立完善的市场化、多元化投融资机制。

4. 深化投融资体制改革

最大限度放宽投资准入，通过规划布局、技术标准引导市场投资行为，创新政府投资方式，发挥基础设施建设基金、政府出资产业投资基金等引导作用，探索 PPP 模式落地实施机制，推行代理制度，建立合理投资回报和多样化退出机制。加快融资平台市场化转型，推进国有资本运营集团注入优质资产、引入战略投资者、存量资产证券化，提高对地方重大项目建设的支撑能力。增强金融企业支持实体经济发展的能力，加强团队建设，承接运营政府投资设立、整合的股权投资基金，探索构建涵盖股权投资基金、融资担保、不良资产处置、并购重组基金、跨境科技金融平台、夹层基金、过桥接续基金、企业大数据金融服务平台以及银行、融资租赁等多种金融业态的综合金融服务体系。支持民间资本管理公司开展债券投资、受托资产管理、私募基金管理、不良资产收购处置和资产证券化等创新试点业务，支持由民营企业发起设立民间资本投融资控股公司。

（五）完善对外交流合作机制

1. 拓展国内外交流合作与示范区建设结合新渠道

高水平建设景观资源可持续利用对外合作交流示范基地，提升东盟可持续发展创新合作国际论坛影响力，强化顶层设计更新和品牌定位提级，切实发挥论坛的国际交流合作平台功能，提升论坛的国内外交流合作集成能力。将论坛活动与示范区建设各项工作充分挂钩，集中展示示范区建设的突出成果。利用论坛吸引资金、人才、技术和消费者，将论坛举办与可持续发展人才培训相结合，整合国际专家与国内专家资源，培训国际人才与国内人才，支持国内外专家和国内外人才形成合力，为示范区建设提供智力支持。确保可持续发展理论与实践相结合，把东盟可持续创新合作国际论坛打造为出思想、出方向、出成果的可持续发展国际论坛。发起或参与示范区创建联盟，建立健全与其他示范区的合作交流机制，有针对性地对接资金、技术、人才、项目，积极探索共同研发、共同投资、共同培训、共同推广等合作领域，开展经验分享、培训学习、沟通联络、咨询指导等交流合作活动。

2. 主动融入区域和国际发展平台

支持示范区积极参与“一带一路”、中国－东盟“升级版”的自由贸易区，努力融入粤港澳大湾区建设，推动桂林市纳入中国广西自由贸易试验区。争取国家政策支持，充分发挥国家可持续发展实验区部际联席会议作用，利用部际协调机制争取国家各部委联合出台对示范区的支持政策，争取国家科技项目在桂林进行成果转化和项目落地。积极融入《区域全面经济伙伴关系协定》(RCEP)，整合具有桂林特色的优质产品出口，根据打造国际消费中心城市的定位明确进口功能，满足国内消费需求。积极拓展桂林与粤港澳大湾区的内循环交流合作机制。与深圳国家可持续发展议程创新示范区建立固定合作交流机制，挖掘粤港澳大湾区的消费需求，深度开拓桂林提供消费产品和服务的亮点，改善桂林消费环境，提升桂林消费服务质量。推动示范区建设与粤港澳大湾区建设形成互补和联动发展，积极发展桂林空港口岸与毗邻区域的合作关系，巩固和扩大桂林航空口岸的货源吸附范围。建设保税物流中心（B 型）和铁路一类口岸，支持有条件的企业建设公用型保税仓库、企业自用型保税仓库和联运支撑口岸平台，为桂林企业在保税缓税、减少通关成本等方面提供有效支撑。

3. 建立适应贸易自由化投资便利化的投资促进机制

创新利用外资政策，提升引资质量和水平，打造高标准投资环境。全面实行准入前国民待遇加负面清单管理制度，推进金融、教育、文化、医疗等服务业领域对外开放，按规定放开建筑设计、商贸物流、电子商务等服务业领域外资准入限制，推动对外开放迈出更大步伐，形成新的竞争优势。引入国际规则、惯例和管理标准，营造尊重创新、保护创新、鼓励创新人才脱颖而出的政策环境，建设法治化、国际化、便利化的营商环境，推进行政审批“一制三化”改革。推进大通关建设改革，实施口岸管理相关部门信息互换、监管互认、执法互助，推动桂林国际机场口岸尽快获得外国人过境144小时免办签证政策，将过境免签停留范围扩大至广西行政区域。支持示范区设立特色综合保税区、免税购物中心，新增或加密国际国内航线，推动临空经济区快速融入广西北部湾经济区和粤港澳大湾区建设，共建“无水港”。

四、世界级旅游城市建设战略政策配套体系研究

根据桂林实际情况，桂林市政府应大力实施旅游产业发展政策，加强对旅游业的组织领导，各县区、各有关部门要进一步提高对旅游业的认识，实施有利于旅游业发展的鼓励政策，促进和保障桂林旅游业的迅速发展。

（一）进一步落实桂林国际旅游胜地建设政策体系

桂林国际旅游胜地的建设，既需要广西、桂林的艰苦努力，也需要国家重点在以下方面给予大力支持。

1. 继续落实《规划纲要》中提出的重大项目、事项和政策

重大项目方面，对《规划纲要》中明确提出且已经纳入有关领域专项规划或进入前期工作阶段的重大产业、能源、交通、水利等项目，建议国家有关部委加快推进项目前期研究及项目审批进程，促进有关项目尽早开工建设。

重大事项方面，支持桂林发展保税加工、保税物流，研究在桂林设立海关特殊监管区域。支持桂林体育健身业发展，研究在桂林试办国际通行的体育娱乐项目，继续研究发展竞猜型体育彩票的可行性。

重大政策方面，中央在安排预算内投资和其他专项资金时，加大对桂林倾斜力度。研究提高桂林国家级生态功能区生态补偿标准，支持桂林开展生态补偿试点。做好桂林旅游及相关产业发展梳理，将更多的相关产业纳入《西部地区鼓励类产业目录》，使更多的相关企业享受减按15%税率征收企业

所得税的优惠政策。

2. 支持桂林深化旅游综合配套改革工作

旅游产业用地改革方面，允许桂林旅游产业用地改革试点继续开展相关改革工作，针对旅游新业态、新模式对旅游用地的需求，指导桂林修订完善“31条”，使其更具操作性。

投融资模式创新方面，支持桂林设立桂林旅游产业发展促进基金，加强对桂林旅游企业和重大项目的融资支持和服务。支持企业通过PPP模式在桂林投资、建设、运营旅游项目，引导社会资本广泛参与旅游相关产业投资。设立桂林旅游资源交易平台，满足旅游产业多元化融资需求。

旅游产业创新发展方面，支持桂林建设国家健康旅游示范基地，在简化医疗器械和药品进口注册审批流程、允许境外资本在桂林举办医疗机构、适当降低先行区部分医疗器械和药品的进口关税、放宽境外医师在桂林执业审批条件和期间要求等方面支持桂林开展先行先试。

财税政策配套方面，结合国家区域发展战略和桂林市实际，中央财政统筹研究安排阶段性财力补助继续支持桂林国际旅游胜地建设，支持在桂林设立口岸进境免税店和开展免税商品特许经营。

3. 支持桂林在“一带一路”旅游合作中发挥更重要的作用

赋予桂林“一带一路”旅游合作发展先行区的新定位，国家要在开放合作平台、现代服务业发展、旅游人才培养等领域加大对桂林的支持力度。要发挥中国－东盟博览会旅游展等一系列会议会展的影响力，支持桂林与“海丝”沿线国家加强商贸服务、科技创新、人才培养等领域的合作；支持桂林开展服务贸易改革创新试点，降低文化创意、电子商务、研发设计等领域的外资准入条件，给予符合条件的技术先进型服务企业税费优惠等。支持桂林引入国外（境外）知名大学与桂林本地高校开展合作办学；引入国际知名的酒店管理学院（大学）建立分校，加强桂林的旅游人才培养。

4. 加强对《规划纲要》实施的统筹协调

建立桂林国际旅游胜地建设部省（自治区）市联席会议制度。建议依托每年一度的中国－东盟博览会旅游展，邀请国家发展改革委、文化和旅游部等国家部委以及自治区主要领导和相关部门，就桂林国际旅游胜地建设工作成效及存在问题进行交流和研讨，并共同解决《规划纲要》实施过程中的政策落实、资金扶持和项目落地等事宜。

（二）建设和完善地方旅游法规

通过地方立法，建立完善的法律、法规体系，推进地方旅游法规建设。根据桂林市旅游发展的实际需要，积极推进地方性旅游业法规的制定。通过向上级部门主动反馈桂林市旅游业现状，促进《桂林漓江风景名胜区管理条例》和《漓江流域生态环境保护办法》等地方性旅游法规建设和实施，解决旅游业发展中存在的重大问题，规范市场秩序，加强以法治旅。协助上级部门研究制定桂林市旅游产业政策以及配套的产业联动政策，如旅游发展的投资政策、消费政策、财政政策、税收政策、土地政策、扩大对外开放政策、旅游工业发展政策、旅游农业扶持政策、旅游林业扶持政策、旅游商业扶持政策等。

（三）建立旅游资源保护和利用政策

根据资源保护的相关管理规定，针对自然资源和文化旅游资源制定旅游开发与保护政策，妥善安排不同类型旅游资源的产权制度。

为保持旅游资源的可持续使用，对资源使用政府应收取相关费用，如资源使用费、管理费用和保育费用等。政府与企业协调制定相关资源的管理计划，维护旅游资源的合理开发。

加大政府导向型投入，加大旅游基础设施建设，优先安排至旅游景区景点的交通道路改造与建设，优先安排景区景点用电用水、给排水、通信等公共设施建设项目，改善旅游业发展环境。

在旅游区还应增加相关的旅游配套设施，提高游客在旅游区的体验和增加游客游览时间，带动旅游区周边地区的发展。

优先支持直接面向游客的综合环境整治项目，加大景区景点生态环境保护和污染防治项目的投资力度，对于旅游生态环境保护与绿化用地给予土地利用优惠政策。

（四）鼓励旅游投资主体多元化，深化企业改革

积极利用外资、民资开发旅游资源和兴办旅游项目。鼓励和引进大型旅

游企业集团参与景区（点）的经营。对大型旅游建设项目，可采取招股投资的方式投入；对纳入旅游开发计划，急需大规模维护和修葺，而使用单位没有能力开发的景点，可融资入股合作开发，提高旅游资源开发效率。深化对旅游企业的改革，重点培育若干个旅游龙头企业。

引进境外、省外大型旅游企业和强势品牌，支持不同行业和所有制以及全球性旅游企业参与桂林旅游企业的改组、改造和重组，培育具有桂林背景、具有国际竞争力的旅游集团。

在旅行社行业实行批发商、代理商的现代分工，实现市场组织网络化。

鼓励与旅游相关的加工业发展，对于投资旅游商品加工的企业采取地价与水电价格优惠、土地出让金返还以及各类行政事业性收费包干等办法予以扶助支持。

鼓励旅游纪念品的开发、研制、设计、加工；鼓励以本地原材料为原料的旅游农业和土特产品加工业。

增加财政对旅游促销的投入；鼓励拓展国内旅游市场与开拓入境旅游市场，制定外联客源奖励政策。加大政府财政和人力支持，增加对外旅游宣传促销经费，支持、组织和引导各旅游企业参加国内国际展示展销会以及经贸洽谈活动；制定促进旅游信息网络发展的优惠政策，加快旅游信息网络化发展。

制定明确的旅游利益分配政策，旅游景区（点）所在地政府或社区在基础设施建设、自然环境与社会环境管理中给予支持并承担相应责任，同时获得相应的旅游利益分享。

确立旅游开发商、居民参与旅游利益分配的制度安排，重视私有财产旅游资源所有者责权利的对等，应充分考虑居民的利益分配。

（五）积极争取国家政策支持

力争在桂林设立综合保税区，开放第五航权，发行竞猜型体育彩票等；争取桂林国际机场口岸 53 国 72 小时过境免签期限延长至 144 小时；入境免签旅游团范围扩展至韩国以及桂林国际航线的目的国家；免签（过）境外申请人停留范围扩大至广西行政区域；允许入境免签旅游团从桂林机场口岸入境，从广西任何口岸出境；支持桂林建设中国旅游资源资产交易中心分中心；争取国家对药品、疫苗、医疗器械、特殊医学用途配方食品等进口相关政策支持，支持建设国家新药转化桂林基地；争取将漓江流域纳入国家跨省际生态补偿试点，加大对桂林重点生态功能区生态公益林补偿力度。

五、打造世界级一流旅游目的地战略研究

《规划纲要》批复实施以来，桂林国际旅游胜地建设取得了一定的成效，已基本建成国际旅游胜地。2019 年 6 月 17 日，经自治区党委、自治区人民政府同意，自治区发展改革委、自治区文化和旅游厅印发了《关于以世界一流为发展目标打造桂林国际旅游胜地的实施意见》，对桂林国际旅游胜地升级发展提出了更高、更具体的工作目标和要求。2021 年 4 月习近平总书记在桂林考察时提出桂林要建设世界级旅游城市，对桂林旅游提出了更高的使命和更高目标。打造世界级旅游城市，有利于桂林旅游提质升级，成为全国旅游发展的新标杆；有利于发挥辐射带动作用，引领广西加快建成旅游强区；有利于探索“绿水青山就是金山银山”的桂林模式，提供景观资源可持续利用的中国样本。

打造世界级旅游城市，必须瞄准世界一流标准，大力推动桂林旅游提质升级增效，促进旅游与文化、康养等融合发展，打造一流的旅游产品、一流的旅游服务、一流的旅游品牌、一流的消费环境、一流的文旅体验、一流的康养基地，将桂林加快建成世界级的旅游目的地。

（一）建设世界一流的精品景区

建设漓江流域精华区，建成世界一流的旅游休闲度假区。实施漓江游船提档升级，使游船与漓江风景文化相融合，引导漓江游船多元化、定制化、高端化运营，高标准特色化改造提升漓江沿岸游船码头配套设施。实施漓江旅游资源和旅游企业整合，积极推行漓江分时游、分级游、分形游、分段游。规划完善配套设施，发展漓江骑行游、低空游。高水平高标准规划建设漓江流域拓展区域，推动遇龙河、桃花湾成为国家级旅游度假区，将雁山园权属划归桂林市管理，恢复“岭南第一园”美景。打造愚自乐园、法国 PVCP、园博园·雁山园、会仙湿地等一批世界级休闲度假基地。

建设桂林城市核心区，建成世界一流的宜游宜居城市景区。高标准建成“两江四湖”二期工程，依托河湖水系连通象山、伏波山、叠彩山、七星景区、芦笛岩等景区景点，打造串珠成线、连山接水、山水交融的特色景观城，实现水上、陆地便捷畅游。完成靖江王城片区国家级历史文化街区改造提升工程，将东西巷·逍遥楼纳入王城景区统一规划建设运营，实现广西师范大学王城校区的研学功能与王城景区的深度融合，提升王城5A级景区品质。积极研究中心城区主要景区逐步免费政策，探索开放式旅游新模式。

建设县域主要景区，建成各具特色、多元发展的旅游景区。创建龙脊梯田、八角寨、猫儿山、灵渠等国家5A级景区，力争2025年5A级景区达到8家以上。加快全州天湖、万达文旅等新兴景区和罗山湖、民国风情小镇等景区开发建设，打造大圩、草坪等26个国际水平的旅游特色小镇，4A级景区力争达到60家。提升乐满地景区内涵，向世界级主题公园发展。

积极发展全域旅游，构建“一核一带、两轴三极、八线多区”全域旅游发展格局。进一步强化桂林中心城区核心作用，提升临桂区游客接待能力和综合服务水平，打造雁山区新的旅游增长极。升级漓江黄金旅游带，联动发展湘桂走廊和西南通道两轴，做强做优阳朔、龙胜、兴安旅游三极，辐射带动周边县域旅游发展。打造百里漓东、峰林遗产、茶江生态、桂柳运河、龙脊风情、资江丹霞、湘江红色、灵渠古道等8条精品线路，将全州天湖、资源八角寨和宝鼎、兴安猫儿山等串联建设成大生态休闲线路。做强特色旅游村镇，打造县域旅游样板，创建一批国家和自治区级全域旅游示范区。

（二）提供世界一流的旅游服务

完善一流的旅游公共服务设施。建成4个一级、10个二级旅游集散中心，构建以旅游集散中心为主的旅游公共服务网络。按照国际标准完善旅游咨询服务中心、旅游驿站、应急医疗救助等配套设施，规范并实现多语种旅游标识标牌全覆盖。推进“厕所革命”全域化、特色化和科技化发展，建成标准旅游厕所1000座以上。加快建设城镇连接乡村、干线联通景区的“运动桂林·健康绿道”，每个县区建成一条以上自行车休闲绿道、游客步行栈道。建成漓江东岸百里休闲健身步道、西岸桂阳公路旅游休闲带。加密交通站场、景区景点、游客集散中心之间的旅游直通车，开通符合自由行需求的穿梭巴士、旅游专线车。

提供一流的旅游接待设施。鼓励发展多业态精品酒店、文化主题酒店等，引进国际一流酒店管理集团，建设高端旅游度假酒店群。培育一批具有国际竞争力的旅游集团，积极引进国际旅游管理集团，促进旅游企业规模化、品牌化、国际化发展。探索制定一流的民宿标准，打造桂林民宿品牌，建设提升一批高品质、高水平的民宿集聚区。

创建一流的旅游服务环境。制定和完善覆盖各行业各领域的服务标准，积极推进国际质量认证，建立健全与国际通行规则相衔接的旅游服务标准体系。实施桂林外语服务水平提升工程，加强对旅游行业管理和服务人员国际习惯、国际标准和国际礼仪培训。强化旅游市场环境治理和诚信体系建设，开展主要景区、旅行社、导游、餐饮店和商店的信用等级评定，营造诚信经营、文明经营良好氛围，打造桂林旅游信用城市品牌。

建设一流的智慧旅游城市。加快建设高速、移动、安全、泛在、优质的新一代信息通信基础设施，在全区率先建成数字化城市。推进旅游大数据中心建设，建立“一键游桂林 · i游桂林”智慧旅游公共服务体系，实现景区、酒店民宿、消费场所、旅游集散中心和交通运输站场网络全覆盖，推进服务数字化智能化。

（三）培育世界一流的旅游品牌

巩固桂林山水、休闲、民族、人文等传统元素，不断注入生态、健康、亲和、时尚、浪漫等现代元素，擦亮“桂林山水甲天下”名片，持续提升桂林国际旅游城市品牌形象，重点培育打造“宜居桂林”“养生桂林”“桂林有礼”“桂林有戏”“吃在桂林”等一批国际型、区域性品牌，统一桂林旅游宣传口号，发布桂林城市卡通形象。加大品牌推介力度，充分利用国内外主流媒体和新媒体，加强与重点城市合作交流，举办各类交流活动，争取更多的外国政要、国际名流造访桂林，高品位、高频次宣传推介桂林旅游。自治区建立多部门联动的对外宣传推广机制，加大桂林旅游营销推广活动。加强向欧美日韩、东盟及其他“一带一路”沿线国家的旅游产品设计与推介。

（四）建成世界一流的国际消费中心

积极争取免税购物政策落地，重点在两江国际机场等具备条件的区域设立免税商店或免税购物中心，在桂林实施境外旅客购物离境退税政策。以桂林中心城区、阳朔西街为重点，布局建设具有国际影响力的高品位步行街和大型消费商圈，培育壮大中高端消费市场。

提升境外商品和服务消费便利度，鼓励跨境电商、市场采购贸易、外贸综合服务企业等外贸新业态综合发展，打造跨境电商消费体验中心、进出口商品直销集散中心。大力营销“桂林有礼”品牌和广西特产，积极推广桂林山水字画、鸡血玉、绣球、壮锦等广西旅游商品，举办桂林国际美食节，打造桂林米粉、油茶、啤酒鱼、酿菜、醋血鸭等美食品牌，高标准建成美食一条街，恢复重塑桂林老字号，提升“吃在桂林”影响力，塑造桂林饮食文化。依托中国－东盟旅游展，积极行销东盟国家特色旅游商品，打造中国－东盟旅游商品交易基地。

（五）形成世界一流的文旅体验

推进旅游与文化强强联合，促进山水旅游与人文体验深度融合，打响“桂林有戏”文化体验品牌。做大做强“印象·刘三姐”“桂林千古情”品牌，打造象山演艺、夜王城、千年桂林、秦安天下、湘山故事、瑶妃传奇等精品文化项目，利用新技术新模式开发以靖江王城及王陵、甑皮岩、桂海碑林、湘山寺、恭城“三庙两馆”以及本土民族民俗为主题的文创产品。支持桂学研究，建设桂学博物馆。推出七星景区·桂海碑林、芦笛岩·西山石刻等山水文化旅游套餐。深度挖掘靖江王城及王陵历史文化，保护开发靖江王陵遗址公园。积极开发古灵渠、桂柳古运河水利体验游览产品，利用好灵渠世界灌溉工程遗产，力争成功申报世界文化遗产。加快建设以兴安、灌阳、全州为重要节点的桂北红色文化旅游带，打造龙胜、资源、恭城少数民族文化旅游带。支持广西师范大学出版社集团、力港网络等文化创意龙头企业发展，推进高新区文化创意产业园等建设，打造国际文化旅游产业集聚区。积极培育数字创意、网络娱乐、动漫游戏、影视剧创作、国际艺术品展示交易拍卖、国际知识产权和版权交易等新兴文化业态，支持建设兴安电影小镇、恭城瑶家大院影视城和临桂航天科技小镇。开展国际文化创意交流活动，提升桂林文化影响力。

（六）建设世界一流的康养基地

支持桂林建设国家健康旅游示范基地。规划建设国际医疗旅游先行区，开展前沿医疗技术研究，建设集高端医疗、康复保健、医疗技术服务、医药制造等功能于一体的国际化医疗技术产业集聚区。引进一流医疗机构，建设一批国际医疗合作机构，开展健康体检、美容整形等特色诊疗服务。协调国家级胸痛中心等科研机构落地桂林，形成国家级科研创新平台和人才集聚地。引进有实力的养老机构，建设一批国际康养社区。加快桂林旅游综合医院建设。加快推进中国－东盟友好疗养基地、复兴健康文旅小镇、华邦美好家园、漓东健康休闲养生区、恭城国际旅居生态康养园等项目建设。提升崇华中医街影响力，深度开发长寿养生、民族医药、道地珍稀中药材、温泉康养等产品，加快龙胜等温泉小镇建设。

支持桂林创建国家体育旅游示范城市。加快建设漂流、攀岩等国家体育训练基地，加快推进临桂新区规划建设体育中心、综合运动场馆，提升桂林举办大型体育赛事能力，扩大马拉松、山地越野、漂流、攀岩、汽车短道拉力等国际体育赛事影响力。承办好环广西公路自行车世界巡回赛，支持资源县申办漂流世锦赛，利用现有高尔夫球场积极承办国际高品质高尔夫比赛，培育打造一批自治区级体育旅游示范基地、精品线路、精品赛事以及体育旅游综合体。

（七）打造世界一流的航空旅游

提升桂林两江国际机场枢纽功能，打造世界一流旅游航空港，旅客吞吐能力达到1600万人次。进一步提升T2航站楼服务水平，将T1航站楼改造为国际航空中转站。支持创建国际卫生机场。争取中途分程权、第五航权和团队免签等政策落地，支持桂林培育境外直飞航线，开通直飞“一带一路”沿线国家和地区及国际航空枢纽城市的国际航线，形成支撑国际客源多向流动的航线网络，实现主要客源地朝发夕至、通达覆盖，2025年大洋洲航线、欧美航线、亚洲航线分别达到5条、15条、40条，力争国际直飞航线达到

60 条以上。加密联结日本、韩国、东南亚等国家和港澳台地区的直飞航线航班，大力开拓国际航空市场。

支持桂林航空做大做强。根据国内外客源市场需求，加快壮大机队规模，力争到 2025 年达到 30 架。引进一批具有公务舱的机型，全面提升航班运行品质。完善桂林航空航线网络。争取热点城市航班时刻，巩固和加密以桂林为旅游枢纽至国内重点旅游目的地的航线航班。积极拓展国际和国内新航点，形成覆盖国内主要旅游城市，连通日韩、东盟等国及港澳地区的航线网络。

推动航空与铁路、公路高效衔接并签订联程结算协议，把两江国际机场建成旅游联运服务港。主动对接京沪西入境旅游枢纽和国内主要旅游目的地，结成航空、高铁旅游合作联盟。提高桂林两江机场货邮吞吐量，积极发展空港物流和货物加工，打造桂林空港经济区。

瞄准国际游客和国内高端人群，发展商务飞行、私人飞机、私人定制飞行。积极推进兴安、荔浦、阳朔、资源等通用航空机场、低空旅游专用机场建设。引入国际化通用航空运营企业，先行先试发展空中观光、空中巴士、运动娱乐、驾驶体验和航拍摄影等低空飞行旅游。

第四章

世界级旅游城市建设突破之路：旅游产业用地研究

世界级旅游城市建设的难点和突破点在于旅游产业用地能否得到落实。在桂林实施国际旅游胜地建设过程中，已探索积累了较为成功的旅游产业用地改革经验，这些经验需要进一步改革，使之更加适合世界级旅游城市建设的需要。

2012 年 3 月，国土资源部下发了《关于推进旅游用地改革试点有关工作的通知》，随后，桂林市抢抓机遇，率先探索在旅游产业用地方面进行改革，2013 年桂林市获得国务院批准推行旅游产业用地改革试点，时间是 2014 年至 2018 年。经过 5 年的探索，桂林旅游产业用地改革取得了较大成功，形成了旅游产业用地改革的桂林模式。

一、旅游产业用地改革的桂林模式

旅游产业用地政策是推动旅游业健康快速发展、促进旅游消费快速增长、培育发展新动力的重要基础和保障。在国土资源部、国家旅游局及广西壮族自治区的支持指导下，桂林市抢抓政策机遇，主动汇报对接，建立联络协调机制，开展了一系列卓有成效的旅游产业用地改革试点探索与实践，为实施全域旅游，建设桂林国际旅游胜地奠定了坚实的基础。

（一）抢抓机遇，科学谋划，创新方法，大胆探索

桂林旅游产业用地改革试点工作，是在国家支持桂林建设国际旅游胜地的大背景下推进实施的。2009 年 12 月，《国务院关于进一步促进广西经济社会发展的若干意见》发布，明确提出桂林市要充分发挥旅游资源优势，建设桂林国家旅游综合改革试验区，将桂林打造成为国际旅游胜地。2012 年 11 月 1 日，国家发展改革委对《规划纲要》做出批复，标志着桂林市的旅游发展上升为国家战略。2012 年 3 月，国土资源部下发了《关于推进旅游用地改革试点有关工作的通知》，将桂林确定为旅游产业用地改革试点城市之一。2013 年 6 月 18 日，国土资源部正式批复《桂林旅游产业用地改革试点总体方案》，这是《规划纲要》获批后国家部委出台的第一个配套性政策。

（二）落实政策、建立标准、科学管理、服务发展

1. 建构旅游用地分类体系，实现旅游用地科学管理

针对相关法律法规并未明确定义旅游用地的具体内容，在全市旅游产业用地现状调查与需求分析的基础上，结合相关法规和国家标准及广西旅游用地分类标准，将旅游用地划分为建设用地、非建设用地，分设旅游设施用地、旅游地产用地与旅游景观和生态用地。同时，制定旅游用地分类体系与城市规划分类体系衔接表，为旅游用地的出让提供依据，推动旅游项目顺利落地。

2. 编制旅游用地基准地价，创新旅游用地价格标准

从旅游项目投资期长、回报慢的实际出发，创造性地开展旅游用地基准地价编制工作，力求提高旅游项目的投资积极性。旅游用地基准地价体系将桂林市划分为中心城区、临桂区及各县不同等级。同时，在旅游用地分类体系的基础上，对各类用地进行具体的细分评估，最后形成细分用途的旅游用地基准地价，对旅游项目的落户、旅游用地的出让和开发起到积极的推动作用。

（三）创新落实供地政策，促进旅游产业转型升级

旅游产业用地改革试点政策红利的释放，为桂林国际旅游胜地建设，推

进桂林全域旅游发展注入了强劲动力。全市一批旅游产业用地项目运用“31条”在规划管控、差别化用地、保障农民权益等方面取得了显著效果。试点政策的实施保障了桂林文化旅游城、芦笛桃花湾生态休闲旅游项目落地。文化旅游城项目采取挂牌方式出让旅游设施用地，配套出让旅游地产用地，填补了我国旅游用地差别化供地的空白；而芦笛桃花湾生态休闲旅游项目是在全国范围内率先出让国有农用地用于旅游开发，开创了国有农用地出让的先进范例。罗山湖体育旅游休闲、逍遥湖旅游休闲等项目通过差别化用地，解决了建设用地指标紧缺的问题；漓江东岸百里生态长廊示范带绿道运用用地分类政策，解决了建设问题。试点政策实施以来，全市共引进旅游产业用地项目160个。旅游产业用地改革试点工作得到了国土资源部、国家旅游局的高度关注支持，尤其是用地基准地价和用地分类体系等得到高度评价。

（四）探索多种农民集体土地利用方式，促进旅游扶贫致富

制定了《桂林市农村集体土地使用权开发旅游流转暂行办法》，保证了农民“不失地、不失业、不失居”，在提高农民收入、拓宽就业途径的同时还有效地保护和改善了当地的生态环境，总结得出自主经营、门票分成合作、林权流转合作、股份制合作、土地租赁合作等农民利用集体土地参与旅游开发和分享收益的模式。阳朔、灵川等县涌现出一批农民集体土地参与旅游开发的实例，切实为农民增收打下基础，充分调动了农民利用集体土地参与旅游项目开发的积极性。

（五）改革成果得到国家和自治区层面的认可和推广

2015年底，国土资源部、住房和城乡建设部、国家旅游局《关于支持旅游业发展用地政策的意见》中就吸纳了桂林改革试点中旅游用地分类管理、农村集体参与旅游开发等方面的经验做法。因在桂林的成功实践，广西壮族自治区政府已同意将“31条”在全区20多个特色旅游名县和创建县中推广运用，为全区旅游产业转型升级和全域旅游发展起到极大促进作用。

二、桂林旅游产业改革的临桂经验

桂林旅游产业用地改革试点的核心试验区在临桂。临桂区位于广西壮族自治区东北部，是桂林市行政中心、文化中心、商贸中心和旅游中心，总面积 2247.11 平方千米，常住人口 44.3 万人，是桂林国际旅游胜地建设的主战场，也是桂林世界旅游城的核心。在实施旅游产业用地过程中，桂林市将临桂新区建设用地全部进行了改革，有力地推动了临桂新区建设，使得一批旅游项目顺利落地运营，有力地促进了桂林国际旅游胜地发展，临桂区于 2021 年 4 月顺利建成了广西全域旅游示范区。

（一）临桂区旅游改革取得的业绩

近年来，临桂区依托丰富的自然和人文旅游资源，抢抓桂林国际旅游胜地建设契机，以创建广西全域旅游示范区和推进旅游产业用地改革为抓手，推进全域旅游高质量发展，取得明显的阶段性成效。2019 年，临桂区接待游客首次突破 400 万人次。截至 2021 年 12 月，成功创建了 4 个国家 4A 级旅游景区、1 家四星级酒店、8 家国家 3A 级旅游景区、2 家广西四星级乡村旅游区、3 家四星级农家乐、1 条风景旅游道路、3 条旅游绿道、1 家国家湿地公园、1 家广西中医药健康旅游示范基地、3 家现代农业核心示范区、2 处国家级重点文物保护单位。拥有国际机场、高铁站、云轨（在建）等现代大型特色交通设施，引进了喜来登、希尔顿等一批国际品牌连锁酒店，建设了超五星级标准的桂林宏谋大酒店，吾悦广场、万达广场、花生唐等大型购物娱乐中心一应俱全，桂林一院两馆、新区环城水系、大中华养生谷等一批具有国际水准的文旅项目丰富了临桂区旅游新业态。2020 年全年接待总人数 304.75 万人次，同比恢复 74.85%；总收入 29.99 亿元，同比恢复 66.21%。

在旅游产业用地改革方面，《规划纲要》对临桂的旅游发展战略和旅游发展方向做了详细部署，临桂区成为桂林国际旅游胜地建设的重要组成部分和桂林世界旅游城建设的主战场，因而在短短几年里，成为国内外旅游投资的热土。随着大批旅游项目落户临桂，临桂旅游产业用地出现了严重的供地不足，影响了临桂旅游产业的快速健康发展。2013 年，国土资源部批复了

《桂林旅游产业用地改革试点总体方案》（国土资函〔2013〕374 号），自治区国土资源厅随即也下发了《指导桂林旅游产业用地改革试点工作方案》（桂国土资办〔2013〕503 号），标志着桂林旅游产业改革试点工作正式进入实施阶段，桂林成为我国第一个进行旅游产业用地改革试点的城市，这为临桂旅游产业用地改革奠定了良好的政策机遇。2019 年临桂区自然资源局《关于转发“桂林市自然资源局办公室关于转发〈桂林市旅游产业用地管理办法（试行）〉的通知”的通知》（临自然（国土）资字〔2019〕38 号）更是进一步将旅游产业用地改革成果落实到旅游项目建设当中来，加快了临桂旅游产业发展，形成了桂林旅游产业用地的临桂经验。

（二）临桂区旅游发展的主要经验

1. 坚持把旅游改革作为增强文化自信的重要抓手，切实提高政治站位

一是党政主导。多次召开各级会议及时解决旅游工作中的问题。区党政主要领导主抓旅游工作，组建 10 个工作组，高位推进。二是齐抓共管。出台《临桂区创建广西全域旅游示范区实施方案》，任务层层分解。三是整合力量。成立了以区 4 家班子主要领导为组长的旅游工作领导小组，下设办公室及 4 个专项工作组。四是机制保障。下发了《关于成立临桂区旅游产业发展领导小组的通知》《临桂区旅游工作联席会议制度》等相关文件，加强对旅游市场执法力度及旅游秩序的管理。五是政策推动。出台了《临桂区加快旅游业发展暨促进全域旅游开发扶持办法》，2019 年下发奖励扶持资金 2076 万元。每年落实旅游发展资金 5000 万元，统筹社会资本 200 多亿元投入旅游建设。六是全民参与。把旅游作为提升全民文明素质的重大契机，结合创建全国文明城市工作，推进城乡环境卫生常态化管理。

2. 坚持把旅游作为桂林建设世界一流目的地的重要内容，科学描绘发展蓝图

一是规划引领。高标准高质量抓好旅游规划编制工作。委托区内外规划设计团队编制了旅游产业用地规划、全域旅游规划等一大批相关规划，以科学完善的规划体系引领文化旅游产业健康发展。二是专家把脉。邀请区内外的专家就旅游产业规划、营销体系构建、旅游扶贫、旅游经营管理等开展专题指导，进一步拓宽旅游产业发展思路。三是科学实施。在规划引领下积极

实施文化旅游项目，推动文化旅游产业朝着有质量、可持续的方向发展。近年来，实施了吾悦购物广场、万达广场、花生唐、义江国际康养小镇、远去的恐龙、大中华养生谷等一批投资大、质量高、效益好的文旅重大项目。

3. 坚持把旅游作为提升县域经济竞争力的重要途径，做好做足特色文章

一是打造都市旅游品牌。多渠道筹措资金投资建设大中华养生谷、一院两馆、新区环城水系等标志性文化旅游项目及吾悦、万达等高端商业设施并投入使用，形成了广西一流都市旅游氛围，进一步凸显了临桂作为“桂林城市新中心”的形象。二是打造文化品牌。充分发挥临桂历史文化底蕴深厚的优势，积极打造了飞虎队遗址公园、李宗仁故居、陈宏谋故居、李天佑故居等历史文化旅游品牌。三是打造喀斯特湿地旅游品牌。依托以会仙国家湿地公园为核心、以桂柳古运河为纽带的喀斯特湿地系列旅游项目，打造世界知名喀斯特湿地旅游品牌。四是打造乡村生态旅游品牌。重点开发义江流域、321 国道沿线两条乡村生态旅游带，建设了一批品质较高的乡村生态旅游项目，推动旅游产品多样化发展。

4. 坚持把旅游作为优化旅游发展大环境的重要契机，完善旅游服务功能

一是坚持“软硬”并举。软件方面，制定了景区开发、运营、管理等一系列制度并严格实施。硬件方面，斥巨资建设桂林两江国际机场 T2 航站楼、城市云轨、新区环城水系，改造通往景区景点的旅游交通公路和旅游绿道、风景旅游道路、旅游驿站；新建旅游集散中心、广西旅游咨询服务中心（临桂）、停车场、旅游厕所等一批配套服务设施；开通景区旅游专线车、标准化设置行车导向牌，旅游服务功能得到极大提升。二是坚持“点面”联动。以临桂历史文化、状元文化、名人文化为主导元素，以项目建设为支点，以自然景观带、特色文化带、美丽乡村带为轴线，串点成线，连线成面，构建内外通达的全域旅游体系。对内依托桂林老城区成熟的旅游发展氛围和漓江等世界级旅游资源主动接受辐射；对外与龙胜县、三江县成立旅游联合体，共同打造桂林西线生态民族风情旅游带。三是坚持提升“智慧服务”质量。建立旅游大数据平台，形成全方位管控临桂的涉旅场所；开通智旅临桂小程序、临桂旅游攻略微信公众号等服务，通过扫码提供游客导游、导购、住宿等智能化服务；开通免费 WIFI 服务，4A 级以上景区视频监控接入自治区旅游产业监控系统。

5. 坚持把旅游作为提高群众获得感的重要载体，扎实推动旅游扶贫

一是建设示范点。因地制宜打造一批特色鲜明、差异化发展的乡村旅游扶贫示范点6个，带动贫困群众3000多户，发挥典型引领作用。二是开发小商品。鼓励群众开发板鸭、豆腐乳、农民画等地方特色美食和旅游商品，让贫困群众变身小商品生产者，提高乡村旅游附加值，对促进群众增收效果显著。三是培训全覆盖。定期举办乡村旅游产业扶贫培训班，在群众家门口开展旅游扶贫知识培训，邀请专家现场授课，提高群众脱贫致富能力。

（三）临桂区旅游发展的创新亮点

1. 探索了贯彻落实桂林模式的临桂经验，破解旅游用地难重大瓶颈

桂林市率先在全国实施了旅游产业用地改革，制定了旅游产业用地的“31条”政策措施。临桂区作为桂林市旅游产业用地改革试点核心县区，探索了旅游用地分类管理、农村集体参与旅游开发等方面的经验做法，形成了旅游产业改革的临桂经验。

2. 丰富夜间经济业态，创新夜间消费模式，打造夜间体验活动，繁荣临桂旅游经济，为广西乃至全国夜间旅游树立了典范

临桂区出台了促进夜间经济发展的若干政策文件和措施，以外来游客为消费主体，以旅游、购物、餐饮、住宿、休闲娱乐、文化演出、夜景灯光等为主要夜游消费业态类型，夜赏城市山水夜景，夜品桂林城市书房、夜观桂林大剧院、夜读桂林图书馆、夜览桂林博物馆、夜逛万达广场等一系列的夜间文化消费模式，打造了临桂新区夜景灯光秀、市民广场夜间音乐喷泉、枫林美食街不夜城、新区环城水系夜游、罗山湖夜间水上乐园、崇华中医街大学生夜游街以及吾悦广场夜游体验。临桂夜游经济创新模式得到了国家和自治区层面认可，获得了2020年首批国家文化和旅游消费示范城市，承办了自治区2021年“壮族三月三·夜游广西”文旅夜游促消费活动临桂分会场，对临桂的夜游消费模式进行了推广。临桂，成为桂林夜游最热闹的地方。

（四）旅游产业用地改革的临桂经验

1. 贯彻落实桂林市旅游产业用地改革一系列政策、措施，取得了实效

临桂是桂林国际旅游胜地建设的核心区，在解决旅游产业用地方面，贯

彻落实桂林市旅游产业用地改革“31条”，编制了多规合一的《临桂区重点旅游片区发展规划》，明确了临桂旅游发展的三大重点片区，根据三大重点片区实施差别化旅游用地供给，确保了项目用地。同时，根据重点片区发展规划建立了旅游产业项目清单，重点储备了28项旅游产业项目，根据项目性质有针对性地给予用地政策，为临桂旅游跨越式发展提供了保障，从2014年完成旅游产业用地改革以来，临桂两江国际机场T2航站楼、云轨观光、罗山湖、信和信大中华养生谷、新区环城水系、一院两馆、美国飞虎队桂林遗址公园、吾悦广场、万达广场、在水一沥、红溪、黄沙秘境、云溪谷等一大批文化旅游大项目纷纷落地开花，临桂逐渐成为桂林旅游的中心。

2. 临桂实施“景城共建共享”工程，解决投资回报难、用地难瓶颈

临桂区在落实自治区“保护漓江，发展临桂，再造一个新桂林”战略过程中，一是用全域旅游理念，主动与临桂新区建设、苏桥经济技术开发区、重大项目建设、城镇化建设融合起来，把整个临桂城市作为一个大景区来打造，充分激活和盘活了临桂新区的房地产存量，新区水系、一院两馆、中央公园、城市商业、金贸中心、吾悦广场、大型交通设施体验等新业态的发展，实现了城市全域发展，为临桂带来了持续发展的商机，解决了旅游投资回报难瓶颈。二是以打造桂林国际旅游胜地升级版为目标，坚持突出主客共享旅游发展理念，在进行城市建设和旅游项目建设时充分考虑为游客、为市民服务，引资建设的罗山湖、大中华养生谷、桂林旅游医院、酒店群、万达购物广场、吾悦广场、南城百货、中央公园等，不仅考虑为游客服务，更主要的是作为民生工程为市民服务，在景城共建共享、主客共享等方面起到了很好的示范作用，解决了旅游用地难瓶颈。

三、旅游产业用地的临桂实践：旅游用地规划

“保护漓江，发展临桂，再造一个新桂林”是广西壮族自治区党委和政府提出的重大发展战略，也是桂林国际旅游胜地建设的重要内容。临桂作为桂林国际旅游胜地建设的主战场、核心区县，在探索旅游产业用地方面承担着先行先试的重任。为了全面贯彻落实《国土资源部关于桂林旅游产业用地改革试点总体方案的批复》(国土资函〔2013〕374号）和“31条”，桂林市

人民政府于2014年在全市开展旨在落实旅游产业用地政策的重点旅游片区发展规划，下发了《桂林市人民政府办公室关于印发桂林市重点旅游片区发展规划编制工作方案的通知》（市政办〔2014〕28号）文件。笔者主持编制了《临桂区重点旅游片区发展规划》。该规划旨在贯彻落实《规划纲要》，明确重点旅游片区的范围、发展定位、发展目标和总体布局，精选重点旅游建设项目，确定旅游产业用地需求与规模，提出旅游用地优化与调整措施，对接"31条"，通过"多规合一"全方位落实旅游产业用地布局，实现规划管控。本书节选了其中的核心内容，作为展示桂林旅游产业用地改革成果。

临桂区地处桂林市中心区域，总面积2202平方千米，下设11个乡镇，总人口50多万。是桂林市市委、市政府驻地，是桂林的政治、经济、文化、金融、物流中心。临桂建县于西汉，至今已有2100多年历史，从三国到清末，一直是郡、州、路、府治所在，自古有"桂郡首邑"之称。历代俊杰层出不穷：科举考试时代，临桂出了赵观文、裴说、陈继昌、龙启瑞、张建勋、刘福姚等状元，有着"一县八进士，三科两状元"的科举美誉；近现代，李天佑、李宗仁等战将威名远扬；改革开放后，唐灵生、肖建刚、李婷、石智勇等体育健将在国际赛场上屡获金牌，是全国有名的"状元之乡""将军之乡""冠军之乡"。2013年经国务院批准撤县设区，2015年桂林市临桂区正式挂牌。正是以其优越的区位优势、资源优势，吸引了大批社会资本投资临桂旅游产业，落户临桂的旅游项目总资金超过100亿元。通过编制《临桂区重点旅游片区发展规划》，依托规划对接桂林市旅游产业用地政策，是解决这些旅游项目用地难的关键。

（一）发展定位研究

1. 指导思想定位

贯彻落实科学发展观，以《规划纲要》《桂林旅游产业用地改革试点总体方案》《加快旅游业跨越式发展若干政策》和"31条"等政策为总指导，深入贯彻落实党的十八届三中全会精神，充分融入"保护漓江，发展临桂，再造一个新桂林"的战略思路，着力探索"多规合一"规划思路，围绕建设桂林国际旅游胜地、临桂新区主轴，推进"中部旅游综合服务集散中心片区、北部原始森林休闲运动度假片区、南部岩溶湿地生态旅游片区"三大重点旅游片区建设，通过“突出重点，整合资源，优化空间，突破传统，项目引领，创新机制，壮大市场”策略，努力将临桂建设成为桂林市国际旅游胜地旅游产业发展集聚区，成为世界有名、全国知名、国内一流的商务会展、休闲度假、健康养生旅游目的地。

2. 发展原则

（1）多规合一原则。

规划依据《桂林旅游产业用地改革试点总体方案》等相关政策，做好与桂林国际旅游胜地建设发展规划、临桂土地规划、临桂城乡规划、临桂旅游总体规划等相关规划的衔接，并协调融合农业、林业、水利、交通等相关行业，进行合理空间布局，有效协调配置土地资源，避免“规出多门，各自为政，相互排斥”，力争“一张图”管理。

（2）多产业融合原则。

推动重点旅游片区旅游产业与农业、工业、文化、养生、林业等产业的融合发展，进一步优化全县的旅游产业结构，提高旅游产业产出值，实现旅游产业优化升级，增强旅游产业对经济社会的辐射带动作用，推动全县城镇化建设与经济的跨越式发展。

（3）节约集约用地原则。

通过科学布局、合理用地，控制和引导建设用地规模与布局，实现旅游产业差别化、精细化管理，坚持旅游产业用地走内涵与外延相结合的道路，促进土地利用方式的根本改变，提高土地节约集约利用水平和效益。按照建设资源节约型社会要求，严格控制建设用地规模，严格保护基本农田和一般农田，注重耕地的保护，保障耕地数量不减少，质量不降低。

3. 发展格局定位研究

依据临桂区旅游资源分布和土地利用现状、管理和产业布局等综合因素，将临桂区旅游产业用地重点布局在中部、南部和北部，构建三大旅游产业用地集聚区。

（1）中部旅游综合服务集散中心片区战略定位：桂林国际旅游胜地新型旅游服务综合体、桂林世界级旅游城市发展集散中心。

配合桂林国际旅游胜地建设的全国旅游创新发展先行区发展定位，充分发挥中部临桂镇、两江镇、四塘镇的旅游集聚功能、引领作用和驱动功能，以旅游产业用地改革试点为引擎，加快旅游产业与新型城镇化、新农村建设以及其他产业融合发展，形成服务经济为主导、特色经济为支撑的现代产业结构，将中部旅游综合服务集散中心片区打造成为桂林国际旅游胜地创新发展带动产业升级和城镇化的先行区，成为引爆桂林新的旅游经济增长极和新型旅游服务综合体，推动桂林从传统观光型目的地向综合性旅游目的地转型升级。

依托临桂新区优越的城市旅游基础设施，机场、高铁、高速公路等交通枢纽和桂林世界旅游城市等优势，依托临桂作为桂林市行政中心、商务中心以及“建设新区、疏解老城区”发展战略优势，将临桂打造成为大桂林未来旅游发展集散中心。

（2）北部原始森林休闲运动度假片区战略定位：国际文化交流与合作平台、国家级旅游度假区。

配合桂林国际旅游胜地建设的区域性文化旅游中心和国际交流的重要平台战略定位，依托该片区花坪原始森林、鸡笼山森林以及片区内的农耕文化、五通农民画文化和历史文化、宛田瑶族文化、黄沙瑶族文化以及该片区各乡镇的长寿文化、农耕文化、民俗文化等文化旅游资源优势、生态农业资源优势，将该片区打造成为桂林国际文化交流与合作的首选地和国内外文化交流、合作的重要基地，以充实休闲度假内容和提升休闲度假品质。

将原始森林（花坪自然保护区）、义江风光、丰富的生态农业资源、五通名人文化、鸡笼山林场等优质旅游资源，打造成为以原始森林探险、乡村休闲、生态农业旅游为载体的国家级旅游度假区。

（3）南部岩溶湿地生态旅游片区战略定位：国家生态旅游示范区。

配合桂林国际旅游胜地建设的全国生态文化示范区建设，充分发挥全国独特的喀斯特岩溶湿地——会仙喀斯特国家湿地公园、七里坪南方大草原、寿城自然保护区等自然生态环境优良、山水生态旅游资源丰富独特的优势，重点突出全国独具特色的岩溶湿地特色和融合古代水利文化——桂柳古运河文化的特色优势，在强化优先保护的基础上，着力策划一批、包装一批、启动建设一批重大生态旅游项目，把南部岩溶湿地生态旅游片区建成名副其实的全国生态旅游基地、国家生态旅游示范区和广西低碳旅游先导区。

4. 发展战略定位

（1）产业融合发展战略。

实施产业融合发展战略，就是要发挥旅游产业的综合辐射带动功能，与农业、林业、水利、加工业、现代服务业等相关产业进行深度融合，发展生态旅游业、水利风景旅游业、旅游商品产业、现代服务业等，通过旅游业带动第一、第二产业的发展。

（2）旅游国际化战略。

实施旅游国际化战略，就是要从建设商务会展、休闲度假、健康养生旅游目的地的高度，按照高端发展的基本原则，立足优势旅游资源，开发建设有较好基础和良好市场前景的大项目；以大项目推动大开发促进大发展，确立一批既有比较优势，又有市场潜力，可操作性强的重大重点旅游建设项目；集中力量高起点、高标准、高水平地推进旅游重大重点项目开发建设，努力建成旅游产品国际化、旅游客源国际化、旅游设施国际化、旅游服务国际化、旅游管理国际化的商务会展、休闲度假、健康养生旅游目的地，切实提高临桂区重点旅游片区在国内外旅游市场的吸引力和竞争力。

（3）文化产业化战略。

文化产业化战略，就是要把旅游产业与文化产业发展相结合，通过深入挖掘临桂名人文化、临桂抗战文化、临桂板路文化、临桂历史文化、临桂民族文化、临桂农耕文化等，努力整合文化资源，并通过旅游小镇、旅游生态社区建设，依靠传统文化的积淀，用建筑风貌语言的表现，靠鲜活的乡土生活气息，使文化变活，形成特色浓郁的人文环境。这样，既丰富了旅游的文化内涵，提升了旅游的品位，又促进了文化产业化发展，为当地拓宽了就业和致富的途径。

（4）产品名牌化战略。

实施产品名牌化战略，就是要培育一批精品名牌旅游景区、旅游小镇、旅游生态社区和休闲度假地，培育一批知名度高、吸引力强的旅游节会赛事活动，培育一批具有国际竞争力的旅游企业，不断提升旅游服务质量和水平，努力造就在国内外、省内外市场中享有较高知名度和美誉度的名牌旅游产品，树立临桂区重点旅游片区在国内外旅游市场上的鲜明特色和旅游形象，进一步增强在国内外的旅游知名度和市场竞争力。

（5）城乡一体化战略。

充分发挥旅游业综合性强、关联带动性大、劳动密集型服务产业等特点，遵循“以旅促农、以旅哺农”的旅游经济发展原则，加快旅游集散中心、旅游小镇、旅游生态社区、特色旅游乡村的建设，通过旅游发展推进城镇化进程，带动新农村的建设步伐，拓展旅游产业外延，促进城乡经济发展、缓解城乡就业压力、优化城乡产业结构、缩小城乡之间差别，构筑城乡互补、联动并进、协调发展的城乡一体化发展道路。

5. 实施战略措施

（1）政府引导、社区参与。

坚持政府引导、部门协作、社区参与、市场主体的原则，通过县级人民政府和各乡镇加强对旅游产业建设的统筹协调和引导扶持，以市场为主体，形成多层次协同推进、社会各方共同参与的发展格局。

（2）统一管控、分类实施

根据《国土资源部关于桂林旅游产业用地改革试点总体方案的批复》（国土资函〔2013〕374号）和《广西壮族自治区国土资源厅指导桂林旅游产业用地改革试点工作方案》（桂国土资办〔2013〕503号）等政策，遵循“多规合一”原则编制本规划，依据本规划对临桂区重点旅游片区进行统一管控，并结合项目实际，进行分类指导实施，以促进城镇、旅游、农业、林业、水利、环保等相关领域协调可持续发展。

（3）国际接轨、标准发展。

依托桂林国际旅游胜地建设以及临桂的世界级资源，瞄准国际市场，强化国际化视野，形成国际化思维，以国际化标准，对应国际化需求，构建国际化服务体系，建设国际化产品，规划建设桂林国际旅游胜地，打造旅游国际化发展的示范区。

（4）突出特色、培育精品。

充分发挥临桂新区地缘优势以及长寿养生、自然环境、民族风情、历史文化等资源优势，提升旅游文化内涵，彰显区域特色，培育一批特色鲜明、主题突出、具有国际水准的精品旅游产品，全面提升旅游产业核心竞争力。

（5）产业融合、统筹联动。

充分发挥旅游业对第一、第二产业的关联带动作用，进一步凸显旅游业在国民经济发展中的地位。通过深度挖掘、整合、联动相关产业资源，构建旅游与农工、建设、林业等相关产业以及文化、体育、医药保健等相关行业融合发展格局，延长产业链，拓展旅游产品价值链，发展壮大旅游产业，促进城乡一体化。

（6）生态优先、持续发展。

严格遵循国家重点生态功能区的开发管制原则，树立“保护第一、合理利用”发展理念，控制开发强度，严格准入环境标准，因地制宜发展生态旅游、低碳旅游、绿色旅游，强化水资源保护和水生物资源保护，推进循环经济发展，在保护好资源和环境的前提下合理开发利用，同时实现资源和环境的有效保护，使保护和开发在良性互动中实现双赢，实现科学可持续发展。

（二）旅游产业用地总体布局研究

1. 布局原则

（1）扶强带弱，极核扩散。

依据生产力空间集聚特点和区域社会、经济、文化的联系，突出三大重点片区，促使“重点带动一般”，培育多级增长核，实施多极化、非均衡的发展格局。

（2）经济辐射，顺轴延伸。

依据“点—轴”模式，强化临桂新区的综合驱动能力，培育义江、桃花江旅游发展轴，发挥中心城市的经济辐射作用和区域发展轴线的带动作用。

（3）静态组织，动态操作。

依照旅游要素的空间格局就近归并，组成互补发展的协作和合作区；在操作层面打破乡镇地域界限，以交通脉络作为纽带，实现动态联系静态板块的发展。

（4）多层构建，联动全局。

根据旅游发展需要和中心城市辐射能力，构建全局性—区域性—地方性等多层次的旅游经济区，形成层级清晰、联动全局的发展格局，通过重点片区—功能分区—空间结构—功能组团逐渐递进的方式，构建多层联动发展格局，盘活三大重点旅游片区旅游资产。

2. 空间分区

按照地域功能定位及区位交通和资源优势，根据临桂旅游发展和产业布局方向，构建中部旅游综合服务集散中心片区、北部原始森林休闲运动度假片区、南部岩溶湿地生态旅游片区三大重点旅游片区，作为临桂区未来重点发展板块和改革试点区域，以引领临桂旅游跨越式发展。

（1）中部旅游综合服务集散中心片区。

范围与面积。该片区主要包括两江镇和临桂镇，规划总面积为 47289.27 公顷，其中旅游城镇建设用地 3405.42 公顷。布局有 16 个旅游产业改革试点项目，总用地 2605.03 公顷，其中旅游设施用地（建设用地）918.29 公顷，已获供地 188.47 公顷，旅游景观生态用地 256.48 公顷，新增建设用地 929.82 公顷。

特色与优势。该片区以临桂状元文化、将军文化、冠军文化以及名人文化、历史文化、古村落文化等为特色，旅游资源丰富；它是临桂新区建设的核心和桂林市行政、文化、商务、信息中心，具有推进重大项目的地缘优势条件；交通区位突出，桂林两江国际机场位于本区域内；本区域也是桂林国际旅游胜地建设发展的重要功能板块和桂林世界旅游城建设的核心，有临桂镇和两江镇两个历史文化特色小镇、桂林凤凰体育运动休闲旅游区、罗山湖体育旅游开发利用建设项目、一院两馆等《规划纲要》所布局的重大项目。

发展目标。依托该片区优良的城市环境和丰富的文化遗址，配合桂林世界旅游城核心建设，以历史文化旅游为载体，重点发展现代养生、健康服务业，将其建设成为桂林国际旅游胜地中“国际文化交流与合作平台”、战略定位的重要支撑板块和临桂旅游产业改革试点项目集聚区，大桂林未来旅游发展的集散中心。

功能定位。依托该片区便捷的交通网络和国家大力扶持发展健康服务业和长寿养生产业、新型文化产业政策，将中部旅游综合服务集散中心重点打造成为健康养老、健康养生、生态养生、运动养生、文化养生、文化旅游、文化体验、文化休闲、生物医药、健康服务产业研发基地的重要功能板块，引领桂林旅游新业态发展，打造成为桂林旅游经济发展新的增长极和未来大桂林旅游集散中心。

发展重点。在旅游产业发展上，积极利用国家发展健康服务业、战略性新兴产业和文化产业政策，从吃、住、行、游、购、娱、养生、休闲、度假等旅游综合服务要素出发，重点发展以商务、会展、休闲、度假、康体和养生为主题的康体养生休闲度假旅游项目，以健康养生产业和文化创意产业为主题的健康旅游项目和以现代城市文化旅游为主题的城市文化旅游项目，发展临桂镇和两江镇特色旅游主题城镇，兼顾发展高端旅游装备、新能源、会展、古镇古村落旅游产业。该片区旅游产业改革试点项目工程如表 4–1 所示。

表 4–1 中部旅游综合服务集散中心片区旅游产业改革试点项目工程（16 项）

保利文化艺术中心
罗山湖体育旅游开发利用建设项目
桂林凤凰体育运动休闲旅游区
桂林海吉星食尚港项目
信和信·桂林智慧健康产业园
桂林义江国际旅游生态园
桂林雄森熊虎山庄搬迁扩建工程
桂林抗战文化产业园
世外人间生态养生项目
桂林中华神农农耕文化产业园
银谷旅游生态度假项目
山水桂林国际旅游度假区
桂林文化旅游世贸城项目
两江国际生态园
临桂历史名人文化旅游项目（包含李宗仁故居、白崇禧故居、李天佑故居、陈宏谋故居、大岩遗址展示园、田心翰林村）
临桂特色旅游小镇（两江、四塘、临桂）

（2）北部原始森林休闲运动度假片区。

范围与面积。规划范围包括五通镇、中庸乡、宛田瑶族乡，兼顾黄沙瑶族乡、茶洞乡，规划总面积为 69107.05 公顷，其中旅游城镇建设用地 693.38 公顷。布局有 6 个旅游产业改革试点项目，总用地 1380.93 公顷，其中旅游设施用地（建设用地）207.56 公顷，已获建设用地 14.00 公顷，旅游景观生态用地 246.61 公顷，新增建设用地 193.56 公顷。

特色与优势。该片区沿着义江河流域布局有优质的农业生态资源和林业生态资源，拥有祥田长寿村、五通农民画、五通古镇等文化旅游资源以及花坪自然保护区、九滩瀑布、滩头水库、鸡笼山林场等众多生态资源；该片区位于桂林—龙胜—三江—黔东南国际风情旅游线路上，有桂三高速、321国道等便捷的交通网络；该片区是桂林国际旅游胜地建设和桂林世界旅游城建设的重点板块，布局有五通高新技术产业园、五通农民绘画艺术主题小镇等重大项目；该片区也是临桂区旅游发展比较成熟的板块，拥有桂林义江缘旅游度假区（4A级景区）、十二滩景区、蝴蝶谷景区、红溪旅游景区、莲花岛景区、刘三姐茶园等成熟景区。

发展目标。该片区以义江流域两岸原始森林、花坪自然保护区为主题，突出原始森林生态特色，以生态农业、乡村山水田园、林业生态、民族文化为特色，重点发展以原始森林探险、运动、生态科普为内容的休闲度假旅游产品，将被建成国家生态旅游示范区、全国旅游创新发展先行区的重要支撑板块。

功能定位。该片区依托义江流域良好的生态农业资源和花坪自然保护区、鸡笼山等众多生态林场资源以及适宜的休闲度假气候，遵循生态优先的原则，大力发展具有市场发展潜力和竞争力的生态运动型休闲度假产业，兼顾发展休闲农业与乡村旅游、生态养生旅游、生态休闲旅游、生态文化旅游等旅游新业态。

发展重点。该片区拥有旖旎的义江风光、便捷的交通和诗意的田园风光，是大桂林西部重要的旅游通道，可以依托这些条件，大力发展以休闲农业和生态农业、生态林业为依托的休闲度假业、休闲农业旅游、乡村度假旅游、生态旅游产业，重点建设五通、中庸特色主题旅游小镇，发展一批以休闲度假为主题的特色主题旅游新村。该片区旅游产业改革试点项目工程如表4–2所示。

表4–2　北部原始森林休闲运动度假片区旅游产业改革试点项目工程（6项）

桂林义江缘旅游度假区
中国–东盟（桂林）农业旅游休闲观光风情园
五通农民画旅游休闲产业项目
桂林义江流域休闲度假区（包含十二滩景区、蝴蝶谷景区、红溪旅游景区、中庸泗林义江休闲度假区、莲花岛景区）
五通农民绘画艺术主题小镇
广福原始森林度假区（宛田、黄沙）

（3）南部岩溶湿地生态旅游片区。

范围与面积。主要包括会仙镇和四塘镇以及六塘镇、南边山乡部分地区，规划总面积为33666.94公顷，其中旅游城镇用地1193.14公顷。布局有5个旅游产业改革试点项目，总用地1323.41公顷，其中旅游设施用地（建设用地）87.27公顷，已获建设用地0公顷，旅游景观生态用地204.67公顷，新增建设用地87.27公顷。

特色与优势。该片区拥有全国独具特色的岩溶湿地——会仙喀斯特国家湿地公园、古老的水利文化——桂柳古运河、成片的大草原——七里坪大草原、岚岩冰川遗址森林、生态农业资源等优质资源，也是桂林国际旅游胜地建设发展重点板块，布局有会仙喀斯特国家湿地公园、四塘历史文化特色小镇和会仙喀斯特湿地旅游特色小镇两个旅游主题小镇等重大项目，有桂梧高速公路、桂阳旅游景观大道等交通网络横贯片区内，交通便捷。

发展目标。该片区以岩溶湿地生态、草原生态、乡村生态为特色，重点发展生态旅游，将其建设成为国家生态旅游示范区，全国旅游创新发展先行区的核心支撑板块。

功能定位。该片区依托会仙喀斯特国家湿地公园、会仙七里坪南方大草原运动拓展项目、桂柳古运河以及生态农业资源，重点发展低碳、环保、符合生态文明建设的生态旅游产业。

发展重点。在保护生态的基础上，根据生态优先原则，大力发展生态产业，包括生态养生、生态休闲、生态度假、生态观光、生态景观、生态保健以及生态农业等生态旅游新业态，完善交通基础设施以及生态餐饮、生态住宿、解说系统等服务配套设施，兼顾国际会议、国际度假等产业，将其建设成为国家级生态旅游区。该片区旅游产业改革试点项目工程如表4–3所示。

表4–3 南部岩溶湿地生态旅游片区旅游产业改革试点项目工程（3项）

会仙喀斯特国家湿地公园（包含会仙喀斯特湿地旅游特色小镇）
六塘艺术创意产业园（包含六塘文化创意产业园、六塘岚岩冰川遗址、六塘柚子湾国际旅游度假小镇、四塘历史文化特色小镇等）
会仙七里坪南方大草原运动拓展项目

3. 空间结构

综合考虑资源分布现状、交通、土地利用、发展重点及管理等要素，按照“一核两带四城镇布局”的总体空间结构布局进行规划。

（1）一核：临桂新区中心核。

三大重点片区核心布局在临桂新区，作为未来大桂林旅游集散中心、信息中心和旅游产业发展集聚区，重点发展健康养生、文化产业等旅游产业，着力发展特色效益农业和旅游休闲观光农业。

（2）两带：义江流域旅游带、桂梧高速公路沿线旅游带。

义江流域旅游带主要包括两江镇、五通、中庸三个乡镇。应因地制宜发展以生物提取、饮料及林果产品加工为主的工业，以生态运动、原始森林、森林探险、休闲体育运动、休闲度假、生态旅游为主导发展方向。

桂梧高速公路沿线旅游带主要包括会仙镇、六塘镇和南边山乡，应突出生态湿地、桂柳古运河、大草原等生态、文化特色，以岩溶湿地、生态休闲、生态度假为主导发展方向。

（3）四城镇布局。

一是会仙喀斯特湿地旅游特色小镇，包括会仙镇政府所在地及其周边旅游景区，规划面积 1256 公顷，功能定位为全国湿地度假旅游名镇，重点发展生态旅游、休闲度假旅游和休闲农业旅游；二是五通农民绘画艺术主题小镇，包括五通镇政府所在地及其周边，规划面积 3550 公顷，功能定位为以旅游服务业和商贸业为主的适宜居住的综合城镇，重点发展工业旅游、文化旅游项目；三是四塘历史文化特色小镇，规划范围以临桂区城中心区为主，规划面积 2634 公顷，功能定位为全国历史文化名镇、桂林乡村休闲体验名镇、广西马蹄名镇、广西辐射带动能力较强的城镇化示范乡镇及状元文化旅游中心，重点发展休闲养生旅游、工业旅游以及体育运动旅游项目；四是两江历史文化特色小镇，包括两江镇政府所在地及其周边义江流域，规划面积 1215 公顷，功能定位为国家空港物流产业基地和重要的农副产品基地和旅游景区，重点发展休闲农业旅游、体育运动休闲旅游以及历史文化旅游项目。

（三）旅游发展研究

1. 旅游产品体系建设

整合生态、文化、长寿旅游资源，提升山水生态旅游，深化民族风情旅游，丰富红色旅游文化，形成以商务会展、健康养生和休闲度假旅游为核心，独具特色的旅游产品体系。

（1）中部旅游综合服务集散中心片区重点旅游产品。

商务会展旅游。依托中部旅游综合服务集散中心片区“一院两馆”文化设施、规划建设16个重点旅游项目、酒店、会展中心等设施，大力发展商务会展旅游，举办一系列国际化、全国性的历史文化、民族文化、生态保护等重要会议、专题专项会议、论坛、大型商业会展、博览会等，积极发展会展旅游，使其成为大桂林未来商务会展旅游中心。

健康养生旅游产品。依托临桂的长寿养生旅游资源、优良的养生度假环境，以义江流域为重点区域，以长寿养生文化为主题特色，以休闲养生、康体健身、文化体验为主要功能，大力发展健康养生旅游新业态。一是发展长寿养生康体旅游。以临桂镇和两江镇为布局重点，以养生度假、康体休闲为主题，大力发展长寿养生、健康养生旅游产品，打造一系列具有国际化水准的大型长寿休闲养生度假旅游基地。以强身健体为目的，发展民族药浴、森林生态浴、中医保健、理疗、心疗、食疗项目以及健康体检、健身体育运动等休闲康体项目，开发长寿养生康体旅游。二是提升长寿山水生态休闲旅游。提升景区设施建设，依托这些景区的山水生态资源，发展长寿山水生态休闲旅游。三是开发健康修身养心游。依托中部旅游综合服务集散中心片区良好的自然生态环境、原生态无污染的优质森林环境、宁静和谐的乡村、绿色营养的长寿食品以及古寺庙，宣传长寿哲学和宽容、仁义、知足常乐、诚实、爱心、豁达等人生观，提高自身的修养，达到修身养心的目的。四是推进健康养生旅游重点项目建设。重点推进信和信·桂林智慧健康产业园、世外人间生态养生项目、桂林雄森熊虎山庄搬迁扩建工程等一批健康养生旅游基地建设，完善健康养生度假设施，提供个性化、特色化的高端养生度假服务。

文化旅游。深入挖掘桂林史前文化、古代水利文化、宗教文化等历史文化资源，保护性开发当地物质及非物质文化遗产，推动历史文化与旅游的深度融合，打造大岩遗址展示园、六塘岚岩冰川遗址史前文化探古游以及临桂历史文化名镇名村游等一批具有代表性的历史文化旅游产品。鼓励引进或自行开发具有桂林特色及民族特色的文化旅游演艺产品，创新发扬桂剧、彩调、文场、零零落等传统演艺，加强内容创意，丰富表现形式，融合科技创新。打造一批大型实景演出和民族文化演艺精品。开发保利文化艺术中心、桂林海吉星食尚港项目、桂林抗战文化产业园、桂林中华神农农耕文化产业园等文化旅游项目建设，加快文化旅游产业化进程。

（2）北部原始森林休闲运动度假片区重点旅游产品。

休闲度假旅游。顺应居民日益多元的休闲度假需求，有针对性地开发一批城市、乡村休闲旅游度假产品，重点布局于义江流域，着重开发十二滩景区、蝴蝶谷景区、中庸泗林义江休闲度假区、莲花岛景区、红溪旅游景区、中国－东盟（桂林）农业旅游休闲观光风情园、桂林义江缘旅游度假区、五通农民画旅游休闲产业项目等休闲度假产品内容，完善人性化的配套服务设施，建设高水平的国家级旅游度假区。

原始森林生态运动旅游。依托花坪自然保护区、十二滩景区、蝴蝶谷景区、红溪旅游景区以及义江河风光，开展原始森林生态探险、森林徒步、森林越野、森林户外运动、体育休闲运动等各种生态运动旅游产品，以突出该片区特色。

乡村休闲运动旅游。以中庸乡、五通镇、宛田瑶族乡乡村田园景观和生态农业、古村落为基础，开发漂流、自行车、徒步、露营等一批乡村生态特色鲜明的旅游产品，建设一批休闲农业与乡村旅游示范点、星级乡村旅游产品。

（3）南部岩溶湿地生态旅游片区重点旅游产品。

生态旅游。重点布局在会仙镇和六塘镇，合理开发散布于该片区的田园、森林、湿地、瀑布等各具特色的生态景观，打造人与自然和谐一体的生态体验之旅。积极发展休闲农业与乡村旅游，规范提升农家乐、休闲农庄等乡村旅游产品。以会仙喀斯特国家湿地公园、会仙七里坪南方大草原运动拓展项目等山水生态旅游资源为依托，在保护生态环境的基础上，挖掘文化内涵，深度开发山水观光旅游，建设国家生态旅游示范区。

户外运动休闲旅游。依托会仙喀斯特国家湿地公园、会仙七里坪南方大草原运动拓展项目、会仙岚岩冰川遗址景区、桂柳古运河等资源，将旅游与休闲体育深度融合，发展攀岩、漂流、登山、野外拓展等户外运动休闲旅游产品，举办山地运动体育赛事，将其打造成为户外运动休闲天堂。

2. 三大片区重点旅游建设项目

（1）中部旅游综合服务集散中心片区重点旅游建设项目。

该片区重点旅游项目需要突出以市场为导向，从吃、住、行、游、购、娱、养生、休闲、度假等旅游综合服务要素出发，重点突出休闲度假、商务会展、健康养生、体育运动、旅游集散、综合配套等旅游综合服务功能，建设综合性的重点旅游项目，如表 4–4 所示。

表 4–4 重点旅游项目基本概况

序号	项目名称	项目选址	用地现状	总用地规模 / 公顷	旅游设施用地 / 公顷
1	保利文化艺术中心	临桂临桂镇兰塘村小兰塘屯	城镇建设用地	35.26	35.26
2	罗山湖体育旅游开发利用建设项目	两江镇罗山村	水库、林地、荒地	753.40	167.00
3	桂林凤凰体育运动休闲旅游区	凤凰林场、两江镇、四塘镇	林地、村庄、荒地、耕地、水域	3429.67	1170.40
4	桂林海吉星食尚港项目	临桂镇兰塘村洋田屯	基本农田、村庄用地	130.27	120.28
5	信和信·桂林智慧健康产业园	临桂镇熊家村	水域、旱地	146.67	146.67
6	桂林义江国际旅游生态园	两江镇琅琥村	基本农田、林地、旱地	276.00	50.00
7	桂林雄森熊虎山庄搬迁扩建工程	临桂镇凤凰村、乐和村	荒地、基本农田	47.70	28.40
8	桂林抗战文化产业园	临桂镇乐和工业园旁	基本农田、滩涂、荒地	100.00	18.50

续表

序号	项目名称	项目选址	用地现状	总用地规模/公顷	旅游设施用地/公顷
9	世外人间生态养生项目	临桂镇麒麟村	基本农田、林地、草地、滩涂	208.70	70.00
10	桂林中华神农农耕文化产业园	临桂镇凤凰村	林地、基本农田、旱地	60.00	20.00
11	银谷旅游生态度假项目	四塘镇谢家村	荒地、耕地	80.00	22.00
12	山水桂林国际旅游度假区	临桂镇南村	基本农田、荒地、水域	133.30	16.00
13	两江国际生态园	两江镇培塘村	基本农田、水域、耕地、滩涂	46.70	42.70
14	临桂历史名人文化旅游项目				
14-1	李宗仁故居	两江镇浪头村	社会居民点用地	100.00	15.00
14-2	陈宏谋故居	四塘镇横山村	社会居民点用地	30.00	5. 00
14-3	大岩遗址展示园	临桂镇小太平村	水域、荒山滩地	70.00	10.00
14-4	田心翰林村	四塘镇岩口村委田心村	社会居民点用地	100.00	12.00
15	临桂特色旅游小镇建设项目				
15-1	四塘历史文化特色小镇	四塘镇	城镇用地	290.00	145.00
15-2	两江历史文化特色小镇	两江镇	城镇用地	520.00	258.00
16	桂林文化旅游世贸城项目	临桂镇秧塘工业园	工业用地	48.95	48.95
合计				6606.62	2401.16

保利文化艺术中心。保利文化艺术中心分近期和中期目标建设，发展目标是将其建设成为具有国内示范效应、辐射东盟乃至亚洲一流水准的文化产业园区，长远发展目标是将其建设成为世界级综合性文化产业园区。保利文化艺术中心拟着力打造三个主功能区，即演艺产业集群区、文博产业集聚区和电影体验中心，功能区下分别设置不同文化专属区以形成各自的商业配套及产业链，各功能区有机结合，将桂林的文化与旅游潜力以产业集聚的方式进行集中展示。

罗山湖体育旅游开发利用建设项目。罗山湖体育旅游开发利用建设项目计划总体投资约25亿元人民币，拟规划总用地面积约688.89公顷（其中水库面积134.00公顷），项目整体拟分三期开发。一期项目占地40.02公顷，目前已取得国有土地使用权证，总投资约5亿元。建设内容主要包括水上乐园及配套停车场、高端俱乐部接待会所、体育休闲基地及配套体育宾馆和少量员工宿舍，已于2013年基本完成。二期项目拟规划用地范围306.09公顷，投资约12亿元。其中，拟规划建设用地53.36公顷，主要建设旅游商业购物区、休闲运动健身娱乐区等；拟向临桂区及两江镇政府预征收荒山荒坡等农用地252.73公顷（保留原有农用地性质不变），主要建设生态农业、特色名贵花卉苗木观光区、山地自行车训练比赛区、环湖徒步区。三期项目拟规划用地范围206.30公顷，投资约8亿元。其中，规划建设用地40.02公顷，配套向临桂区及两江镇政府预征收荒山荒坡等农用地166.28公顷（保留原有农用地性质不变），建设总部基地、旅游会展配套用房、国际会议会展中心及配套基础设施。

桂林凤凰体育运动休闲旅游区。桂林凤凰体育运动休闲旅游区突出休闲体育主题，以休闲体育运动为核心，以主题娱乐为特色，致力于打造成为“世界级旅游度假目的地·东方奥兰多”，是集高端运动、主题娱乐、特色酒店、休闲养生、会议会展、度假居住于一体的旅游度假胜地。根据整体规划，将按北部、中部和南部三大板块进行开发和运营，首期启动的是中部核心板块，将作为桂林世界旅游城的旅游发展引擎，推动桂林从观光旅游向复合型度假旅游升级转型。

桂林海吉星食尚港项目。项目采取科学、先进的设计理念，按国际先进水平进行规划设计，将着力打造一个绿色环保、高效和谐、宜业宜居宜游的农产品物流商业综合体，并致力于发展成为国家级绿色食品交易示范基地、国家级农产品研发创新基地、国际一流农产品供应链集成平台，以及国家级特色旅游基地等。

信和信·桂林智慧健康产业园。桂林智慧健康产业园创建以“国际生命科学研发中心”为引领，以“两院一基地”（生命与健康职业学院、高端中老年康复医院、智能化养生养老基地）为依托，是集科学研究、教育培训、居家养老、健康养生为一体的大型城市综合体。

桂林义江国际旅游生态园。桂林义江国际旅游生态园以农业旅游观光、旅游酒店、养老养生会馆及休闲运动娱乐为一体，建成桂林市大型的生态型养生养老及养生农业产业园。

桂林雄森熊虎山庄搬迁扩建工程。桂林雄森熊虎山庄搬迁扩建工程主要是以繁育养殖、保健品生产、旅游观赏科研、实验、综合服务为主，划分为办公服务区、珍稀动物野化与游览区、种源繁育中心、中医药研发区。

桂林抗战文化产业园。桂林抗战文化产业园以桂林历史文化及临桂地方文化为载体，集抗战文化一条街、酒店、文化体验、娱乐、养生、风情展示为一体，将桂林最具有地方特色的戏剧、风土人情、人物、事件、生活习俗等进行包装开发，打造国家级文化产业示范基地。

世外人间生态养生项目。项目建设成为集生态养生、休闲度假、康体疗养、文化体验、运动建设、商务会议功能于一体的国际化生态养生旅游度假区，按功能主要分为“七区一中心”（七区即水上娱乐休闲区“双潭映月”、温泉养生度假区“仙境之源”、传统养生康疗区“闲庭生息”、文化体验颐养区“文彩缤纷”、林海深处静养区“栖霞之春”、植物精气浴养区“林海揽胜”、运动健身休养区“旭日朝辉”，“一中心”即游客综合接待服务中心）。

桂林中华神农农耕文化产业园。本项目以神农农耕文化为核心思想，挖掘当地农耕文化、状元文化与养生文化，带动旅游相关产业开发，将产业园打造成一个集观光休闲、旅游度假、商业娱乐、商务会议、艺术创作、文化教育、养生养老为一体的，具有桂北风情特色、服务设施完善的综合性文化产业园区。

银谷旅游生态度假项目。项目位于岩图旅游景观大道 6.50 千米处（谢家村），主要以生态为理念，打造具有国际水准和国际化的生态型休闲度假养生旅游项目。

山水桂林国际旅游度假区。项目以建设国家级旅游度假区为目标，重点开发离退休干部养生基地、国际老年产业博览主题园、国际老年科技研发中心、国际老年大学、现代农业生态观光园、健康运动休闲园、公共服务集中区、美食购物集中区以及自驾车服务基地等项目。

两江国际生态园。项目以打造国际生态旅游和修身养生服务基地、国家级生态文化教育基地为目标，按照发展生态旅游、特色农业、园林景观、生态养身和影视拍摄基地五大功能进行布局。生态园重点开发名贵经济林、名贵树种花卉、瓜果蔬菜、宾馆休息度假、修身养生、禽畜养殖与可再生能源开发利用、育苗园、水景、奇石、竹林、桃花园、影视外景拍摄园等项目。

临桂历史名人文化旅游项目。依托两江镇、四塘镇和临桂镇历史名人文化，重点开发李宗仁故居、陈宏谋故居、大岩遗址展示园、田心翰林村等综合性的古村落、文化遗址、名人故里旅游项目，突出临桂历史文化旅游的特色与综合配套功能，并与乡村旅游、城市文化公园、古村落旅游等相融合，建设综合性较强的临桂历史文化旅游项目。

临桂特色旅游小镇建设项目。中部片区特色旅游小镇建设项目主要有两江历史文化特色小镇、四塘历史文化特色小镇。依托这两大特色小镇，建设集旅游观光、生态农业旅游、古镇古村落旅游、旅游集散、旅游商品加工等多种业态的旅游综合体。

（2）北部原始森林休闲运动度假片区重点建设项目。

该片区依托优质的农业生态资源和林业生态资源，以原始森林负氧离子含量高，适合休闲度假养生、生态运动的特点，突出休闲度假功能和原始森林生态运动功能，建设一批休闲度假、生态园地、森林养生重点项目，如表4–5所示。

表 4–5 重点旅游项目基本概况

序号	项目名称	项目选址	用地现状	总用地规模 / 公顷	旅游设施用地 / 公顷
1	桂林义江缘旅游度假区	五通镇仁和村	水域、基本农田、旱地	224.75	18.79

续表

序号	项目名称	项目选址	用地现状	总用地规模/公顷	旅游设施用地/公顷
2	中国－东盟（桂林）农业旅游休闲观光风情园	中庸乡高田村	基本农田、荒地、山地	100.00	26.00
3	五通农民画旅游休闲产业项目	五通镇五里桥	荒地	27.47	26.41
4	桂林义江流域休闲度假区				
4–1	十二滩景区	宛田瑶族乡合作村	林地	233.33	20.00
4–2	蝴蝶谷景区	宛田瑶族乡东宅江村	林地、基本农田	320.00	20.00
4–3	红溪旅游景区	中庸乡怡乐村	荒地	100.00	15.00
4–4	中庸泗林义江休闲度假区	中庸乡泗林村	荒地、基本农田、旱地	120.00	20.00
4–5	莲花岛景区	中庸乡上观村	水域、耕地	80.00	12.00
5	临桂特色旅游小镇建设项目				
5–1	五通农民绘画艺术主题小镇	五通镇	城镇用地	500.00	257.00
6	广福原始森林度假区	宛田和黄沙交界花坪自然保护区	林地	500.00	40.00
合计				2205.55	455.20

桂林义江缘旅游度假区。义江旅游度假区以创建国家5A级景区为目标，依托现在的旅游产品基础，新开发农业观光、水上运动体验、酒店住宿、乡村旅游等项目，从单一的景区向综合性较强的旅游区转型升级。

中国－东盟（桂林）农业旅游休闲观光风情园。项目以建设一个集科研、种植、养殖、旅游休闲、观光为一体的绿色生态风情园综合园区为目标。风情园主要建设东盟异域风情商业街、小型商务酒店、演艺中心、东盟会展中心、东盟农业珍稀植物种植区、国际养老康复休闲养生、东盟植物花卉种植园、综合服务中心、文化交流广场、药用植物研究中心、文化创意3D动漫园以及养生保健会所等项目。

五通农民画旅游休闲产业项目。项目以建设国家文化产业示范基地和创建国家4A级景区为目标。主要建设内容有：农民画展示馆、产权式画家苑、字画古玩商业街、旅游商品交易市场、刘三姐民俗文化演艺场、农民画培训区及管理用房、员工和画工生活区、旅游度假酒店、旅游休闲区以及相关设施配套工程。

桂林义江流域休闲度假区。桂林义江流域休闲度假区以整合已有的旅游项目为基础，对其进行提升改造，使其成为具有很强市场发展潜力的旅游项目。具体包括：十二滩景区，规划在保护好森林植被的基础上，开发民族风情、森林浴、生态景观、度假酒店、休闲设施以及垂钓、体育运动休闲等项目；蝴蝶谷景区，以创建国家级4A级景区为目标，重点开发大门景区、瑶族风情体验、漂流、瀑布观光、休闲体育、汽车营地、购物中心等旅游项目；红溪旅游景区，以红溪生态资源为载体、以创建4A级景区为目标，配套完善停车场、购物中心、餐厅、游客中心等项目；中庸泗林义江休闲度假区，以打造影视基地和休闲度假为核心，重点开发农业观光、水上运动体验、酒店、养生度假、文化展示等项目；莲花岛景区，以创建广西区级五星级农庄为目标，增加水上休闲运动项目和休闲农业旅游项目。

广福原始森林度假区。广福原始森林度假区整合宛田、黄沙两个瑶族乡中的花坪自然保护区资源，开发以户外运动、生态旅游、养生度假为主要功能的旅游度假区。

（3）南部岩溶湿地生态旅游片区重点建设项目。

该片区依托全国独有的岩溶湿地，并融合桂柳古运河、岚岩冰川遗址、七里坪南方大草原等文化、生态资源，重点建设以岩溶湿地生态为特色的旅游项目，如表4–6所示。

表 4–6　重点旅游项目基本概况

序号	项目名称	项目选址	用地现状	总用地规模 / 公顷	旅游设施用地 / 公顷
1	会仙喀斯特国家湿地公园	会仙镇睦洞村	基本农田、湿地、山体	586.75	35.00
2	六塘艺术创意产业园				
2–1	六塘文化创意产业园	六塘镇诚桂村	基本农田、山地、荒地	1. 33	17.00
2–2	六塘岚岩冰川遗址	六塘镇保联村	山体、荒地、草地	53.33	7. 50
2–3	六塘柚子湾国际旅游度假小镇	六塘镇柚子湾村	荒地、林地、耕地	450.00	70.00
3	临桂历史名人文化旅游项目				
3–1	白崇禧故居	会仙镇山尾村	社会居民点用地	30.00	5. 00
3–2	李天佑故居	六塘镇小江村高陂寨	社会居民点用地	20.00	3. 00
4	临桂特色旅游小镇建设项目				
4–1	会仙喀斯特湿地旅游特色小镇	会仙镇	城镇用地	200.00	97.00
5	会仙七里坪南方大草原运动拓展项目	会仙镇七里坪村	荒地、草地	200.00	20.00
总计				1673.41	254.50

会仙喀斯特国家湿地公园。建设目标是：充分利用湿地公园及其周边的自然资源、景观资源与文化资源，将其建设成为我国峰林平原地区岩溶湿地－农田－森林复合生态系统保护与恢复的示范工程；古代运河水利遗迹保护的典范；整体形象突出、基础设施完备、湿地景观独特、科普教育与观光

休闲娱乐兼备，具有浓郁地方文化特色的国际岩溶湿地生态旅游目的地；岩溶湿地、古水利遗迹的国家级科普宣教基地；国际性的岩溶湿地研究基地；岩溶地区可持续发展与生态文明建设的示范地。主要建设内容包括：水质保护保育项目、洲滩沼泽保护与修复工程、水禽栖息地保育与营造项目、典型湿地生态序列建设项目、水岸生态系统保育和建设项目、入湖溪流－森林复合生态系统建设项目、山地岩溶林草植被生态系统保护工程和湿地科研监测项目等。

六塘艺术创意产业园。建设目标是打造全国一流的以艺术写生、艺术创作、艺术交流、文化创意为一体的大型综合性文化产业园。整合六塘文化创意产业园、六塘岚岩冰川遗址、六塘柚子湾国际旅游度假小镇，以形成产业集聚。六塘文化创意产业园项目以桂北文化及东南亚元素为主，致力于被打造成为广西新的旅游亮点，主要建设东南亚风情酒店、东南亚美食园、东南亚文化交流中心及东南亚文化商业娱乐项目，为游客提供独具东南亚特色的家居旅游、休闲养生、商务聚会、商业娱乐等休闲度假功能项目。六塘岚岩冰川遗址项目以史前文化为载体、以乡村旅游为主题，开发乡村休闲度假与文化体验旅游项目。六塘柚子湾国际旅游度假小镇项目以国际化视野，策划建设高端地热温泉度假、生态运动、企业会所、度假村等多功能旅游项目为一体的国际一流的国家级度假区。

会仙七里坪南方大草原运动拓展项目。项目依托七里坪大草原资源优势，打造成为南方较大户外运动、马术运动以及生态旅游基础，并配套有酒店、自驾车营地、文化娱乐等项目。

3. 三大片区旅游公共服务设施建设

（1）旅游交通规划。

①片区外部交通规划。完善两江国际机场设施和航线网络，加快推进桂林两江国际机场航站楼及站坪配套设施扩建工程，建成现代化、国际化、人性化的旅游机场。选址在桂林凤凰体育运动休闲旅游区或会仙建设旅游通用机场，积极支持在桂林机场建立航空公司基地并完善航线网络。重点开发面向东盟国家的国际航线和连接省会城市、重要客源城市、著名旅游城市的国内干线。加快出省、连市高速公路和国家公路运输枢纽建设，建设桂林—三江高速公路、国道 321 阳朔至桂林扩建工程临桂段和西二环路延长线、桂

林—河池高速公路（临桂段）等高速公路。进一步加大雁山—临桂（临桂段）、临桂区临桂镇岩塘至两江镇大山图公路、桂阳路—会仙工业区国省干线公路升级改造力度，提高连接旅游景区干线公路的技术等级和服务水平，建设生态路、环保路。桂林至梧州高速公路新增会仙喀斯特国家湿地公园服务出口，以服务东盟国际论坛的需要。

②片区之间交通规划。三大重点旅游片区以中部片区为集散中心，通过高速公路、绕城公路、旅游景观大道、国道等多种道路交通方式，实现三大片区之间便捷交通。中部与北部片区之间交通主要依托321国道公路、桂三高速公路、两江—五通公路、临渡公路、临苏路进行沟通，规划新建两五公路、临渡公路、岩图旅游景观大道、宛田—永福龙江公路黄沙至龙江段（临桂段）、五通—保宁—两江公路，使中部和北部片区之间形成环路。同时，为增强中部和北部之间水路交通，在义江两岸规划建设慢行交通系统及配套设施，满足自行车、步行等休闲交通需求。中部与南部片区之间交通主要依托桂梧高速公路、绕城高速公路、六利公路进行沟通，规划新建临雁路、万福路延长线、灵川定江至永福苏桥公路（临桂段），实现两大片区有机沟通。南部和北部之间交通主要依托321国道与绕城高速、桂梧高速对接沟通。

③片区内部交通规划。中部片区主要是两江镇、临桂镇和四塘镇，各项目之间主要通过临渡路、西二环路、机场路、临苏路、321国道进行沟通联系。新建临苏路、岩图旅游景观大道和临渡路，以形成环线。北部片区主要是五通镇、中庸乡、宛田瑶族乡，各项目之间可通过321国道、五通—保宁—两江公路、桂三高速公路、两五公路以及义江水路进行沟通。需新建五通—保宁—两江公路。

（2）旅游公共服务项目建设。

①旅游交通公共服务项目建设。加快临桂新区一级旅游集散中心建设，布局会仙、五通、两江、宛田4个二级旅游集散中心建设，完善旅游集散中心配套设施建设，打造成以旅游交通枢纽、游客集散、旅游中介服务、旅游电子商务和旅游综合服务为主要功能的旅游集散系统。建设临桂国际自驾车旅游营地（宛田加油站旁），引导建立自驾车俱乐部，培育有市场竞争力的汽车租赁公司，推进旅游区自驾车旅游，修建与之相应的休闲营地，美化公路两侧设施和景观。参照国际标准，逐步在高速公路和重要旅游公路沿线合

理规划建设旅游房车和自驾车营地、旅游厕所、加油站、服务区、汽车旅馆以及汽车影院等娱乐设施。加强重点旅游片区之间旅游交通标识系统的建设，围绕旅游区的精品旅游线路，在各高速公路、环城高速、重要公路等主要交通干道和自驾车热线上，逐步健全和完善统一的旅游交通标识，对不符合要求的旅游交通标识进行更新，设置多语种的服务指引标志，重要的旅游标识要有中英文对照。在临桂区旅游城市、旅游特色村镇、旅游场站及景点景区系统地建设和完善一批便于旅游者识别的旅游交通标识、路标标识、景区指引标识、旅游导览图等旅游公共标识。

②旅游饭店。合理布局，优化结构，逐步建立与市场需求相适应，具有生态旅游、文化旅游、健康养生特色的旅游饭店业服务体系。加快推动星级旅游饭店（旅馆）建设，重点加强中高档次宾馆饭店、旅游度假酒店（别墅）的建设，逐步建立完善星级旅游服务体系。推进经济型酒店连锁经营，鼓励发展各类生态、文化主题酒店，大力发展特色化的中小型民居旅馆。积极引进国内外高端酒店集团和著名酒店管理品牌。

③旅游餐饮。利用临桂丰富的食品原料，深度开发地方饮食文化，充分融入民族和地域特色，着力打造系列餐饮节庆，大力培育体现生态特色的餐饮品牌，完善餐饮设施建设，建设多元化、多层次的餐饮体系，形成强大的餐饮旅游吸引力。探索旅游餐饮经营模式，形成有竞争力的旅游餐饮品牌和标杆企业。

④旅游购物。大力推进旅游商品开发，完善旅游购物设施，推进旅游购物街区建设，建设临桂特色旅游购物街，将其建设成区域著名的旅游购物街、夜生活休闲街。在主要公路沿线、重要景区景点设置特色旅游商品购物点。

⑤旅游厕所。在主要自驾车旅游线路、徒步旅游线路、临桂新区、义江流域沿岸等人流量大的地方设置旅游公共厕所。

（3）旅游公共信息服务建设。

①加快临桂新区游客信息服务中心体系建设，建立以临桂新区为核心，以五通、两江、会仙等为重点的综合性旅游信息服务中心，建设具有宣传、促销、咨询、预订、投诉等功能完善的综合性旅游服务平台，并逐步完善各车站、客运站、广场、景区等游客信息服务中心建设。

②推进旅游公共信息服务设施建设，利用以互联网、物联网、3G移动通信、云计算、多媒体为代表的新技术，整合旅游行政管理、旅游电子商务、旅游公共服务于一体，建立满足多渠道信息发布、交流、互动并适应行业发展的旅游信息化平台。建立通达各级旅游行政管理部门、旅行社、景区景点、宾馆酒店、旅游交通和旅游餐饮购物企业等的智能网络系统，依托平台建设开发旅游趋势预报、旅游资讯服务、旅游统计信息管理、旅游目的地营销系统等多个应用系统，积极开展旅游在线服务、网络营销、网络预订和网上支付。加快构建以协调中心为基础的旅游咨询服务中心、数据中心和呼叫中心，全面提升临桂的旅游信息化管理水平。

③加快智慧城市建设步伐，积极构建智慧旅游信息平台，加大智慧旅游基础设施建设力度。引入三维立体、360度全景、GIS等信息技术，构建旅游区旅游虚拟体验平台。涵盖景点景区、宾馆酒店、餐饮购物、娱乐场所、自驾车营地、加油站、旅游服务中心等旅游各大要素，以360度全景虚拟旅游的体验方式使游客直观地了解重点旅游片区全方位的旅游信息。推广景区数字管理与服务技术，实现无线导游、游客分流、车辆调度、安全监控等多重功能。重点发展智能终端技术在数字化导览、电子地图、定位识别、移动支付、多点通信等领域的应用，互联网技术在电子票证、旅游一卡通、景区资源管理等领域中的应用，移动通信技术在景区注量分析、客流引导、应急处理等领域的应用。制作发行重点旅游片区旅游“一卡通”、优惠年卡和电子门票，方便游客消费，将重点旅游片区打造成为广西旅游数字化管理的先行区。

（四）旅游城镇建设

1. 特色旅游城镇建设

根据《规划纲要》确定的临桂四大旅游主题小镇发展定位，规划四大旅游城镇体系，以与《规划纲要》要求衔接。

（1）会仙喀斯特湿地旅游特色小镇。

范围与面积：会仙镇政府所在地及其周边旅游景区，规划面积81.30平方千米。

功能定位：按照“做强旅游休闲业、做优现代农业、做活加工业”的发展思路，结合会仙镇的区位条件、资源优势和产业基础等实际情况，加大小城镇建设力度，将会仙镇打造成为“四镇一中心”，即全国湿地度假旅游名镇、桂林精品农业名镇、桂林循环经济名镇、广西生态文明建设示范乡镇及桂林市职业教育中心。

发展目标：立足全镇三大优势（旅游优势、农业优势、资源优势），发展壮大四大产业（特色湿地度假旅游产业、特色农业、特色加工业、职业教育产业），不断深化小城镇管理，全面提升城镇化水平。

（2）五通农民绘画艺术主题小镇。

范围与面积：五通镇政府所在地及其周边，规划面积 35.50 平方千米。

功能定位：根据五通的特色优势和旅游主题，确定五通镇镇区发展定位为临桂区副中心，打造成以高新产业、无污染工业、旅游服务业和商贸业为主的适宜居住的综合城镇。

发展重点：结合《桂林世界旅游城概念规划》和 321 国道至龙胜的旅游通道，以贵广高速铁路五通站为重点，配套建设行政办公、商业金融、旅游服务等公共服务设施；提升五通农民画艺术，打造以高端、规模、特色突出为主题的国家级国画创作、交易、拍卖、鉴定、创意基地，突破农民画低档次的局限。

（3）四塘历史文化特色小镇。

范围与面积：规划范围以四塘镇政府所在地为主，规划面积为 26.34 平方千米。

功能定位：结合四塘镇的区位条件、资源优势和产业基础等实际情况，将其打造成为“四镇一中心”，即全国历史文化名镇、桂林乡村休闲体验名镇、广西马蹄名镇、广西辐射带动能力较强的城镇化示范乡镇及状元文化旅游中心。

发展重点：根据自然地理特征和用地评价结果，以及农业生产和城镇设施现状，四塘镇乡域经济社会发展与产业布局为“以‘二轴（主、次经济发展轴）、三带（休养旅游产业带、工业产业带、特色观光农业产业带）、九区（工业产业区、粮食生产区、林业生产区、休闲度假区、体育休闲区、集镇综合区、农副产品加工区、湿地旅游保护区、石山生态保护区）’为四塘镇乡域空间结构的主要内容，建立多分区、网络式的空间结构体系，形成城镇‘一轴两带五功能区’、旅游‘一带四区’、生态‘一圈一轴多点网络化’、农业‘一带四基地’的空间结构”。

（4）两江历史文化特色小镇。

范围与面积：两江镇政府所在地及其周边义江流域，规划面积80.50平方千米。

功能定位：根据两江镇所具备的区位条件、经济地位和社会赋予的使命，拟定两江镇域发展定位为国家乡镇级粮食生产基地，桂林市和临桂区重要的工业化、城镇化和临空型产业发展区域，临桂区重要的农副产品基地和旅游景区。

发展重点：以落实桂林世界旅游城建设为目标，通过环桂林两江国际机场旅游网直接接受桂林旅游产业的辐射，加强旅游产业与特色优势农业的整合，重点开发建设三大旅游区（桂林两江国际生态园、两江古城和两江古塔景区、李宗仁故居）和3条生态农业观光带（临苏一级公路生态农业观光带、省道306线生态农业观光带、义江流域生态农业景观带）。

2. 特色旅游名村建设

按照广西特色旅游名村创建标准和桂林市打造乡村旅游“十百千”示范工程，遵循“一村一品、一村一特色、一村一业”的特色要求，以风光秀丽、生态良好、特色突出、景区附近、城市周边、交通沿线为主要评选条件，突出桂北乡村建筑风貌，重点发展乡村文化、生态农业、民俗文化、古村落、名人文化、乡村生态等旅游产品，建设一批特色旅游名村（见表4–7），促进乡村旅游快速发展。

表4–7　特色旅游名村建设一览表

两江镇浪头村李宗仁故居
会仙山尾村白崇禧故居
六塘镇高陂寨李天佑故居
四塘横山陈宏谋故居
四塘镇岩口村田心翰林村
茶洞褚村山寨古城墙旅游项目
宛田东宅江民族特色旅游村寨
宛田瓮洲特色旅游新村
中庸合峰社会主义新农村
五通祥田长寿村
会仙睦洞旅游新村

（五）旅游用地优化

1. 旅游用地现状与需求

（1）旅游用地现状。

①土地利用总体规划中风景名胜区旅游设施用地现状分析。风景名胜区用地是指为保护特殊的自然、人文景观及风景名胜区并用于发展旅游业和保护旅游资源而划定的区域。其中，花坪自然保护区、寿城自然保护区、南边山靖远杪椤群保护区、六塘岚岩冰川遗址等保护区面积为 8379.92 公顷，会仙喀斯特国家湿地公园、四塘塘北峙湖生态湿地保护区等生态湿地保护面积为 1430.59 公顷，十二滩景区、九滩瀑布森林旅游风景区、江洲坪旅游保护区等 30 处旅游景区面积为 794.77 公顷。规划的三大重点旅游片区目前开发的旅游项目主要是莲花岛景区、红溪景区、桂林雄森熊虎山庄搬迁扩建工程、十二滩景区、桂林义江缘旅游度假区、蝴蝶谷景区、刘三姐茶园（五通农民画旅游休闲产业项目）、罗山湖体育旅游开发利用建设项目、信和信·桂林智慧健康产业园等 9 个项目，以及陈宏谋故居、李宗仁故居、白崇禧故居、田心翰林村等 4 处人文景观旅游景区，已有的旅游项目总占地面积为 1947.84 公顷，其中旅游景观生态用地 1478.05 公顷、旅游设施用地 469.79 公顷，已获得旅游设施用地供地指标为 195.65 公顷，与《临桂区土地利用总体规划（2006—2020）》分配的旅游设施用地指标（到 2020 年为 130.30 公顷）相比已经超出 65.35 公顷，具体如表 4–8 所示。

表 4–8 已开发的旅游项目旅游设施用地现状（单位：公顷）

序号	项目名称	用地现状	占地总面积	旅游设施总用地规模	已取得的旅游设施用地规模	旅游景观生态用地
1	信和信·桂林智慧健康产业园	水域、旱地	146.67	146.67	127.73	0.00
2	桂林雄森熊虎山庄搬迁扩建工程	荒地、基本农田	46.70	28.40	13.33	18.30

续表

序号	项目名称	用地现状	占地总面积	旅游设施总用地规模	已取得的旅游设施用地规模	旅游景观生态用地
3	罗山湖体育旅游开发利用建设项目	水库、林地、荒地	753.40	167.00	40.59	586.40
4	桂林义江缘旅游度假区	水域、基本农田、旱地	224.75	18.79	10.00	205.96
5	蝴蝶谷景区	林地、基本农田	320.00	20.00	0.00	300.00
6	五通农民画旅游休闲产业项目	荒地	27.47	26.41	4.00	1.06
7	红溪旅游景区	基本农田、林地	100.00	15.00	0.00	85.00
8	十二滩景区	林地	233.33	20.00	0.00	213.33
9	莲花岛景区	水域、耕地	80.00	12.00	0.00	68.00
10	陈宏谋故居、李宗仁故居、白崇禧故居、田心翰林村等	居民点用地	15.52	15.52	0.00	0.00
合计			1947.84	469.79	195.65	1478.05

②旅游产业用地现状调查分析。根据临桂区土地利用现状最新图斑计算，临桂区旅游产业用地总规模为 14040.17 公顷。按照土地利用分类，其中农用地 3311.45 公顷，占用地总规模的 23.59%；建设用地 2255.64 公顷，占用地总规模的 16.06%；其他用地 8473.08 公顷，占用地总规模的 60.35%。农用地中，耕地面积 1180.00 公顷、园地面积 395.58 公顷、牧草地面积 327.87 公顷、林地面积 1193.22 公顷、其他农用地 214.78 公顷；建设用地中，城乡建设用地 277.87 公顷，交通水利用地 634.21 公顷，风景名胜设施用地

1343.56 公顷；其他土地中，水域 1579.20 公顷，滩涂沼泽 156.34 公顷，自然保留地 6737.54 公顷，具体如表 4–9 所示。

表 4–9　临桂旅游产业用地现状统计（按土地利用分类）

<table>
<tr><th colspan="4">地类</th><th>面积 / 公顷</th><th>比重 /%</th></tr>
<tr><td colspan="4">土地总面积</td><td>14040.17</td><td>100.00</td></tr>
<tr><td rowspan="8">农用地</td><td rowspan="3">耕地</td><td colspan="2">水田</td><td>798.00</td><td>5.68</td></tr>
<tr><td colspan="2">水绕地</td><td>0.00</td><td>0.00</td></tr>
<tr><td colspan="2">旱地</td><td>382.00</td><td>2.72</td></tr>
<tr><td colspan="3">园地</td><td>395.58</td><td>2.83</td></tr>
<tr><td colspan="3">林地</td><td>1193.22</td><td>8.50</td></tr>
<tr><td colspan="3">牧草地</td><td>327.87</td><td>2.33</td></tr>
<tr><td colspan="3">其他农用地</td><td>214.78</td><td>1.53</td></tr>
<tr><td colspan="3">农用地合计</td><td>3311.45</td><td>23.59</td></tr>
<tr><td rowspan="8">建设用地</td><td rowspan="3">城乡建设用地</td><td colspan="2">建制镇</td><td>215.09</td><td>1.53</td></tr>
<tr><td colspan="2">农村居民点</td><td>62.78</td><td>0.44</td></tr>
<tr><td colspan="2">采矿地</td><td>0.00</td><td>0.00</td></tr>
<tr><td rowspan="4">交通水利及其他建设用地</td><td colspan="2">交通用地</td><td>293.20</td><td>2.09</td></tr>
<tr><td rowspan="2">水利用地</td><td>水工建筑用地</td><td>64.23</td><td>0.46</td></tr>
<tr><td>水库水面</td><td>276.78</td><td>1.97</td></tr>
<tr><td colspan="2">风景名胜及特殊用地</td><td>1343.56</td><td>9.57</td></tr>
<tr><td colspan="3">建设用地合计</td><td>2255.64</td><td>16.06</td></tr>
<tr><td rowspan="4">其他土地</td><td colspan="3">水域</td><td>1579.20</td><td>11.24</td></tr>
<tr><td colspan="3">滩涂沼泽</td><td>156.34</td><td>1.11</td></tr>
<tr><td colspan="3">自然保留地</td><td>6737.54</td><td>47.99</td></tr>
<tr><td colspan="3">其他土地合计</td><td>8473.08</td><td>60.34</td></tr>
</table>

按照旅游体系分类，建设用地 8795.69 公顷，包括旅游设施用地 4517.82 公顷、非旅游设施建设用地 4277.87 公顷；生态景观用地 5244.48 公顷，包括人工景观用地 459.95 公顷、自然景观用地 4784.53 公顷。全县旅游设施中以旅游游憩设施用地为主，规模有 4140.27 公顷，旅游商服设施用地 4377.55 公顷，具体如表 4–10 所示。

表 4–10　临桂区旅游产业用地现状统计（按照旅游体系分类）

<table>
<tr><th colspan="3">分类</th><th>面积 / 公顷</th><th>比重 /%</th></tr>
<tr><td colspan="3">旅游产业用地面积</td><td>14040.17</td><td>100.00</td></tr>
<tr><td rowspan="4">建设用地</td><td rowspan="2">旅游设施用地</td><td>旅游商服设施用地</td><td>3377.55</td><td>24.06</td></tr>
<tr><td>旅游游憩设施用地</td><td>1140.27</td><td>8. 12</td></tr>
<tr><td colspan="2">非旅游设施建设用地</td><td>4277.87</td><td>30.47</td></tr>
<tr><td colspan="2">建设用地合计</td><td>8795.69</td><td>62.65</td></tr>
<tr><td rowspan="3">非建设用地</td><td rowspan="2">生态景观用地</td><td>人工景观用地</td><td>459.95</td><td>3. 28</td></tr>
<tr><td>自然景观用地</td><td>4784.53</td><td>34.08</td></tr>
<tr><td colspan="2">非建设用地合计</td><td>5244.48</td><td>37.35</td></tr>
</table>

③旅游用地现状评估。一是旅游产业用地指标严重不足。根据《临桂区土地利用总体规划（2006—2020）》，2020 年末新增旅游设施用地指标为 130.30 公顷，而在 2006—2013 年已开发的旅游项目中已使用的旅游设施用地为 210.58 公顷，超出土地利用规划新增旅游设施用地指标 80.28 公顷。根据预测，到 2020 年临桂所确定的 24 个重点旅游项目所需新增旅游设施用地为 596.28 公顷。可见，临桂区旅游产业用地指标尤其是旅游设施用地指标严重不足。二是旅游产业用地分类结构失调。临桂区旅游产业用地现状面积为 14040.17 公顷，其中生态景观用地 11784.53 公顷（即农用地、水域、滩涂沼泽、自然保留地）、旅游设施用地 912.08 公顷（即城乡建设用地和交通水利设施建设用地）、非旅游设施建设用地 1343.56 公顷（即风景名胜及特殊用地），可见旅游产业用地分类结构失调。三是旅游产业用地空间分布不够合理。在已有的旅游产业用地中，旅游景观生态用地主要分布在宛田瑶族乡、

会仙镇、六塘镇、黄沙瑶族乡，而旅游设施用地主要分布在321国道两旁的临桂镇、五通镇、中庸乡，部分布局在宛田瑶族乡，两江镇、四塘镇、南边山亦有一小部分布局。近年开发旅游项目大多数安排在临桂镇和两江镇。因此，从现有的旅游产业用地空间分布来看，旅游景观生态用地、旅游设施用地分布格局不够合理，导致有些乡镇（临桂、两江）在旅游设施用地方面指标紧缺，而有些乡镇还有较多旅游设施用地指标。

（2）旅游用地需求。

①旅游用地预测依据。

第一，常住人口预测。一是居民预测。本规划范围主要包括临桂区的临桂镇、两江镇、中庸乡、会仙镇、四塘镇和五通镇。根据《桂林市城市总体规划（2010—2020）》《临桂区临桂镇总体规划（2008—2025）》《桂林世界旅游城概念规划》对上述乡镇城镇居民的预测，临桂区重点旅游片区6个乡镇2020年城镇居民总人口达48万人，其中临桂镇27万人、两江镇5万人、四塘镇5万人、会仙镇5万人、五通镇5万人、中庸乡3万人。二是旅游人口预测。综合依据《桂林市城市总体规划（2010—2020）》《临桂区旅游业发展总体规划（2002—2015）》《桂林世界旅游城概念规划》以及23个支撑（重大）、重点旅游产业改革试点项目对休闲度假游客的预测，2020年临桂区重点旅游片区日均接待游客量为15200人次，按照住宿率的75%计算，则日均住宿游客为11400人。

第二，旅游城镇用地总量预测。根据城镇人口及住宿游客预测规划进行预测，临桂镇27万人，人均用地控制在119.58平方米/人以内，则建设用地规模为3228.66万平方米（折合3228.64公顷），其他城镇镇人口21万人，人均用地控制在114.77平方米/人以内，则建设用地规模为2410.17万平方米（折合2410.16公顷）；住宿游客用地规模以日均接待游客量11400人计算，人均用地控制在114.30平方米/人以内，则建设用地规模为130.30万平方米（折合130.30公顷）。根据以上预测，三大重点旅游片区2020年旅游城镇用地总规模为5769.10公顷。旅游产业总用地量预测结果接近临桂区旅游产业用地实际，根据《桂林世界旅游城概念规划》所规划的范围大部分为临桂管辖范围，预测2020年旅游建设用地为5741.35公顷。本规划建设用地总量预测数据比《桂林世界旅游城概念规划》预测略高，主要是本规划项目除了《桂林世界旅游城概念规划》中所包括的范围外，还包括了六塘、宛田等其他乡镇旅游项目。因此，本规划预测的旅游项目建设用地总量是比较合理的。

第三，旅游交通设施用地总量预测。包括两江民用机场扩建、旅游通用机场、高铁、高速公路、连接24个旅游产业改革试点项目的旅游公路、城市大运量快速公交（BRT）、自驾车营地以及各个景区内交通设施等建设用地。依据《桂林市城市总体规划（2010—2020）》《临桂区土地利用总体规划（2006—2020）》《桂林世界旅游城概念规划》，规模期末临桂区重点旅游片区旅游交通设施建设用地量总需求为1552.00公顷。根据业主上报的24个旅游产业用地项目中对交通规划用地的需求量为318.62公顷。加上旅游通用机场200公顷和旅游公交、自驾车营地等设施建设用地183.65公顷，则规划期末临桂区重点旅游片区旅游交通设施建设用地总量为2254.27公顷。项目用地规模具体如表4–11所示。

表4–11　旅游交通设施重点项目用地规模

序号	建设项目	建设性质	建设规模	选址
1	桂林—三江高速公路（临桂段）	续建	49.00千米	临桂镇、五通镇、中庸乡、宛田瑶族乡
2	桂林—河池高速公路（临桂段）	新建	30.00千米	两江镇
3	临桂至苏桥公路（临桂段）	续建	19.00千米	临桂镇、四塘镇、两江镇
4	雁山—临桂（临桂段）	新建	12.00千米	临桂镇
5	临桂区临桂镇岩塘至两江镇大山图公路	续建	13.04千米	临桂镇、两江镇
6	桂阳路—会仙工业区	新建	5.82千米	会仙镇
7	两江—五通公路	改建	23.20千米	两江镇、五通镇
8	灵川定江至永福苏桥公路（临桂段）	新建	30.00千米	四塘镇、临桂镇
9	旅游通用机场	新建	200.00公顷	会仙镇或两江镇

续表

序号	建设项目	建设性质	建设规模	选址
10	大运量快速公交系统（BRT）	新建	10.00 公顷	临桂镇、两江镇、四塘镇、五通镇
11	自驾车营地	新建	6.00 公顷	两江镇、五通镇、四塘镇、中庸乡、会仙镇、六塘镇
12	其他交通设施	新建	83.00 公顷	

第四，旅游项目使用林地规模预测。旅游项目使用林地规模预测主要是针对《临桂区旅游产业用地改革试点项目用地现状调查统计表》以及《临桂区旅游业发展总体规划》《桂林世界旅游城概念性规划》所规划的项目，主要包括罗山湖体育旅游开发利用建设项目、桂林凤凰体育运动休闲旅游区、桂林义江国际旅游生态园、桂林义江缘旅游度假区、桂林中华神农农耕文化产业园、五通农民画旅游休闲产业项目、两江国际生态园、蝴蝶谷景区、中庸泗林义江休闲度假区、六塘文化创意产业园、会仙七里坪南方大草原运动拓展项目、红溪旅游景区、广福原始森林度假区、十二滩景区、六塘岚岩冰川遗址等 15 个旅游产业改革试点项目；此外，旅游交通设施、配套设施、旅游公共服务设施以及生态旅游项目等亦需使用到林地。根据对旅游项目的统计，共需使用林地 4689.76 公顷，其中旅游设施用地 167.23 公顷、旅游景观生态用地（不改变林地性质用地）4523.53 公顷。

第五，其他旅游产业用地规模预测。除了旅游之外的现代服务业用地预测依据的是《桂林世界旅游城概念性规划》《桂林服务业发展十二五规划》《临桂区国民经济和社会发展第十二个五年发展规划纲要》等规划列出的项目。临桂服务业重点发展区域为临桂镇、会仙镇、四塘镇、中庸乡、五通镇、两江镇、两江机场附近；重点发展服务业为文化产业、社会化养老、商贸服务、现代物流、金融业、商务会展、医疗保健、体育服务、农业科技服务业等。经统计，除了旅游之外的现代服务业项目设施用地总量为 632.90 公顷（不包括原有 24 个旅游产业改革试点项目用地）。

第六，旅游综合服务设施用地预测。旅游公共（公益性）服务设施及综合服务设施用地预测依据的是《临桂区旅游业发展总体规划》《桂林世界旅游城概念性规划》《桂林服务业发展十二五规划》《临桂区国民经济和社会发展第十二个五年发展规划纲要》所规划的临桂新区旅游综合体、宛田旅游服务集散中心以及各类公益性自驾车营地、公共厕所、旅游咨询中心、旅游救援中心、旅游公交站等项目。经统计，各类旅游公共（公益）服务设施及综合服务设施用地总量为 425.16 公顷。

②最终旅游产业用地预测结果。

根据上述预测方法和预测结果，并充分考虑临桂区 2014—2020 年旅游产业发展潜力，最终确定旅游产业用地总量为 23128.04 公顷，其中旅游城镇建设用地为 6107.10 公顷，24 项主要旅游产业改革试点项目用地总量为 10524.58 公顷（其中旅游设施用地 3115.86 公顷，已获得供地的旅游设施用地是 250.18 公顷，需新增旅游设施用地为 1443.39 公顷），旅游交通设施用地 2054.27 公顷，旅游公共（公益性）服务设施及综合服务设施用地 425.16 公顷，旅游景观生态用地、现代服务业等其他旅游产业用地 3956.93 公顷。

2. 旅游用地调整与优化

（1）旅游用地分类。

旅游用地是国土资源的重要组成部分，是指直接用于旅游活动的用地空间和间接服务于旅游发展的用地空间，其中前者主要指为旅游产品及其配套服务设施提供支撑的用地，后者主要指为旅游发展服务但用地性质不发生改变的用地空间。因此，旅游产业用地可分为旅游设施用地（直接旅游产业用地）、旅游景观生态用地（间接旅游产业用地）两大类。

①旅游设施用地。包括与旅游资源开发密切相关的游览设施、基础设施、服务设施和管理设施用地，以及旅游商品生产设施等用地，如游客餐饮场所、宾馆（酒店）、旅游专用道路，景区景点游客服务中心、游客广场、游客休息点、医疗点、固化停车场和景区内等级公路等。其中，游憩设施用地是以观光、休闲度假、养生设施为主的用地，主要包括：历史文化游览设施用地，如遗址遗迹用地、历史建筑用地等；休闲游憩设施用地，如游憩设施用地、娱乐设施用地、文艺设施用地、体育设施用地、旅游民俗村、旅游博物馆、主题公园、体育休闲公园、滑雪场、汽车营地等；养生度假设施用地，如度假村、康体疗养中心、度假养老中心等。旅游基础设施用地主要包括：旅游交通设施用地，如对外交通道路用地、内部交通线路用地（景区内

等级公路）、交通集散地用地（游客广场）和交通附属设施用地等；其他旅游基础设施用地，如给水排水排污设施用地、能源设施（电力等）用地、通信设施用地、加油站等设施用地和医疗设施用地等。旅游服务设施用地主要包括：旅游接待设施用地，如旅游住宿设施用地、旅游餐饮设施用地、游客广场和旅行社用地等；旅游商贸设施用地，如旅游定点购物商场和购物街等。旅游管理设施用地主要包括：旅游行政管理用地；旅游安全管理用地。旅游商品生产设施用地主要包括：旅游纪念品生产用地、旅游专用地方土特产加工用地；旅游设备专门生产基地。

②旅游景观生态用地。主要是指与旅游发展密切相关的自然景观和人工景观用地，在旅游发展中发挥景观与生态作用，用地的性质一般不发生改变，地面没有固化、土壤层没有遭到破坏。自然景观用地主要包括：地文景观用地，如岩溶景观用地、沙漠景观用地、火山景观等；水域景观用地，如江河景观、湖泊景观、瀑布景观、海域景观、冰川景观等；生物景观用地，如森林景观、草地景观、野生动物栖息地等。人工景观用地主要包括：旅游农田景观用地，如休闲农场；设施农业景观用地，如大型室内观光农园；旅游牧副渔业养殖基地，如垂钓的鱼塘。

为了与土地利用现状分类体系相衔接，将旅游设施用地作为建设用地的一类归入其他建设用地中，与城镇用地、农村居民点用地等地类相并列。但旅游景观生态用地由于其具有原有功能又有旅游功能，是复合用地，范围边界具有模糊性，一般在土地分类中无法独立出来，只能在用地管制方面提出促进旅游与其他功能协调发挥作用的措施与要求。但对于桂林这样的旅游产业用地改革试点区，可以探索建立将旅游产业用地作为一级类型，与农用地、建设用地和其他用地相并列的土地分类体系。

（2）旅游用地调整与优化。

旅游用地调整与优化主要是针对临桂区筛选出来的24个重点旅游产业改革试点项目，由于交通、公共服务设施、城乡旅游设施等用地难以最终确定，且在原有的土地利用规划、城乡规划、交通规划等相关规划中已对本规划的旅游交通、公共服务设施、城乡旅游设施安排有相应的用地指标，这些用地指标均符合原有规划要求，不需要做出调整。而24个重点旅游产业改革试点项目是本次规划的重点，在旅游用地方面需要得到保障，才能体现项目带动发展战略。因此，本次规划主要对24个重点旅游产业改革试点项目用地作为调整与优化对象。

①旅游设施用地调整与优化。24个旅游产业改革试点项目旅游设施用地3115.859公顷，已获得的旅游设施用地为250.1775公顷，需新增旅游设施用地为1446.391公顷。在新增的旅游设施用地中符合土地规划、城乡规划的面积为1700.521公顷，不符合土地规划、城乡规划的面积为292.94公顷。因此，本次规划主要是对不符合土地规划、城乡规划的292.94公顷用地进行调整与优化，如表4–12所示。

表4–12　旅游设施用地调整与优化方案（单位：公顷）

序号	项目名称	项目选址	旅游设施用地	新增旅游设施用地	不符合土地规划、城乡规划的面积	调整方案
1	桂林海吉星食尚港项目	临桂镇兰塘村洋田屯	120.28	114.70	114.70	修改土地规划，调出其他农用地和其他用地
2	桂林义江国际旅游生态园	两江镇琅琥村	50.00	33.33	22.30	修改土地规划，调出林地
3	桂林抗战文化产业园	临桂镇乐和工业园旁	18.50	13.30	8.69	修改土地规划，调出其他农用地和林地
4	世外人间生态养生项目	临桂镇麒麟村	70.00	53.00	12.00	修改土地规划，从园地和林地中调整出用地指标
5	桂林义江缘旅游度假区	五通镇仁和村委泗江自然村	18.79	8.79	8.79	修改土地规划，从园地和林地中调整出用地指标
6	会仙喀斯特湿地公园	会仙镇睦洞村	35	20	18.40	修改土地规划，调出未用地和农用地

续表

序号	项目名称	项目选址	旅游设施用地	新增旅游设施用地	不符合土地规划、城乡规划的面积	调整方案
7	中国–东盟（桂林）农业旅游休闲观光风情园	中庸乡高田村	26.00	10.00	10.00	修改土地规划，调出林地和其他农用地
8	桂林中华神农农耕文化产业园	临桂镇凤凰村委	20.00	15.00	12.00	修改土地规划，调出林地
9	银谷旅游生态度假项目	四塘镇谢家村	22.00	15.00	8.00	修改土地规划，扩大城镇规模边界
10	五通农民画旅游休闲产业项目	五通镇五里桥村	26.41	10.00	10.00	修改土地规划，调出林地
11	十二滩景区	宛田瑶族乡合作村	20.00	5.00	5.00	修改土地规划，调出林地
12	蝴蝶谷景区	宛田瑶族乡东宅江村	20.00	6.00	6.00	修改土地规划，调出园地和林地
13	红溪旅游景区	中庸乡怡乐村	15.00	8.00	8.00	修改土地规划，调出林地
14	中庸泗林义江休闲度假区	中庸乡泗林村	20.00	7.00	5.60	修改土地规划，调出林地
15	山水桂林国际旅游度假区		16.00	10.00	10.00	修改土地规划，扩大城镇规模边界
16	两江国际生态园	两江镇培塘村	42.70	10.00	9.28	修改土地规划，调出未用地和林地

续表

序号	项目名称	项目选址	旅游设施用地	新增旅游设施用地	不符合土地规划、城乡规划的面积	调整方案
17	六塘文化创意产业园	六塘镇诚桂村	17.00	12.00	8.18	修改土地规划，调出自然保留地、滩涂沼泽和牧草地
18	六塘岚岩冰川遗址	六塘镇保联村	7.5	5.00	5.00	修改土地规划，自然保留地、牧草地
19	大岩遗址展示园	临桂镇二塘村委小太平村	10.00	7.00	3.00	修改土地规划，调出荒草地
20	会仙七里坪南方大草原运动拓展项目	会仙镇七里坪村	20.00	10.00	8.00	修改土地规划，调出牧草地
合计			595.18	373.12	292.94	

②旅游景观生态用地调整与优化。在三大重点片区24个旅游项目中，旅游景观生态用地共有4389.66公顷，不需要调整原有土地性质和规划，在旅游景观用地优化中要充分利用农用地、未利用地作为旅游景观、旅游生态环境，以营造更加生态、更加文明的旅游环境。

3. 旅游用地管控

（1）旅游用地规划管控总体要求。

①建立科学的旅游用地分类标准。建立科学的旅游用地分类标准，将旅游用地分为旅游设施用地（建设用地）和生态景观用地（农用地和其他土地）两个大类，与土地规划管理分类、城乡用地分类等标准对照衔接，以土地规划管理分类标准为最终基准进行管理。

②建立有效的旅游用地规划管控机制。科学编制重点旅游片区旅游发展规划，重点解决重点片区、重大项目、旅游公共服务设施的突出用地问题，

与城乡规划、土地规划等相关规划有机衔接。建立逐年定期制定年度旅游用地供地指标和年终评估旅游用地情况的管控机制，根据旅游产业发展趋势和旅游用地情况适时对旅游用地规划做出调整。

③探索新型旅游用地开发模式。结合土地流转政策，积极探索新型的旅游用地开发模式，探索农民利用集体土地参与旅游开发收益的新路子。结合城镇低效用地开发，拓展城镇旅游产业用地空间。

④实施差异化的旅游用地管控政策。根据现有相关政策文件的规定，对不同类型旅游项目的用地实施差异化的管控政策。优先保证重大重点项目和旅游公共服务设施项目的用地。对“既征又转”（改变土地所有权和转变土地用途）的用地，依据土地利用规划和城市规划依法实行土地征收转用，依据建设用地控制指标，严格控制建设用地规模、严禁占用耕地特别是基本农田。根据不同用地规模和特点的旅游项目实行不同的供地管理方法和审批流程。

（2）用地管控措施。

①建立土地利用总体规划定期评估、适时修改机制。根据“31条”第7、9、13、18条政策，结合土地利用总体规划的制定和调整，实行集体土地统一先行征收、政府储备、适时转用，降低项目开发土地征用与农地专用同时运作的难度。同时，对旅游项目用地可采取一次性审批方式，根据土地利用总体规划和年度计划，分批次办理旅游项目土地使用手续，按建设规划分期出让、分期发证。旅游开发原则上应避免和减少占用耕地，对旅游开发不得不涉及占用少量耕地的部分项目，要积极探索适用于旅游产业发展的跨地域耕地开垦的补偿占补平衡新机制，在批准允许开发占用耕地后，应将所占耕地的耕作层土壤用于新开垦耕地，并以经济补偿的方式，到异地“补偿造地”，确保实现耕地占补平衡的目标，确保项目开发用地需求。

②确保基本农田和耕地数量不减少、质量不下降。在进行旅游项目的开发和建设时，旅游设施用地的布局禁止占用基本农田，在确保耕地保有量的前提下旅游项目的建设应最小化占用耕地；在不破坏耕地层的基础上进行旅游生态景观用地的开发和利用，确保基本农田和耕地的质量不下降。

③严格控制旅游设施用地建设规模。建设用地为旅游产业的发展提供了保障，在进行旅游开发和建设时，要严格控制建设用地的使用强度，建筑密

度和容积率要按照旅游业相关标准进行限制，对旅游景区范围内的亭台楼阁等小型旅游设施用地，单体面积控制在150平方米以下，总用地面积不超过20亩，旅游项目中的旅游设施用地比例应控制在30%以内。

④旅游项目开发应避开保护区的核心区域。旅游项目的开发与建设涉及自然保护区、森林公园、地质公园等保护区时应以保护为前提进行开发，禁止将开发延伸到保护区的核心区域。

⑤规范旅游项目用地审批手续。旅游项目用地可按照批次用地方式办理农用地转用手续；涉及土地征收的，依法办理土地征收审批手续；根据旅游项目实施情况，国有农用地、未利用地可采取招标拍卖挂牌出让、租赁等方式有偿提供给旅游项目建设开发者使用；旅游设施建设需要占用符合土地利用总体规划的国有未利用地，由桂林市人民政府依据土地利用年度计划批准使用；使用集体未利用地，不涉及土地征收的，由桂林市人民政府参照使用国有未利用地方法办理。

⑥在旅游小镇和乡村旅游用地上实现突破。根据“31条”第12、13、14、16条政策，充分发挥旅游对带动社会主义新农村建设的积极作用，结合旅游小镇、乡村旅游生态社区的建设发展，建立和完善集体建设用地留用和使用权流转制度，探索农村集体建设用地使用权进入市场的途径，着力对土地流转机制、管理机制、风险防范机制的改革创新，建立土地征收和农地转用相对分离制度，还可以利用旅游生态循环经济试点，采取建设生态湿地等方式，调整土地占用规划，切实增强政府对土地供应的调控能力，以保障项目用地需求。

⑦建立旅游项目准入退出、滚动管理机制，确保旅游项目顺利推进。对于已获得立项且属于本规划的项目，由于各种原因未能按照投资计划开工建设的，实行项目退出，将退回的建设用地指标分配给其他有实力且具有开工建设的项目，支持符合支撑（重大）旅游项目和重点旅游项目条件的旅游项目进入。

⑧旅游产业用地分类管控。第一，旅游景区中未改变农用地、未利用地用途和功能以及未固化地面、未破坏耕作层的生态景观用地，及道路宽度未超过6米或路基宽度未超过6.5米的景区道路等用地，可依照《土地利用现状分类》（GB/T21010—2007），按实际地类管理，不办理农用地转用手续。

第二，与旅游资源开发密切相关的基础设施、服务设施和管理设施等旅游设施用地，包括游客服务中心、游客广场、游客休息点、医疗点、固化停车场和道路宽度超过6米或路基宽度超过6.5米的景区道路，以及服务于旅游项目的会议、餐饮、住宿等地产开发项目用地，均按建设用地管理，严格办理审批手续。

⑨充分利用低丘缓坡等未利用地、低效用地再开发旅游项目。根据"31条"第9、16、18、19、20条政策，在建设投资和绿化工作到位的条件下，对以出让方式取得旅游景区（点）及附近国有荒山荒地的土地使用权，并用于旅游基础设施建设或旅游资源开发的，可减免出让金，国有土地使用权期限为40年，期满后可以申请续期。给予一定量的建设用地指标。涉农旅游项目鼓励项目业主采用"只征不转""先租后让""先租后转""先补后征"等方式进行开发。同时，建立荒地荒山旅游生态化开发的土地运行机制，对有效利用荒地荒山进行旅游开发建设，积极进行恢复林草植被等生态环境保护建设的旅游项目给予支持。

（六）重大旅游项目管理研究

1. 建立项目准入退出机制

（1）旅游项目准入条件。

①凡国家法律、法规未明令禁止和限制的旅游投资领域，应向国内外所有投资者开放，县政府及各部门不能自行设置障碍、垄断投融资活动、阻碍其他投资者的进入；对所有投资主体在国家没有禁止和限制的产业领域投资，在市场准入方面一视同仁，享有同等待遇。

②严格土地利用总体规划用途管制，已列入市、县或乡镇级土地利用总体规划文本、清单、规划图情形之一或列入《规划纲要》已落实规划空间的旅游项目，其用地视为符合规划，准许进入《临桂区重点旅游片区发展规划》实施范围。

③在《临桂区重点旅游片区发展规划》范围外的旅游产业项目选址、建设内容、用地规模，确需调整修改土地利用总体规划的，应在确保耕地保有量和基本农田不减少、耕地质量不降低、建设用地规模不增加的前提下，编制调整或修改方案，经听证、论证后，并报原土地利用总体规划审批机关备

案后准许进入《临桂区重点旅游片区发展规划》实施范围。

④投资内容重点为休闲度假、健康养生、生态旅游三大旅游产品，且土地利用符合《临桂区土地利用总体规划（2006—2020）》的。

（2）旅游项目退出机制。

已经进入《临桂区重点旅游片区发展规划》范围内的重大项目，有以下情形之一的，予以退出规划实施范围：已获得供地指标，一年内不开工建设的；违规占用农用地的；在年度目标绩效考核中，连续两年不合格的；以旅游名义大规模开发房地产项目的；对因市场前景、征地拆迁、建设资金等原因导致推进缓慢的项目，滚动调出重大项目计划，同时增补符合条件的项目，纳入重大项目计划予以支持。

2. 重大旅游项目确定

（1）重大旅游项目筛选基本条件。

临桂区旅游资源丰富，区位优越，落户临桂的旅游产业项目非常多，为了突出重大带动辐射功能，特筛选一批对临桂区旅游起到引领和辐射带动功能的旅游项目作为2014—2018年重点推进建设项目，入选标准只要符合以下的其中一条即可：列入广西壮族自治区发展改革委统筹推进重大项目；列入《2014年自治区层面统筹推进的重大项目》（桂政办发〔2014〕14号）；列入《广西壮族自治区重点旅游项目表（2013—2017年）》；列入《规划纲要》；被桂林市政府列入统筹推进的市级重大旅游项目；列入临桂区县委、县政府重点推进的旅游项目；列入桂林市发展改革委立项项目或市国土、旅游局认可的项目。对投资规模大、带动效应强、前期工作完备的重点旅游项目列入本规划重大旅游项目清单的，享受相关政策扶持。

（2）前置条件。

入选重大旅游项目清单的，需要尽快完成投资许可、项目选址、用地预审、项目立项、项目可行性研究报告、水保、占用林地、项目环境影响评估报告、项目规划（总体规划或详细规划）等前置工作，且获得政府相关部门审批文件。

3. 重大旅游项目分类

加强临桂区重点旅游片区旅游产品体系建设，必须有一批旅游产业改革试点项目作为支撑。因此，要抓住建设临桂区重点旅游片区的良好机遇，始终坚持高端发展原则和国际化发展战略，高起点策划、高水平规划、高标准建设一批旅游项目，才能为建设商务会展、休闲度假、健康养生的旅游目的地提供强有力的支撑。

为此，临桂区重大旅游项目开发建设可以分为自治区级重大旅游产业改革试点项目、市级重大旅游产业改革试点项目和县级旅游产业改革试点项目。筛选的主要原则和条件为：第一，自治区和市级重大旅游项目。包括列入自治区统筹推进重大项目，列入《规划纲要》项目，列入《广西壮族自治区重点旅游项目表（2013—2017）》项目，已落实投资主体及列入市、县领导重点联系项目，列入桂林市旅游总体规划、土地利用总体规划、城市总体规划等相关规划项目。第二，县级重大旅游项目。包括列入临桂旅游发展规划及相关规划的重点项目，代表未来旅游发展方向的项目，具有很强的引领临桂区旅游发展能力的项目，具有较强投资实力企业主体的项目，能够发展成为国际级乃至世界级旅游品牌的项目，符合国家发展新型产业业态政策并能引领新业态发展的项目。

4. 重大旅游项目清单

临桂区重点旅游片区重大项目共 24 项，续建 7 项，新建 15 项，储备项目 2 项，其中旅游产业改革试点项目 22 项、旅游综合性项目（旅游城镇项目）2 项；总投资为 719.23 亿元，总用地规模为 10524.58 公顷，其中旅游设施总用地为 3115.86 公顷、旅游景观生态用地 7408.72 公顷，已取得建设用地指标为 250.18 公顷，尚需新增旅游设施用地指标为 1446.39 公顷。筛选出的 24 项项目中，自治区级、市级重大项目 18 项，作为优先推进建设项目，县级 6 项。

综合考虑项目供地实际、重要性、发展潜力、用地集约及临桂区土地利用总体规划等因素，临桂重点旅游片区重大项目旅游产业用地保障次序为：第一序列，临桂新区旅游产业用地；第二序列，临桂区重大重点旅游产业用地；第三序列，列入自治区重大重点旅游产业用地（原则上不应占用县里用地指标）；第四序列，占用国有土地的旅游产业项目。

根据以上条件，列入自治区和市级重大旅游项目共 18 项，其中续建项目 7 个，新建项目 11 个。项目总投资 648.63 亿元，总用地面积为 7241.22 公顷，其中旅游设施用地（建设用地）为 2106.66 公顷，已获得旅游设施用地

（建设用地）指标为250.18公顷，需新增旅游设施用地（建设用地）指标为1183.39公顷。

5. 政策支持

列入重大旅游项目清单的旅游项目，在旅游项目建设过程中享受以下优惠政策。

（1）规划调整政策。

重大旅游项目选址、建设内容、用地规模列入《临桂区重点旅游片区发展规划（2014—2020）》，确需调整修改土地利用总体规划的，应在确保耕地保有量和基本农田不减少、耕地质量不降低、建设用地规模不增加的前提下，编制调整或修改方案，经听证、论证后，并报原土地利用总体规划审批机关备案实施。

（2）土地征转政策。

重大旅游项目旅游景区中未改变农用地、未利用地用途和功能以及未固化地面、未破坏耕作层的生态景观用地，及道路宽度未超过6米或路基宽度未超过6.5米的景区道路等用地，可依照《土地利用现状分类》（GB/T21010—2007），按实际地类管理，不办理农用地转用手续。根据旅游项目实施实际情况，国有农用地、未利用地可采取招标拍卖挂牌出让、租赁等方式有偿提供给旅游项目建设开发者使用。

（3）土地指标使用政策。

重大旅游项目旅游设施建设需要占用符合土地利用总体规划的国有未利用地，由桂林市人民政府依据土地利用年度计划批准使用；使用集体未利用地，不涉及土地征收的，由桂林市人民政府参照使用国有未利用地办理。

（4）旅游设施用地政策。

重大旅游项目对旅游景区范围内的亭、台、楼、阁等小型旅游设施用地，单体用地面积在150平方米以下，总用地面积不超过20亩，且不涉及占用耕地和征收的，由桂林市人民政府审批，报自治区国土资源厅备案后实施。

（5）用地强度政策。

根据城市总体规划、控制性详细规划和规划部门出具的规划条件，合理确定旅游景区内和江河、湖泊、水库、山体等旅游资源周边建筑密度、容积率等控制标准，确有需要的容积率可以小于1，采取灵活的供地方式，确保重大旅游项目建设用地需要。

（6）优先供地政策。

在符合土地利用总体规划的前提下，选择不占用基本农田、土地坡度在6°以下所占比重不超过20%、占用耕地比例不超过30%、具有一定规模具备成片开发利用条件的低丘缓坡荒滩等未利用地进行旅游项目开发建设的重大旅游项目优先供地。

（7）利用集体农用地、未利用地政策。

在不改变土地用途的前提下，利用集体农用地、未利用地发展旅游，景区总用地面积在10.00公顷（含10.00公顷）以下的，报县国土资源局审核，县级人民政府审批，市国土资源局备案后实施；景区总用地面积在10.00公顷以上的，报市国土资源局审核，市人民政府审批后实施。市城区范围内利用集体农用地、未利用地发展旅游的，报市国土资源局审核，市人民政府审批后实施。

（8）发展新业态旅游项目用地政策。

发展体育休闲公园、大型主题公园等重大旅游项目的，在符合土地利用总体规划、不占用耕地特别是基本农田、维护农民合法权益并依法办理用地手续的前提下，加强引导，合理布局。对使用荒山、荒坡、滩涂、废弃矿山、石漠化土地发展旅游业的，优先安排用地指标。

（9）特殊旅游项目用地政策。

对旅游项目用地符合单独选址条件的可按单独选址项目报批用地；植物观赏园、农业观光园、森林公园、绿地水体等项目用地及其他旅游项目用地中，未改变原农用地用途和功能的，经自治区人民政府批准，可以不办理农用地转用审批手续。在投资和绿化工作到位的条件下，对以出让方式取得旅游景区及附近荒山荒地使用权并用于旅游基础设施建设或旅游资源开发的，国有土地使用权期限为40年，期满后可以申请续期。

（10）自治区统筹推进重大项目用地政策。

属自治区统筹推进重大项目的，对旅游基础设施建设占用耕地的（不含基本农田），其耕地开垦费按自治区耕地开垦费标准的下限收取；对占用25°以上涉及退耕还林的坡耕地进行旅游项目开发建设的，可暂不实行占补平衡。以出让方式取得土地使用权的各类旅游用地，可以依法转让、出租和抵押；以租赁方式取得土地使用权的，土地租金可以按年度缴纳。

（11）农村土地流转政策。

允许农村集体经济组织和村民利用集体建设用地自主开发旅游项目（房地产开发项目除外）；在土地所有权、使用权明确的前提下，支持农村集体经济组织和承包人利用非耕农用地、林权、集体土地承包权，在不改变土地用途的前提下以作价出资、投资入股、租赁方式与开发商合作开发旅游项目；对符合土地利用总体规划和保护自然生态环境的旅游项目，在不改变农用地性质的前提下，用地者可通过土地流转方式获得使用权。

第五章

世界级旅游城市旅游富民实践：漓江流域富民项目规划研究

坚持大众旅游的人民性，构建城景一体、城乡共荣、主客共享的现代化城市新空间是世界级旅游城市发展的终极目标。城市首先是市民的城市，当地老百姓有了经济社会发展的获得感，有了幸福感满满的高品质生活，异国他乡的游客愿意到访，乐于停留，城市才会成为主客共享的美好生活新空间。桂林历史悠久、人文底蕴深厚、商贸发达，长期居于广西和周边地区的经济社会和文化中心位置，然而多年来桂林市民尤其是漓江流域的市民从旅游当中获益并不多。

2009年，笔者主持编制了《漓江流域富民项目旅游规划》，对漓江流域旅游富民进行了详细而深入的调查、规划，从实施效果来评估，当年的规划目标基本实现。这对世界级旅游城市桂林以人民为中心，实施“主客共享”旅游发展，依然具有重要的参考价值。为了保持当年规划的原创成果，本书所节选的部分依然全文保留原规划数据及内容。

一、漓江流域乡镇经济社会发展现状调查分析

桂林市和阳朔县作为漓江精华段的两头，通过漓江旅游带来了广大的客源，实现了旅游业的大发展，而同属漓江沿岸村落却难以参与到旅游发展带来的利益分配中，不仅如此，他们还必须为保护漓江而严格遵守政府的规

定，不允许在江边可视范围内进行种养等经济活动。沿江农民都是以种田、种果、打渔为生，农业上以种树养殖为主，空有土地、山林却不能从事有效的生产经营。因此，沿岸农民的生活水平较低，甚至比不上非漓江沿岸乡镇居民的生活水平。沿江村民有保护漓江生态景区的责任和义务，却不能享受到火爆的漓江生态旅游所产生的巨大效益，甚至连自有的资源都不能开发。

针对这样的情况，广西壮族自治区旅游局和桂林市旅游局组成联合调查组，深入沿江4县11个乡（镇）进行调研。调研组召开座谈会3次，访问乡村干部及群众代表100多人次，走访了大部分村落，宣传政府富民理念，广泛听取群众的意见和要求，并仔细查看了各村镇的自然生态等环境，在充分了解情况的基础上，针对有关问题进行了反复协商、讨论、研究。调查结果表明：近年来，漓江的自然生态环境保护取得了较好的成绩，但是漓江沿岸的经济、社会发展相对比较滞后。

（一）地理位置

漓江流域位于广西壮族自治区东北部，“湘桂走廊”西南端，南岭山地西部，地理坐标为东经110° 10′~110° 40′，北纬24° 40′ ~25° 40′。漓江源自兴安、灵川两县交界的猫儿山，流经桂林地区的兴安县、灵川县、平乐县和桂林市区及阳朔县，整个风景区长达188千米。其中，兴安至桂林市区为上游，长105千米，桂林市区至阳朔为漓江游览风景区，长83千米。

（二）气候条件

桂林市地处低纬度地区，属中亚热带季风气候区，全年气温较高，热量丰富，雨量充沛，光照充足，四季分明，雨热基本同季，气候条件十分优越，适合于热带岩溶发育。从风景旅游角度看，一年四季均适宜于开展活动，并且随着季节、昼夜、早晚的不同，桂林山水的景色千变万化。

（三）社会经济情况

经调研，漓江沿岸的兴安县、灵川县、桂林市、阳朔县、平乐县的大河乡、草坪乡、福利镇、兴坪镇、普益乡、杨堤乡、大圩镇、三街镇、溶江镇、华江乡、平乐镇等11个乡镇中，2020年末总人口461158人，其中乡村从业人员164612人；年末耕地面积17413公顷，水田占14487公顷，农作物播种面积66611公顷，其中粮食作物播种面积30200公顷、稻谷播种面积21113公顷、经济作物面积3221公顷；粮食总产量144482吨，水果总产量212782吨，肉类总产量65462吨，蔬菜总产量3956356吨；猪出栏336709头，猪存栏234748头，牛出栏10512头，羊出栏48858头；水产品总量10287吨。财政总收入36059万元，人均纯收入17132元（与全市农民人均纯收入为基本一致）（数据来源于《桂林经济社会统计年鉴2021》）。

（四）漓江沿岸重要乡镇的基本情况

1. 华江瑶族乡

（1）社会经济基本情况。

华江瑶族乡成立于1985年9月1日。全乡辖9个村民委员会、163个经济合作社。全乡总人口为1.62万多，农业人口占多数，居住着汉、瑶、壮、苗4个民族，其中瑶族人口有6589多人。

（2）乡镇企业经济情况。

华江瑶族乡随着改革开放的不断深入，投资更加完善，社会稳定进步，发生了巨大的变化。华江瑶族乡大力实施“工业兴乡”战略，依托山区丰富的竹资源，走山上搞开发、山下搞加工、山外找市场的发展道路，大力发展以竹木加工为重点的乡镇企业。目前，华江瑶族乡已成为桂北最大的竹木板材生产基地。

（3）乡镇基础设施建设。

交通、通信得到基本改善。全乡9个村有6个村道路柏油化，有两条主干柏油公路全长40千米，建成村级四级公路，4条全长108千米，实现村村通车，林道贯通各岭各箐。全乡已开通程控电话、无线寻呼及移动电话。

目前，华江乡共建有水电站9座，总装机容量为2200千瓦，已架通白竹至华江17千米3.5万伏高压电路和乡内4条全长50千米的1万伏电路，并开通了大电网，彻底解决了全乡工农业生产和群众生活的电力需求问题。

2. 溶江镇

（1）区位环境。

溶江镇地处兴安县西南部，全镇辖11个村委、一个街委，行政区域面积246平方千米，总人口5.3万人。溶江是一个历史悠久的文明古镇，是灵渠注入漓江的结合部，早在秦汉时期，这里就筑城戍疆，至今还保存着秦城和古汉墓群遗址。这里四面环山、中间平川，322国道和湘桂铁路纵贯全镇，成为沟通湘桂的咽喉要塞。溶江北距兴安县县城25千米，南距桂林市区35千米、两江国际机场60千米，西距旅游胜地华南第一峰猫儿山40千米，是桂北地区商品运输及旅游观光的必经之地。

（2）资源状况。

溶江是一个巨大的天然宝库，蕴藏着金、银、铁、铝、铜、大理石等矿产资源以及毛竹、杉木、杂木等森林资源。其中金矿的储量大，极富有开采价值；每年可生产毛竹300多万根，原木6000立方米，是兴安县最大的竹木生产、集散地。水资源也十分丰富，是漓江、珠江二大水系之源，素有“九江八水一条河”之称。在稳定粮食生产的同时，溶江大力调整农业产业结构，发展名、特、优水果，形成了百里长廊花果飘香的特色。仅葡萄种植面积就达3万亩，年产量4.25万吨，是华南最大的葡萄生产基地，享有“南方吐鲁番”的美誉，葡萄已经成为全镇农业经济的支柱产业；发展以三元杂瘦肉型猪花为主的养殖业已成规模；修建沼气池3500多座，沼气入户率42.7%，其中莲塘村委被列为全国生态能源示范村。初步形成了“养殖—沼气—种植”为一体的生态农业格局。

3. 大圩镇

（1）区位。

大圩位于漓江东岸，东北方向距桂林市和灵川县城分别为17千米、30千米。东邻潮田乡，南界桂林雁山区柘木镇和草坪乡，西接雁山区朝阳乡、柘木乡，北与灵田乡、海洋乡接壤，系大圩、毛洲两村委和镇党、政机关驻地。

（2）气候。

大圩处于漓江河床丘陵地带，属亚热带季风气候，气候温和，雨水丰沛，年平均气温19.2℃、降雨量1594毫米，无霜期338天，适宜亚热带各种农作物生长。漓江由镇西北入境，在大圩南面与潮田河、马河汇合后，从西南方向出境直下阳朔，境内流程7千米。漓江在大圩西面形成两个江心岛——毛洲、大洲，面积约65公顷，是漓江河最大的江心岛之一。

4. 草坪乡

（1）基本概况。

草坪乡是桂林市雁山区所辖乡镇之一，也是广西唯一一个回族乡，位于桂林市东南的漓江东岸，距桂林市区约37千米。沿江风光旖旎，旅游资源丰富，紧邻漓江磨盘山内宾码头和竹江外宾码头，12.5千米漓江秀水蜿蜒其境。全乡风光秀丽，望夫山、九牛看三洲及冠岩等漓江精华景点在此不约而集，被誉为“青罗带上的一颗明珠”。

（2）社会经济环境。

草坪乡下辖3个村委会、1个居委会，共11个自然村。3个村委会分别为草坪村委会、潜经村委会、大田村委会。居委会管辖两个渔业组。全乡现有总户数1392户，总人口5654人，其中劳动力3978人。全乡有汉、回、壮、黎、侗、苗、瑶、土家8个民族。

5. 兴坪镇

（1）基本概况。

兴坪镇位于广西阳朔县东北部，距县城25千米，是隋唐以前古熙平县县治所在地，是一座历史悠久的古镇。兴坪依山面水，奇峰环绕，兴坪河在此汇流漓江，景色荟萃，古有“阳朔山水在兴坪”之说，是漓江风景的佳绝处，漓江上一颗璀璨的明珠。公元265年，阳朔地方分属尚安县、熙平县管辖，在漓江的中上游，熙平县治设在今兴坪镇狮子崴，公元590年迁到阳朔镇，此处仅作圩集，“熙平”经年深日久便渐讹传为“兴坪”。

（2）地形地貌。

兴坪景区的东北部位于海洋山脉边缘，地势较高，漓江自北向南穿越景区西部边缘。其间的地貌主要为中山地貌、低山地貌、丘陵地貌、岩溶（喀斯特）地貌。其中喀斯特地貌主要有峰丛洼地、峰林（峰丛）谷地、孤峰平原、溶洞和地下暗河，其景观是阳朔县内最重要的自然风景资源之一。

（3）气候。

兴坪景区地处北回归线以北，属中亚热带季风气候区，雨量充沛，日照充足。降雨量主要集中在 3 月至 8 月，气候特征是春暖光少、夏热雨多、秋高气爽、冬冷雨少。年平均气温 19℃，1 月最冷，月平均气温 13℃，7 月最热，月平均气温 28~30℃。

（4）河流水文。

兴坪景区的漓江属珠江水系，发源于兴安县猫儿山，经由桂林市雁山区草坪乡，于杨堤乡的官村流入阳朔县，经杨堤、兴坪、阳朔、福利、普益等乡镇，在普益乡的马草坪村流入平乐县境。漓江在阳朔县内的长度为 69 千米，在兴坪景区内为 20 千米。兴坪景区内还有漓江的重要支流大源河、胡家岩河和水鸡岩河，均在兴坪镇集镇的北侧汇入漓江。

6. 福利镇

（1）区位。

福利镇位于广西壮族自治区阳朔县城东部。福利镇距桂林市 70 千米，东与平乐县沙子镇、福兴乡交界，南与本县普益乡相邻，西与本县阳朔镇接壤，北与本县兴坪镇和恭城县西岭乡毗邻，距县城 8 千米。桂林至广州公路区内段 321 线横穿东西，漓江“钻石水道”纵横南北，水陆路交通十分便利。

（2）地形地貌。

福利镇辖区属岩溶地形，西北部多为石山，东部石山平地参半，余为平地。漓江两岸Ⅰ、Ⅱ级阶地平坦宽阔，阶地宽达 3.5 千米，地面标高介于 141~150 米之间，漓江江面放宽形成豆腐洲、白面洲、李家洲等沙洲沉积。

（3）气候。

福利镇地处低纬度，属中亚热带季风气候区，气候湿润，四季温和，雨量充沛，光照充足，冬无严寒，夏无酷暑，四季分明，冬短夏长。多年平均气温 18.7℃，最热月七月的平均气温 27~29℃，全年无霜期在 302~312 天，多年平均降水量 1894 毫米，日最大降水量 285.9 毫米，多年平均蒸发量 1390 毫米。相对湿度多年平均为 76%，月最小为十二月 68%，月最大为四月 82%，日最小为 4%。全年风向以偏北风为主，年平均风速为 2.57 米 / 秒。福利镇临近东亚大陆热带海洋边缘，夏季风时由太平洋、南海、孟加拉湾热带海洋气团带来大量降雨，致使春夏雨水多成为雨季；冬季风为西伯利亚大陆腹地及极地的干冷气团南下，故秋冬季降雨较少，成为干季。景区地处中亚热带东部常绿阔叶林带，动植物资源丰富。

（4）河流水文。

阳朔有大小河流16条，福利景区段为漓江下游。流经福利的漓江属珠江水系，发源于兴安县猫儿山，经由桂林市雁山区草坪乡，于杨堤乡的官岩村流入阳朔县，经杨堤、兴坪、阳朔、福利、普益等乡镇，在普益乡的马草坪村流入平乐县境。漓江在阳朔县内长度为69千米，福利景区段为漓江下游“钻石水道”。

7. 杨堤乡

基本概况。

杨堤乡位于阳朔县城北部，距县城38千米，离桂林市区50千米，总面积102.8平方千米，耕地面积9185亩，人均耕地面积不足0.8亩。全乡有7个村委和1个居委，38个自然村，85个村民小组，共3041户，总人口1.1万多人。人均年收入约1400元，主要经济来源仍为农业。

8. 平乐镇

区位。

平乐古称昭州，公元625年州、县治迁于此后一直为历代州、郡、府、署、县治之地，几度曾为桂东北政治、经济和文化中心。平乐镇素有“小梧州”之称，水运发达，上溯漓、荔、茶三江分抵桂林、荔浦、恭城，下沿桂江可达梧州、广州、珠海等地；陆路四通八达，桂（林）—梧（州）高速公路和323国道从平乐镇中部贯穿而过，东到梧州、广州，南到南宁、北海，北上桂林等地，交通十分便利。

二、漓江沿岸社会经济发展模式现状调查

社会经济发展模式决定经济前景。每个地区应根据自身情况，采用不同的经济发展模式发展当地经济，不同的经济发展模式能够给当地带来不同的经济影响。目前漓江沿岸的社会经济发展模式主要有以下几种。

（一）公司经营模式

兴安县森林生态和田园生态风光优美，适合休闲和开展生态旅游，所以兴安县乡村旅游基本上以生态休闲型为主，可细分为两种模式，一个是以“忘忧谷”为代表的森林生态休闲型，这种模式主要是利用良好的森林生态资源开发生态旅游产品，满足游客对恬静、幽雅环境的需求，达到放松心情、解除疲劳的目的，娱乐项目较少。另一个是以“乡里乐”为代表的田园生态风光休闲型，这种模式主要是利用其田园风光优势，开发参与性较强的娱乐项目，辅以开发其他观光旅游产品，更能体现乡村旅游的情趣，具有浓浓的乡村气息。但无论是森林生态休闲型还是田园生态风光休闲型，目前都属于公司经营模式。“忘忧谷”是由当地农民注册成立的瑶苑旅游开发公司经营管理的，而“乡里乐”则是由3个农民集资注册成立的乡里乐休闲山庄公司开发经营的。与“忘忧谷”相似的还有漓江风景区，整个景区统一由旅游公司进行管理，沿岸居民很少能够参与其中。

采取这种发展模式的弊端是：当地居民参与的面都很窄，他们主要是从事一些兜售农产品的活动，对如何参与开发乡村旅游采取观望态度，或者是受雇于当地的旅游开发公司，做些临时性的导游等工作。社区居民很难从旅游收入中受益，社区内部也没有成立旅游开发协会之类的协调职能机构。

（二）“公司＋农户”模式

毛洲岛地理位置优越，地形独特，适合发展农业生态旅游。岛上旅游由旅游开发公司进行规划。旅游开发公司还为当地居民提供资金装修房子，居民可在岛上发展农家旅馆，而公司每年从居民的营业收入中获取一定比例的收入。此外，岛上居民可为游客提供农家饭，从餐饮中获取收入。岛上农民依旧种植蔬菜、水果，到岛上游玩的游客可以进到地里采摘水果，这也是岛上农民的主要收入来源之一。

“公司＋农户”模式通过吸纳社区农户参与到乡村旅游的开发中，在开发浓厚的乡村旅游资源时，充分利用了社区农户闲置的资产、富余的劳动力、丰富的农事活动，增加了农户的收入，丰富了旅游活动，向游客展示了真实的乡村文化。同时，通过引进旅游公司的管理，对农户的接待服务进行规范，避免了不良竞争对游客利益的损害。

（三）“公司＋社区＋农户”模式

在这种模式下，旅游公司先是与当地社区（如村委会）进行合作，通过村委会组织农户参与乡村旅游活动，公司一般不与农户直接合作，但农户接待服务、参与旅游开发则要经过公司的专业培训，并制定相关规定，以规范农户的行为，保证接待服务水平，保障公司、农户和游客的利益。

（四）“农户＋农户”模式

在远离市场的乡村，农民对企业介入开发有一定的顾虑，大多数农户不愿把资金或土地交给公司来经营，他们更信任那些“示范户”。在这些山村里，通常是“开拓户”首先开发乡村旅游并获得了成功，在他们的带动下，当地农民从“示范户”那里学习经验和技术，在短暂的磨合后，就形成了“农户＋农户”的开发模式。这种模式通常投入较少、见效较快，在整条漓江旅游带的发展过程中几乎都可以看到这样的经济模式。

（五）“政府＋协会＋农户”模式

在兴安县政府的引导下，榕江镇主要发展葡萄种植业，必要的时候也为当地农民提供技术帮助。当地农民自发成立了果蔬协会，协会成员都是当地知识水平较高的农民。果蔬协会的主要职能是为当地农民提供葡萄种植技术和葡萄销售信息。近年来，榕江镇的葡萄种植业发展迅速却没有滞销现象，果蔬协会在其中起到了很大的作用。“政府＋协会＋农户”模式充分发挥了各个生产链的职能，政府负责引导方向，协会负责提供农户技术和信息方面的帮助，而农户则负责生产，三方共同合作使得葡萄产业从生产到销售都有了保障。

（六）“政府＋工厂＋协会＋农户”模式

兴安县华江乡政府因地制宜，根据华江乡多雨、多山、气温低等特点，引导当地农民主要发展毛竹生产。当地农民投资成立了100多家小型毛竹加工厂，还成立了竹文化协会，但由于缺乏资金，该协会并没有发挥其应有的作用。当地农民的主要收入来源于砍伐毛竹和到当地毛竹加工厂打工。“政府＋工厂＋协会＋农户”这一模式解决了农村剩余劳动力就业的问题，农民可以从毛竹生产中获得两次收入，大大提高了当地居民的生活水平。不足的是，华江乡缺乏资金和技术，当地的工厂都是实力较弱的小型工厂，工厂之间竞争多合作少，若能成立一家实力雄厚的大型企业，则这些问题都将会解决。所以，华江乡产业链的问题主要出现在工厂、协会这两个薄弱环节上。

（七）〝政府＋公司＋农村旅游协会＋旅行社〞模式

阳朔县大型实景演出“印象·刘三姐”就是采用这种模式，“印象·刘三姐”的演员主要是来自当地农民。这一模式的特点是发挥旅游产业链中各环节的优势，通过合理分享利益，避免了乡村旅游开发过度商业化，保护了本土文化，增强了当地居民的自豪感，从而为旅游可持续发展奠定了基础。具体的做法是：政府负责乡村旅游的规划和基础设施建设，优化发展环境；乡村旅游公司负责经营管理和商业运作；农民旅游协会负责组织村民参与地方戏的表演、导游、制作工艺品、提供住宿餐饮等，并负责维护和修缮各自的传统民居，协调公司与农民的利益；旅行社负责开拓市场，组织客源。

总而言之，漓江沿岸社会经济发展落后，主要是保护漓江和漓江陈旧的管理模式以及当地经济发展模式等因素共同作用的结果。若要改变漓江沿岸经济落后的现状，就必须为其找到合适的发展模式，让沿岸居民从漓江旅游的发展中真正受益。

三、漓江沿岸居民旅游态度调查研究

“不愿做神仙，愿做桂林人”，陈毅元帅的这一句肺腑之言，让全世界人民都无限憧憬桂林这座环山绕水的美丽古城，无限羡慕居住在漓江这一带青山绿水茂林处的两岸居民，羡慕他们世世代代歆享这块仙境般的神圣土地，祖祖辈辈相守于这片承载悠悠历史的风光宝殿。像世人臆想的那样，漓江沿岸居民家门口拥有如此优越的旅游资源，数量之多、质量之优、档次之高自然不在话下，沿岸村镇开发了各式各样的旅游景点，其中冠岩、乡吧岛以及数个国家 4A 级景区，这些旅游资源带动了漓江沿岸地区旅游产业的飞速发展。那么，旅游究竟能否成为漓江沿岸居民主要创汇的产业，是否真正给当地居民创造了良好的就业机会，是否真正让沿岸居民参与到其中并受益，而漓江沿岸居民对发展漓江旅游的态度又是怎样的……基于这一系列问题对于漓江旅游开发与保护的重大影响，调研组深入沿江兴安县、灵川县、桂林市区、阳朔县、平乐县的大河乡、草坪乡、福利镇、兴坪镇、普益乡、杨堤乡、大圩镇、三街镇、溶江镇、华江乡、平乐镇等11个乡镇进行调研。调研组走访了部分代表村落，访谈乡村干部及群众代表150多人次，发放问卷调查问卷（共发放问卷573份，回收问卷551份，有效问卷521份，其中大河乡21份、草坪乡53份、福利镇33份、兴坪镇74份、普益乡49份、杨堤乡63份、大圩镇52份、三街镇39份、溶江镇46份、华江乡42份、平乐镇49份，问卷有效率达90.9%），对沿岸居民群众进行了全面深入细致的调查访问，广泛收集整理群众意见和要求，掌握了较为系统可观的信息资料。在充分了解情况的基础上，针对有关问题进行了反复协商讨论和研究。

调查结果表明：漓江沿岸居民群众对保护漓江的重要意义认识越来越明确，思想越来越统一，而对漓江旅游开发问题上则表现出较为复杂的感情，既憧憬漓江旅游开发能让自己真正从中受益，又担心要为漓江开发进一步做出巨大牺牲。以下是本次调研活动的基本成果。

（一）漓江沿岸重要村镇基本情况

漓江沿岸重要村镇主要分布在兴安县的华江、溶江，灵川县及市区的三街、定江、大圩、柘木、大埠（竹江）、草坪，阳朔县的杨堤、兴坪、白沙、阳朔、福利、普益，平乐县的大河等多个乡镇。

1. 社会生活条件

交通方面。漓江沿岸村镇道路条件较差，有部分村庄至今未通机动车辆，而可以通车的道路绝大部分宽度不够、坡度不达标，道路路面不平整。村庄物资运转不灵，交通设施不尽完善。

文化方面。随意抽样问卷调查显示，521个被调查对象中，小学文化程度的有151人，初中文化程度的有183人，初中文化以下程度占64.1%。漓江沿岸居民中多数家庭子女仅上到初中，有些村庄甚至出现大学生零记录的情况，可见沿岸村镇知识上的欠缺与断层现象较为严重。

技术方面。由于当地居民文化水平普遍较低，在农业种植方面及养殖业方面多沿用传统经验或在电视上模仿自学技术，近六成农民表示无人指导全凭自己钻研摸索，政府部门下乡指导次数较少，收效甚微。

政策方面。漓江沿岸村镇所在的当地政府为了当地经济的发展积极探索，并制定了各种刺激经济发展的政策，但漓江沿岸村镇居民对于这些政策并不是很满意，尤其是那些生活条件较为贫困同时为漓江的保护与开发付出重大牺牲的村镇，虽然他们并不反对对漓江的保护开发，但他们也希望政府能制定更加积极的政策措施改进他们的生活面貌。

2. 旅游资源开发基本情况

漓江沿岸村镇拥有极为丰富的旅游资源，既有秀丽的自然旅游风光，也有历史悠久的古镇文化。一些开发较早的地区已经拥有相当规模的服务设施配套良好的景区，如冠岩、古东洞、神龙谷、乡巴岛、月光岛等。漓江沿岸旅游发展较为成熟的村镇，开发了遇龙河竹筏漂流、旧县古民居旅游、古板至蕉芭林生态农业旅游、自行车游等旅游项目。漓江沿岸的居民从漓江旅游开发过程中获得了一定的权益，但总的来说还是比较少。

3. 社会经济状况

漓江沿岸多数村镇以农业和林业为主要经济收入来源，调查数据表明，农业种植占六成，旅游业及外出打工占相同的三成比例。当地居民大多以种植业和经营果树为生，粮食作物以优质水稻种植为主，经济作物以金橘、沙田柚、黄皮果、板栗、柿子、橙子、温州柑、生姜、辣椒、玉米、花生等为主。

因为居住于漓江沿岸，无法发展大规模的家禽养殖，所以这里的养殖业并不发达，部分家庭承包小型鱼塘发展渔业作为辅助产业，也有相当比例的农户经济来源于搞运输、摆铺、打渔、做旅游船。而今，在漓江旅游开发的大环境下，农家饭庄、农家旅馆等也迅速发展，旅游业已成为农民增收的新兴产业。

在接受问卷调查的521人中，192人的家庭年人均收入在1000元以下，占36.85%；146人的家庭年人均收入在1000~2000元，占总数的28.02%；102人的家庭年人均收入在2000~3000元，占总数的19.58%；仅有81人的家庭年人均收入在3000元以上，占总数的15.55%。可见，漓江沿岸居民普遍处于较低的生活水平，生活困难群众的比例较高。

（二）漓江沿岸居民对旅游的态度

通过本次调研可以强烈地感受到，当地的居民尤其是生活社区周边开发旅游的居民有着强烈的旅游经商意识。在一些地方，上至六七十岁的老奶奶，下至几岁待学的孩童，无不积极地向来往的游客推销兜售各类旅游商品，当地的青壮年劳动力及中年妇女，每见到游客模样的路人，都会上前询问是否需要乘船游览漓江，同时相继给出极为低廉的价格招徕生意，或者跟在人群中热心做向导，并且不忘热情邀请游客去家里做客品尝当地农家特色饭菜。当然，这仅仅是调查组实地调查近距离接触当地居民所掌握情况的管中一窥。

1. 对漓江旅游的认知分析

漓江沿岸居民多数为常住居民，祖祖辈辈守着这条在广西甚至中国旅游业中有着举足轻重地位的漓江。基于对这条河流延系世代的深厚情感，多数居民对漓江的旅游开发持有支持的态度，当然首要前提是漓江能得以有效保护。

（1）对旅游知识的了解和掌握。

调查发现，漓江沿岸居民对旅游知识的了解和掌握是感性的、有限的和疏浅的，并且是分布不均、层次不等的。由于漓江沿岸居民的文化层次比较低，缺乏系统的旅游知识文化教育，他们对于旅游知识的了解和掌握主要来自自己对旅游活动的接触和政府少量的旅游文化知识宣传。对旅游文化知识有所了解和掌握的居民，主要集中在那些社区周边开发旅游，并且自己有幸参与旅游活动的社区，如灵川的大圩、毛洲岛，阳朔的杨堤、兴坪等，而社区未开发旅游或未能接触旅游活动的居民，他们对旅游文化知识的了解和掌握就谈不上了。在受旅游影响较大或参与旅游开发活动的社区内部，居民对于旅游文化知识的了解和掌握也是不均衡的。那些文化水平较高、头脑较为灵活，并且积极参与到旅游经营服务当中来的居民，他们对于旅游文化知识的了解和掌握会相对好一点，尽管如此，他们也只是懵懂地了解哪些是游客、游客为什么来游览漓江、游客有什么喜好等，但对于如何才能更好地招徕游客，如何才能让游客满意，如何做好旅游管理经营活动，如何协调好个人、集体和国家之间的利益等问题还缺乏应有的认识，导致了旅游接待服务和旅游收入水平低、旅游环境遭到不同层次的破坏、旅游各利益主体之间的矛盾激烈等。

（2）对漓江旅游的了解分析。

虽然缺乏对旅游文化知识全面而深刻的了解和掌握，但由于漓江旅游开发与保护与当地居民利益密切相关，再加上政府对漓江保护的宣传和执法工作日趋加强，以及与漓江旅游活动的密切接触，漓江沿岸的居民大多对漓江的旅游开发与保护都有着自己的见解。

一是对漓江魅力的认识。当被问及“过往游客最喜欢我们这里的什么东西”这一主观问题时，尽管缺乏备选答案，但绝大部分被访居民（76.31%）都能明确地认为是漓江沿岸优美的自然景观和良好的环境，他们认为，正是这个因素，众多的中外游客才会千里迢迢赶来这里旅游。

二是对漓江保护与开发带来的影响的认识。当被问及“漓江的保护与开发带来的影响”这一问题时，有43.51%的居民认为漓江的保护与开发对他们的家庭生活“没有影响”，52.89%的居民认为“主要是好影响”。而好影响主要体现在“环境变好”（24.14%）和“收入增加”（18.76%）两个方面。

三是对当前漓江两岸旅游开发与保护存在的主要问题的认识。如图5-1所示，在面对“漓江两岸旅游开发与保护”这一问题时，村民的意见主要集中在“村民获利太少”这一方面。绝大多数居民认为，自己祖祖辈辈生活在漓江上或漓江边上，并以漓江为伴、以漓江为生，生活自由而惬意，现在漓

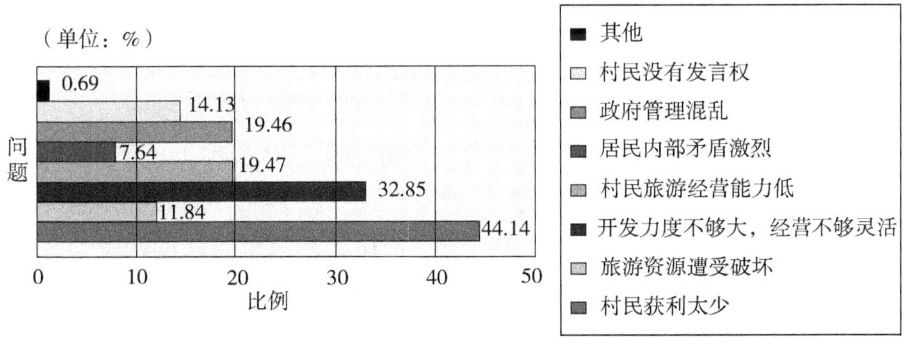

图5-1　当前漓江两岸旅游开发与保护存在的主要问题

江开发旅游，自己为了保护漓江做出了较大的牺牲，但自己从漓江的旅游开发中获得的权益太少，生活贫困，因此强烈地要求政府给以他们在生活各个方面的帮助和扶持。而“村民获利太少”又跟“开发力度不够大，经营不够灵活”“村民旅游经营能力低”“政府管理混乱”“村民没有发言权”等问题紧密相关，所以，这个问题的解决在一定程度上都寄望于政府改善漓江的旅游开发经营管理，进一步加大对漓江的旅游开发，允许甚至扶持帮助居民更多地参与到漓江的旅游开发管理当中来。

四是对如何才能更好地做好漓江两岸的旅游开发和保护工作问题的认识。如图 5-2 所示，在如何做好漓江两岸旅游开发保护工作方面，大家的意见集中于“统一开发经营管理”“加大两岸的旅游开发力度”“鼓励居民参与旅游开发”“加强两岸的环境保护”等几个方面，而对于“提高旅游生态补偿”“搞好政府部门与居民和居民之间的利益协调”“分散开发经营管理”则不太关注。

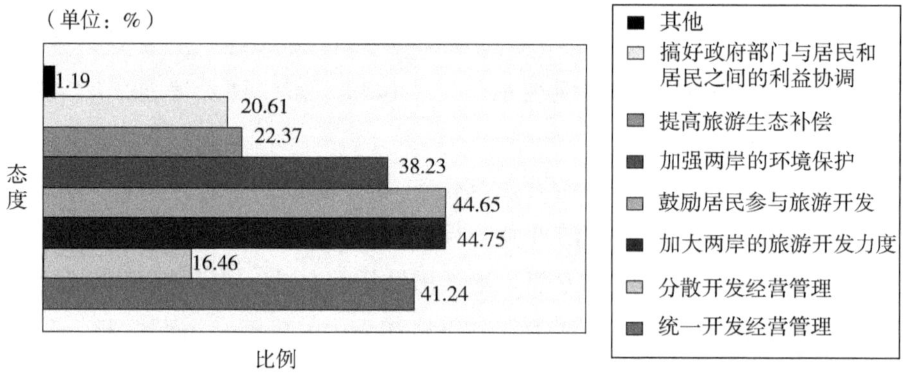

图 5-2　居民对如何做好漓江两岸旅游开发保护工作的态度分析

他们对于这个问题的认识，应该说是政府的旅游宣传管理与自己有限参与旅游服务接待和旅游经营管理活动体验的结果。从前面的问题可以看出，漓江沿岸居民对于漓江的旅游开发保护，主要关注其能否给自己带来更大的利益。而对于利益的获取，则主要是进一步加大和规范漓江的开发管理，并允许鼓励和引导他们积极参与进来，当然，漓江长期的旅游宣传和管理也使他们认识到，对漓江两岸环境的良好保护是他们利益的基本保障。

当地居民认为需要加大漓江两岸的旅游开发力度，漓江沿途这一路绮丽的田园风光理应为沿岸居民带来一定的额外非农业收入。他们纷纷表示，如果对漓江沿岸旅游资源能很好地规划布局，发展漓江沿途旅游，就既能吸收当地农民就业为当地农民创收，又能很好地宣扬环境保护意识，加强民众监督，鼓励农民为保护共同的生活环境努力，共同整顿控制漓江生态破坏行为。民众通过参与到漓江旅游业从中获益，能更好地认识到漓江开发保护的重要性，就不至于因缺少谋生出路而私下利用渔船从事非法载客经营或违法捕捞等不良现象，而诸如灵川非法采砂事件也不会令行禁不止。

虽然对于“搞好政府部门与居民和居民之间的利益协调”这一选项人们选择的不是很多，但就群众反映的情况看，这一矛盾问题其实十分突出。多数村民反映村干部及政府部门对漓江的旅游管理较为混乱，存在多部门多职能多重管理，权责利主体不明确，未出台相关新策略改善漓江旅游开发保护，未从群众切身利益着想，对于群众的困难不闻不问，而在利益分配上对群众的利益兼顾太少，偏离合理原则。可见在漓江旅游开发保护工作上，政府部门与居民的矛盾协调工作还任重道远。

“提高旅游生态补偿”选项并不为广大接受问卷的居民所选择，这可能与抽样调查有关。对于为漓江保护与开发做出较大牺牲的中上游居民的抽样比例比较小，另外，也可能与“旅游生态补偿”这一名词太过于专业有关。而且在不少地方，旅游生态补偿并未得到完全意义上的实行，有很多地方补偿力度不大、补偿形式单一，也造成了不少居民对生态补偿关注不大。其实“提高旅游生态补偿”与漓江沿岸居民的利益尤为密切。在一些村寨，每当降雨量大的时候，漓江水量暴涨，堤岸水毁严重，农民的田地受淹严重，收成锐减；封山育林项目的实施，使得村周围的山被划为公益林区，种植的树木用作绿化树不得砍伐……当地居民并未从漓江的旅游开发中获利，相反为景区建设做出了巨大的牺牲。

也有较少的人支持漓江进行“分散开发经营管理”，这是因为部分居民也认识到了漓江的分散开发经营管理给旅游市场带来的混乱，给大家带来了诸多消极影响。

2. 对漓江旅游的情感分析

（1）总体上支持对漓江两岸的旅游开发与保护。

如图 5-3 所示，绝大部分居民（88.83% 的被调查者）支持漓江两岸的旅游开发与保护，群众与乡村干部的意见非常统一，但凡明理之人均一致同意并坚决支持漓江两岸旅游开发与保护。在访谈中调查组了解到，经过多年的旅游开发与宣传保护，漓江两岸的居民对漓江已经有了较为深刻的认识。他们认为，漓江是其两岸居民的骄傲，这不仅是因为它为沿岸居民提供了基本的生活与生产用水，是他们生活和生产的基本保障，而且漓江是一条风景秀丽、举世闻名的河流，保护好漓江，也是保护好他们的美丽家园，同时可以吸引众多国内外游客，给他们带来一定的经济收入。因此，保护好漓江、发展好漓江旅游是一件造福于百姓的大事，漓江发展得好坏与当地居民生活息息相关。

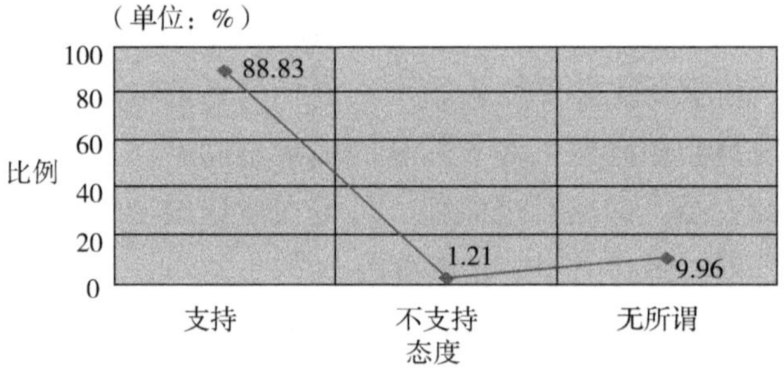

图 5-3　对是否支持漓江两岸旅游开发与保护的态度分析

（2）对漓江的旅游开发和保护现状不满。

一是对开发现状的不满。这主要体现在漓江中下游地区的某些村落，这些村落附近的漓江及其周边往往具有一定品位的旅游资源，但是政府不支持或者是不帮助他们积极开发，因此从中得到的收益较少甚至没有收益。阳朔留公村的部分村民反映，村庄外围的漓江段水流平静，绿树成林，遍布奇山，沿途风光与兴坪不相上下，但政府并未将这段水域划入漓江精华游的航线范围内，这招致了不少居民的不满与不理解，认为原本可以开发利用的旅游资源未创造应有的价值，原本可以改善的生活状况也停滞不前。

二是对管理制度的不满。有些居民眼看着自己的家门口每天旅游轮船鸣笛往返，成千上万的游客一年到头穿梭于漓江之上，想到那旅游带来的巨大经济利益，而自己却受制于监督管理，不能自由地参与旅游的经营服务活动，无法从漓江的旅游开发与保护中得到应有的实惠，因此难免心生不满。

三是对权益的分配不满。这种情绪尤其体现在漓江中上游的居民中间，因为他们为漓江的保护付出了较大的牺牲，却得到较小的回报。在漓江上游尤其是漓江源，他们为了保护漓江，积极响应配合政府的号召，越来越多的经济林划入了保护区，耕地面积也日益减少，其生活所依赖的毛竹生产和经营活动也因为病虫害和产品滞销的原因日益艰难。从数字上看，虽然村民的经济收入较过去提高了，实际的生活水平却下降了。华江乡同仁村干部提到，过去村里每天能卖 4 头猪肉，现在每天只能卖出 1~1.5 头，生活水平的变化显而易见。在灵川和阳朔漓江沿岸的个别村镇，由于旅游开发力度比较大，村民对于漓江旅游权益分配的体验更为深刻，他们的不满情绪也更为直接。

3. 对漓江旅游开发与保护的意向分析

（1）对漓江的保护意向。

尽管因为各方面的因素，漓江沿岸居民生活水平远远低于非沿岸地区其他居民的平均生活水平，但是他们依旧配合漓江的开发与保护工作，绝大多数村落居民在村干部的组织带领下认真贯彻执行各项漓江生态保护工作，积极参与漓江沿岸植树造林与水土保持建设工程。在调查的居民中了解到，因担心山上放羊会影响破坏漓江生态，目前村庄里基本无人养羊，也无大型家禽养殖场；部分居民自觉筹资建设农户沼气池，尽量减少污染物的排放，达到节约能源保护环境的目的，一些农家饭馆为保证漓江水源不受污染，其生活生产废水都经过严格过滤后才排入漓江，尽可能切断漓江污染源；村庄附近的山上种植有大片的绿化防护林，多数村民都能够自觉做到不乱砍滥伐，群众之间相互监督，保护共同家园；部分居民建议政府加大投资力度修复漓江沿岸护堤，保护沿岸农田及村庄，并且修建沿村码头，以更好地服务于漓江旅游开发。这些都表明了沿岸居民对于保护漓江的真诚态度。

当然，在漓江旅游开发保护进程中也会出现一些不和谐的音符。由于有关部门对于村民生产生活方面限制过多过严，禁伐禁猎禁牧，禁止开山炸石、采矿、取土，漓江河道内严禁网箱养鱼、规模养鸭、河道及河道两岸 100 米范围内禁止采沙等，使得沿岸居民“靠山不能吃山、靠水不能吃水”，在自家门前却无法将眼前的资源进行有效利用，生产生活受到很大影响。有的村民甚至非法经营竹筏载客，偷偷摸摸进行“地下载运”，逃避管理部门的追查，或者非法捕捞以及非法挖沙等。还有个别激进的群众不服从管理，与管理人员发生争执的情况不定期存在。

（2）从事旅游服务活动的意向。

由于从事旅游活动能给自己带来一定的经济创收，当地居民对漓江旅游开发抱有较大的希望，有较为强烈的发展旅游的欲望，不少居民表示已经参与到或者将参与到旅游服务和经营活动中来。抽样调查发现，有 52.43% 的被调查者表示自己的家庭在从事相关的旅游服务和经营活动，主要包括参与开发景区、开农家旅馆、在景区打工、出售旅游商品、摆渡等，若政策允许，村民们表示将进一步从事竹排经营等其他旅游服务活动。

如图 5–4 所示，在政策允许的前提下，有 193 人希望可以从事竹排经营活动，占总数的 37.12%；有 209 人更乐意经营农家旅馆或餐饮，占总数的 40.03%。因为考虑到资金及自身实际条件，出租自行车、游船、到景区打工这几项工作并不太受居民欢迎。在漓江旅游开发的大环境下，多数居民倾向于发展经营农家饭馆，通过提供给游客富有本地乡村特色的餐饮食宿争取额外的非农业收入。有的村民希望由政府及村民共同投资修造自家住房，发展集体经营，开发农家餐饮服务，年底村庄按份额分红。某些村庄在开发旅游方面取得了一定成就，农民开发果园种植果树，外来商贩进村进行集体收购，仅林业一项就给村民创造了为数可观的经济效益。

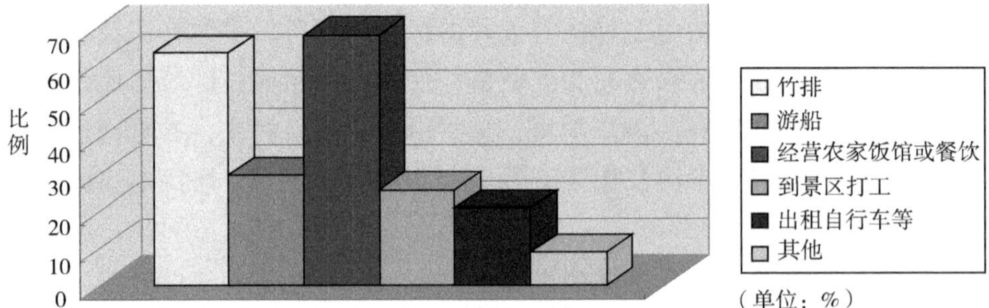

图 5–4 居民从事旅游项目的意向分析

（3）旅游经营服务活动需要政府扶持的意向。

如图 5-5 所示，大部分从事或即将从事旅游经营服务活动的居民需要政府提供各项扶持，主要包括资金资助（322 人，占 61.82%）、技术培训（210 人，占 40.28%）、政策开放（178 人，占 34.15%）和业务指导（135 人，占 25.91%）等方面。由此可见，居民经济生活困难，资金缺乏是摆在他们面前最难克服的问题，没有资金的扶持，无论多么美好的想法都只能停留在空想阶段，居民迫切期待政府能在资金上给予一定扶持。此外，由于文化水平低，同时缺乏必要的旅游知识技术和业务知识的培训，居民的旅游经营服务活动也只能是摸着石头过河，风险较大，理应得到政府在技术层面的扶持。访谈发现，由于政府在漓江旅游资源和环境保护等方面的要求较为严格，居民参与旅游经营服务活动的机会比较少，引起不少居民的不满，因此也希望政府能适当放开政策。

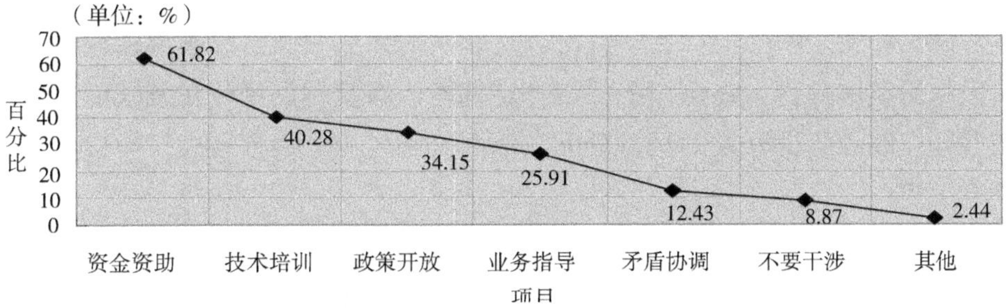

图 5-5　居民需要政府扶持的意向分析

综合以上调查分析，可以清楚地了解到，漓江沿岸居民对于漓江旅游的开发与保护，实际上是持着一种极为复杂而矛盾的态度。一方面，漓江两岸的大部分居民对漓江抱着一种深厚的情感，他们以能够生活在漓江边上为荣，并乐意保护好漓江这条母亲河，为它的美丽和发展付出自己的一份力量。另一方面，他们对于保护漓江付出的努力也是有限度和有相对条件的，那就是政府能够在一定程度上帮助他们改进经济社会生活面貌，而其中的一种方式就是扶持他们参与漓江的旅游开发经营服务。

（三）原因及影响分析

1. 原因分析

（1）经济原因。

漓江沿岸多为常年居住居民，基本经济收入来源为农业和林业，由于居住在漓江沿岸的原因，地少，石山多、可耕面积受限制，土地面积十分有限，种植粮食作物仅够自家食用不对外出售，果树常年产量不稳定，产出效益不明显；为保护漓江生态，对发展养殖等进行了严格限制，使得居民严重缺少谋生出路。因此，居住在漓江沿岸的居民生活条件较为落后，大多数居民年人均收入在千元以下。

（2）文化原因。

从调查问卷得知，当地居民文化程度多在初中以下，文化认识水平不高，难以适应当今社会各类技术技能要求较高的工作，基本属于社会弱势群体，无法在竞争激烈的社会中立足。有些居民无法明确自己在漓江旅游开发保护中扮演的角色，在认识上存在一定偏差；有些村民过分在意眼前的短期利益，在漓江旅游开发的利益分配方面因获利较少、牺牲较大，导致心理有一定失衡。

（3）经济社会生活环境条件。

漓江沿岸村庄村容村貌普遍较差，破旧农房较多，存在一定安全隐患。村庄路况较差，路面狭窄凹凸不平，交通极为不便，一些村庄还未开通机动车辆道路。有的村庄位置较为偏僻，位居深山中，与外界联系较少，信息闭塞，运输困难。基础设施落后，水轮泵等水利设施年久失修、设备老化问题严重。居住在这样环境下的居民，眼看着漓江旅游的蓬勃发展，却很难从中真正受益，联想到自己为漓江开发保护工作做出的种种牺牲，势必存在一定的失望心理。

如图 5-6 所示，随着人口的增多，漓江沿岸人地矛盾日益尖锐，当地可耕种面积严重受制，因为缺乏生产资料，居民们很难从土地中实现额外的经济效益，种植粮食作物与种植经济作物两方面难以兼顾，由于气候原因，作物不定期受灾害影响，收成并不稳定，这成为当地农民发展生产的一个瓶颈。而因为交通不便、信息闭塞，导致农业生产技术难以普及到乡村，而这些困难目前较难克服，村民只能靠自己摸索艰难维生。

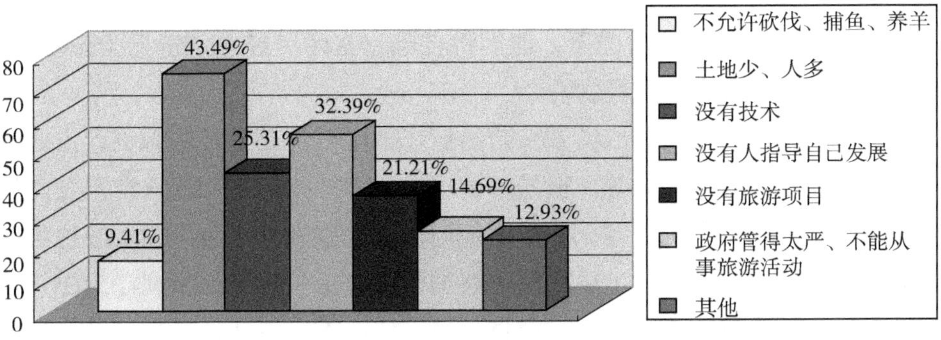

图 5-6　居民认为制约其发展的因素

（4）对旅游的了解程度。

调查得知，大部分群众熟知的旅游经营模式局限于竹排、游船、农家饭馆或客栈，形式古板单一，也有一些居民家中有成员在附近景区里工作，从事各项旅游服务工作，但总体上对漓江旅游仅有初步简单的认识了解。古老的农业种植传统使得中老年年龄段的居民表示不懂旅游行业的定义及分类，也很少参与到旅游事业中去，对旅游的认识停留在“基本不了解”的阶段。

（5）政府在保护管理方面的做法。

对于为什么要开发与保护漓江这个问题，近九成居民能认识到漓江在发展桂林旅游中的重要地位，但目前政府有关部门对漓江保护管理有失偏颇，重要求和处罚，轻引导和补偿。诚然，对漓江的保护，人人有责，漓江沿岸的居民也不例外，但是，如果一味地以条例法规对居民做出限制，而不了解漓江沿岸居民的具体情况，不了解他们的具体生活需求，办法也不一定奏效。例如不少居民对于规范漓江游船严惩违法运营船只的管理行为就表示不理解。为了有效保护漓江，生态公益林占用了大量农用土地，漓江沿岸村庄普遍存在人地矛盾问题，随着近年来人口的增多，这些矛盾更加突出。漓江沿岸的不少居民生活条件确实艰苦，他们需要得到政府的扶持和帮助，希望政府有关部门对他们的某种“不理智”行为应该多一些理解和宽容，并在此基础上改变管理工作策略和方法，切实为他们社会经济水平的改善而努力。

（6）漓江旅游与当地居民之间的关系。

对于漓江这一自家门口的世界级旅游资源，当地居民有着较高的敏感度。多数居民认为，自己祖祖辈辈生活在漓江边上，以漓江为伴，以漓江为生，漓江是他们的依靠。现在漓江开发旅游，他们为此付出了较大的牺牲，在谋生条件较为艰苦的情况下，他们将自己致富的美好愿望寄托于旅游上，有着积极参与旅游业的强烈欲望。

多数居民认为，漓江旅游开发带给居民最主要的还是好的影响，主要体现在环境变好、收入增加等。但是多数居民的理想是希望漓江旅游开发能给贫穷的他们带来更多的财富，能指引他们走上发家致富之路，彻底摆脱当前贫穷落后的局面，因此，不少村民也在加强环境保护意识，将漓江旅游开发保护当作一项事业自觉实践，村容村貌也有所改善，一些地区的村民还自发筹资修建道路，完善交通体系，促使村庄与外界加强联系。但是，由于文化水平及自身能力等方面的限制，能真正如愿参与到旅游业中的人员并不多，从旅游中获得的收益也并不如他们臆想的明显，甚至有相当部分群众的利益在漓江旅游开发中遭受了不同程度的损害，制约了村民经济社会生活的发展。在他们看来，漓江旅游似乎是一把双刃剑，一方面从他们身上拿走的东西太多，另一方面给予他们的回报却很少，无法从根本上解决其目前的贫困状况。综合来说，漓江旅游与当地居民的关系错综复杂，居民在旅游开发与保护工作上的付出与收获并未完全成正比。

2. 影响分析

（1）对漓江旅游开发与保护的影响。

漓江沿岸居民对于漓江旅游的复杂态度，在一定程度上影响了居民的行为，大部分居民能较为自觉地接受政府部门的管理，遵守条例规定，保护公益生态林，积极配合修复拓宽山村道路，争取改善乡村风貌，努力兴建农村沼气池，宣传漓江环境保护知识，很好地保证了漓江旅游开发保护工作的顺利进行。也有部分认识不到位的居民顾及自己在漓江旅游开发中损失的利益，对漓江旅游开发持有一定的抵制心理，行为上表现为不配合、不积极、不主动，这也在一定程度上阻碍了漓江旅游开发的进程。

（2）对游客的影响。

漓江旅游开发保护工作同样也受到了广大游客的支持。漓江是桂林旅游的主体部分，其发展的好坏很大程度上决定了桂林旅游发展的前景，开发好漓江，使其旅游资源在不遭受破坏的前提下得到充分有效的开发，能够带动沿岸旅游业的发展，更好地吸收附近居民就业，缓解群众生活困难问题。另一方面，发展新的漓江旅游项目，也有利于更好地满足不同层次游客的不同需求，使旅游方式变得多样化、特色化，方便游客从更深的程度去接触漓江、了解漓江。而漓江沿岸部分居民对旅游开发的抵触或消极情绪，对开发保护工作的不理解、不支持、不配合，最终也将影响到游客在漓江旅游的美好体验。

（3）对居民的影响。

漓江沿岸居民对旅游既寄予厚望期盼带来财富又担心因此做出更大牺牲的矛盾复杂心理，使得他们自己对于旅游这个话题较为敏感，有一定回避话题的倾向。一些居民对漓江旅游开发的实际意义表示怀疑，认为多说无用，这种消极悲观的情绪严重打击了当地居民发展旅游的积极性，不少群众情愿埋头于自家琐事而不肯过问漓江旅游事宜。居民对漓江旅游开发与保护的态度问题，最终也将影响到居民经济社会生活的改善和提高。

（4）对政府工作的影响。

在漓江旅游开发和保护这一问题上，居民或是消极应对，或是直接对抗，这直接影响了政府有关部门对相关有效信息的准确收集，同时也对漓江的保护管理工作造成了一定的损害。如何才能让居民很好地配合政府的管理工作，这是有关部门必须要思考和解决的思想问题。

（四）结论与建议

漓江沿岸居民对于漓江旅游的开发与保护持有复杂而矛盾的态度：肯定与否定、热爱与无奈、支持与反对、服从与对抗……这些态度的形成有着深层次的社会现实背景，并且反过来将严重影响到漓江的旅游开发与保护。因此，漓江旅游的进一步科学发展，必须认真考虑和切实改变漓江两岸居民的态度，使漓江旅游的开发与保护获得一个良好的思想前提。

首先，从改变居民对漓江旅游开发的意识形态出发，加强漓江保护开发宣传工作，使“保护漓江、发展漓江、致富百姓、造福后代”的思想深入人心，让居民充分意识到漓江旅游开发保护的重要性，自觉主动地参与到漓江开发保护的工作中来。

其次，关注、重视改善居民的经济社会生活面貌，采取有效措施提高居民生活水平。提高生态公益林补偿，实行政策倾斜，加大资金扶持力度，实行工业、旅游业反哺农业，加快推进农村基础设施建设，修建必要的生产生活码头，推广农业种植及防灾治灾技术。鼓励农民积极引进外来投资，发展乡村小企业，拓宽果蔬生产销售渠道。根据村庄现有旅游资源情况，实行规划引导，引导群众规划开发旅游项目，积极开展漓江分段游，调整丰富漓江游览方式，整合产品促使其升级换代。在保证漓江景区不受破坏的前提下，利用漓江沿岸旅游资源，扶持开发乡村游，争取把游客引向沿江农村，增加农民的非农收入。

四、漓江流域旅游客源市场调查研究

（一）漓江沿岸旅游客源市场调研的目的及意义

对漓江沿岸旅游客源市场进行调查研究，目的是了解漓江沿岸旅游产品的客源地和客源市场的人口学特征和行为学特征，以及他们对漓江沿岸的了解和评价。

通过调研，了解和掌握漓江沿岸旅游客源市场的一些基本特征，并对漓江沿岸客源市场的发展趋势做出预测，对于旅游项目开发与建设、旅游市场开发和管理、旅游环境保护与治理等都将具有积极的意义。

（二）漓江沿岸旅游客源市场调研技术路线

有效的客源市场调研过程一般应该包括 5 个基本环节，如图 5–7 所示。

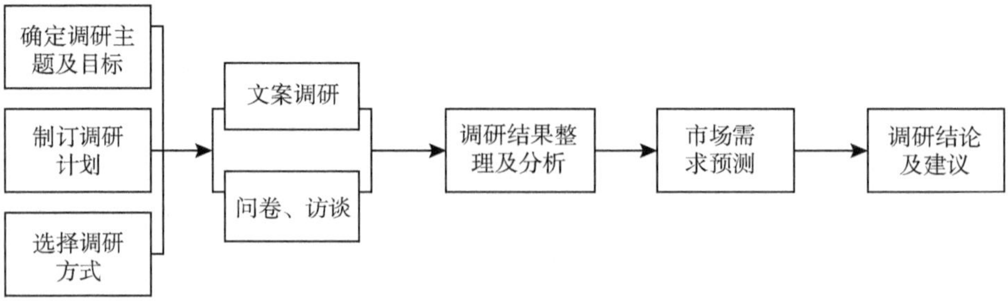

图 5–7 客源市场调研技术路线

（三）漓江沿岸旅游客源市场调研说明

此次调研的性质为客源市场现状及前景研究。调研的主题明确，即对旅游市场环境、漓江沿岸客源市场现状、客源市场需求等进行调研。问卷调研主要面向游客，对游客进行人口统计数据调研，掌握游客的基本情况；对游客的需求进行调研，了解游客的真正需要以指导旅游产品设计。

此次调研（指问卷调研）受规划时间要求限制，为期 10 天。调研任务由桂林开元旅游规划设计公司承担，主要构成人员有旅游规划公司规划人员 4 名、广西师范大学历史文化与旅游学院本科生 15 人及桂林航天工业高等专科学校学生 2 人，共 21 人组成，分 5 个调查组分别深入桂林市的一些代表旅游景区景点和旅游集散点进行调查。

本次调研采用问卷调查法和文案调研法。文案调研主要是收集查阅统计分析桂林市旅游局和兴安、灵川、阳朔和平乐各县旅游局提供的相关统计资料、《桂林市旅游总体发展规划（2008 年）》（修编）、《漓江风景名胜区规划（2008 年）》（待批）和报纸杂志的相关旅游统计资料和研究成果。问卷调查同时针对桂林的境内外市场进行，共发放问卷 3957 份，收回 3681 份，其中有效问卷 3572 份，有效问卷回收率为 90.27%，其中境内市场问卷 3221 份、境外市场问卷 351 份。调研采用简单随机不重复抽样的抽样方式，抽样地点为兴安（梦里水乡、灵渠、猫儿山、超然派、乐满地）、灵川（大圩、古东）、桂林市区（中心广场、象山公园、两江四湖、冠岩、大宇饭店、桂林宾馆）、磨盘山码头、竹江码头、阳朔（杨堤、兴坪、西街、遇龙河）、平乐（县城、平乐仙家温泉）等。

（四）漓江沿岸旅游客源市场调研及分析

1. 漓江沿岸旅游客源市场发展的现实背景

（1）旅游市场发展背景分析。

①闲暇时间增多且趋于小分散。自 20 世纪 90 年代以来，随着国民经济水平的提高，人们的休闲生活不断改变，为保障公民的休息权，我国不断调整国民的休假时间。一是双休日的推行。我国自 1995 年 5 月 1 日起开始实行双休日制度，从那以后，我国公民从 6 天工作日改为 5 天工作日。双休日的

推行，使公民有了更多的闲暇时间，不少公民利用双休日外出旅游消费，国内旅游尤其是短途旅游也由此快速发展。二是黄金周的推行与调整。1999年9月，国务院改革出台新的法定休假制度，每年国庆节、春节和“五一”法定节日加上倒休，全国放假7天。从此，3个“黄金周”掀起的旅游消费热成为我国经济生活的新亮点，假日经济成为人们津津乐道的新话题。2007年12月，国务院通过了节假日调整方案：五一长假取消，只放假1天，其余的2天分别分给端午节、清明节，另增加中秋节。调整后的节假日，由于可以将周六周日上移或下移，产生连休，因此从2008年开始，我国出现了7个集中休假高峰，即元旦（3天）、春节（7天）、清明节（3天）、五一（3天）、端午（3天）、中秋（3天）、国庆节（7天）。三是推行国民休闲计划即将出台。

经过对闲暇时间的不断调整，从2008年开始，加上平时的双休日时间，我国的节假日时间总数达到119天/年左右。我国出现了法定节假日与周末连休三天的小长假、黄金周和职工个人带薪休假并存的新局面，中短线旅游得以快速发展。

②桂林对外交通网络快速发展。“十五”期间，桂林被国家有关部门列为“全国公路运输枢纽城市之一”。正是围绕这一交通发展战略，国家及广西周边省如广东、贵州、湖南等都加大了与广西交通网特别是桂林交通网络的建设连接。

一是航空交通的发展。2007年，桂林机场航空旅客吞吐量占整个广西航空运输市场的70%。目前在桂林机场运营的航空公司达23家，从桂林两江国际机场辐射出去的中外航线达60条，覆盖6个国际（地区）城市和50个国内城市。桂林机场正向中国旅游枢纽机场的目标进发。

二是铁路交通的发展。南宁铁路局将桂林作为发展的重点，10年来已开通了桂林至北京、深圳、昆明、成都、上海等多列出省列车，始发和途径桂林的过往列车达24小时。目前，投资数百亿元的桂柳高速铁路建设项目确定，而横穿桂林的贵阳至广州的高速铁路亦在紧锣密鼓的筹建之中。

三是公路交通的发展。从1998年到2007年，桂林市交通基础设施建设累计完成投资146亿元，截至2007年，桂林市境内拥有公路10648千米。目前，桂海高速公路、全黄高速公路、桂林连接兴安和全州的高速路段、桂林途经阳朔至平乐等高速铁路均已通车，而桂林至梧州、桂林至南宁的高速铁路也将陆续建成。另外，阳朔至鹿寨高速公路已经立项，厦门至成都高速公路干线桂林至龙胜段已开展前期工作。

根据自治区部署和桂林市计划，桂林市将大力发展连接华南、西南、华中的公路、铁路快速通道网络，使桂林成为连接珠三角、北部湾经济区的重要节点。这些交通网线相继建成和投入使用后，以桂林为中心，从桂林到长沙、广州、贵阳、南宁等几个省会城市，都只有几个小时的路程，覆盖人口两亿多。一个对外为交通枢纽、对内市县距离“1 小时交通”的桂林即将出现。桂林将真正成为长株潭、珠三角的后花园。在第五届泛珠三角区域合作与发展论坛上，贵州省和广西壮族自治区达成旅游合作协议，双方将围绕贵广快速铁路、厦蓉高速公路建设，联手规划建设和宣传推介“贵阳—桂林—广州”旅游精品线路，桂林旅游市场的地位初步凸显。

③城镇居民可支配人均收入稳步提高。

一是国民经济稳步增长。从 2004 年到 2008 年，我国的国内生产总值逐年提高，由 2004 年的 159878 亿元发展到 2008 年的 300670 亿元。从 2004 年到 2007 年，年增长率均在 10% 以上，2008 年增长率有所回落，但仍达到 9.1%。广西近年来不断发挥地理优势和经济发展优势，国民经济快速发展。2008 年全区 GDP 7171.58 亿元，比上年增长 12.8%，增幅自 2002 年以来连续 7 年保持两位数。按常住人口计算，全区人均 GDP 达到 14966 元。2009 年，广西 GDP 增长目标和城镇居民人均可支配收入增长目标均为 11%。从统计上看，2009 年一季度广西经济增长依然强劲，经济发展势头良好。

二是居民旅游消费依然高涨。从 2008 年年底以来，我国已开始制订大规模的财政刺激计划，旨在加强内需，重点放在基本设施投资和消费两方面。根据全国假日办发布的《2009 年春节黄金周旅游统计报告》显示，2009 年春节黄金周期间，全国共接待游客 1.09 亿人次，比上年增长 24.7%；实现旅游收入 509.3 亿元，增长 23.1%。2009 年“五一”黄金周期间，全国共接待旅游者 1.21 亿人次，比上年增长 16%；实现旅游收入 467 亿元，比上年同期增长 20%；旅游者人均花费支出 385 元。

2. 漓江沿岸旅游客源市场问卷调研分析

（1）旅游者人口学特征。

①性别构成。调查数据显示，男性旅游者与女性旅游者基本持平，男性旅游者占样本总量的 49.5%，女性旅游者占 50.5%，如图 5–8 所示。

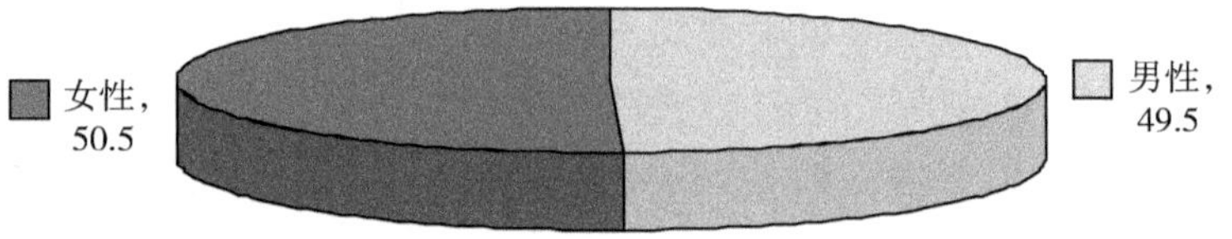

图 5–8　旅游人口性别构成　（单位：%）

②年龄结构。调查数据显示，旅游者年龄呈现“中间大两头小”的梭形结构，以中青年旅游者为主，少年和老年旅游者偏少，如图 5–9 所示。

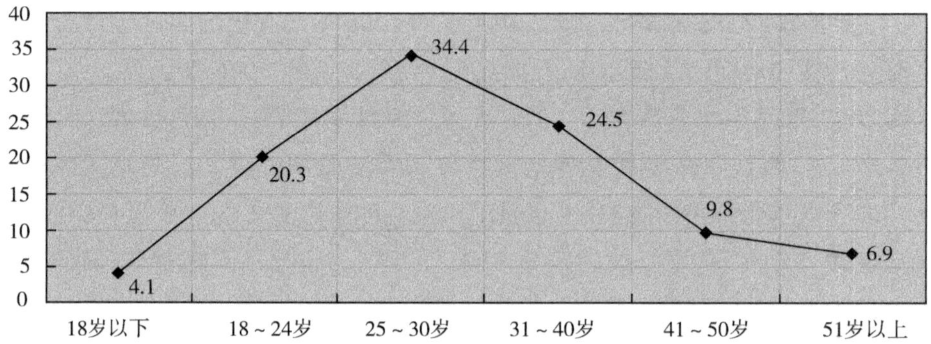

图 5–9　旅游人口年龄结构　（单位：%）

③文化层次结构。调查数据显示，桂林市境内旅游者文化层次以大专以上为主，高中以下文化层次旅游者较少，如图 5–10 所示。

④职业结构。调查显示，桂林市境内旅游者职业构成以公司职工为最多，其次是机关 / 事业单位干部、学生、自由职业者、公司管理人员 / 厂长 / 经理，如图 5–11 所示。

⑤客源地结构。从客源地构成来看，桂林市境内旅游客源市场呈区内外游客并重态势，其中区内以桂林、南宁和柳州为主，区外以广东和湖南为

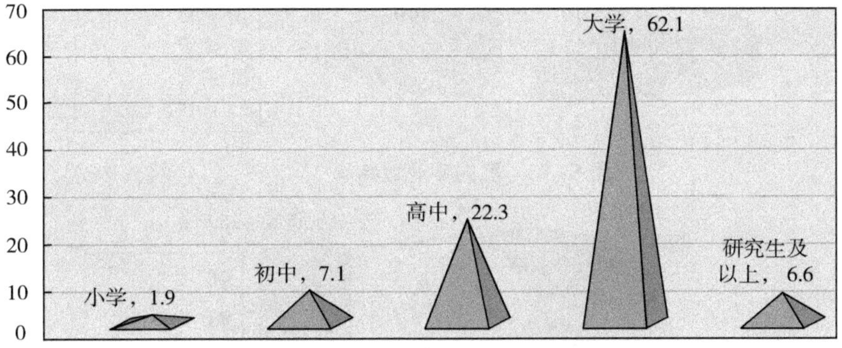

图 5-10　旅游人口文化层次结构　　（单位：%）

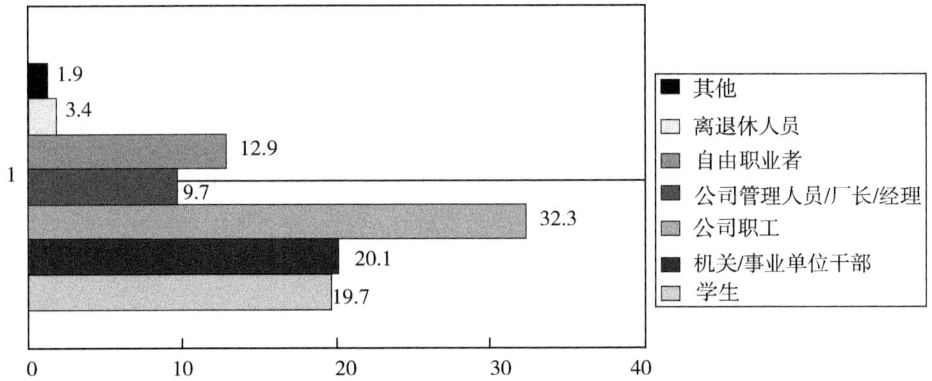

图 5-11　旅游人口职业结构　　（单位：%）

主，如图 5-12、图 5-13、图 5-14 所示。桂林市境外旅游客源市场较为分散，排在前列的是日本、韩国、美国和马来西亚等国，如图 5-15 所示。

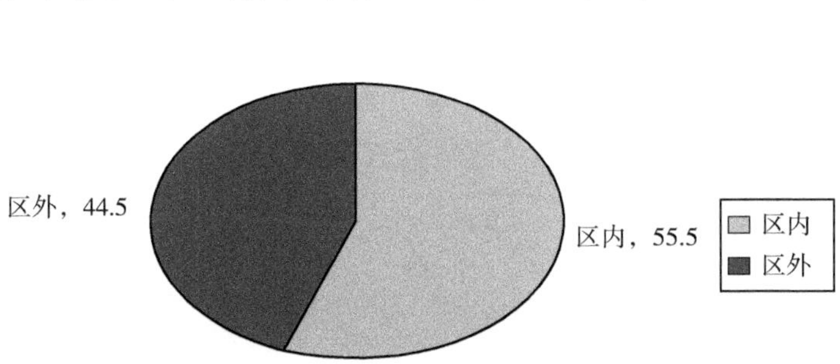

图 5-12　区内外客源地结构　　（单位：%）

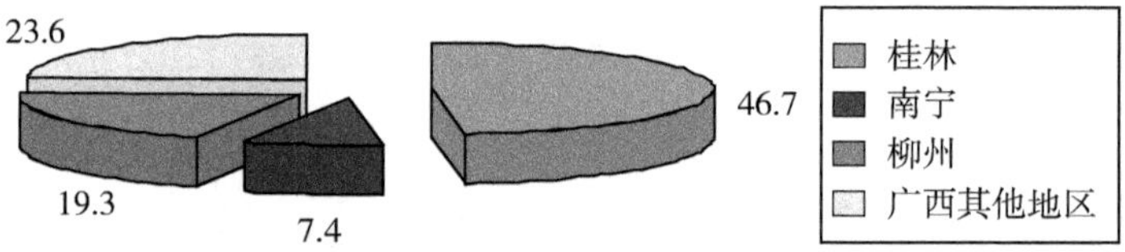

图 5-13 区内客源地结构 （单位：%）

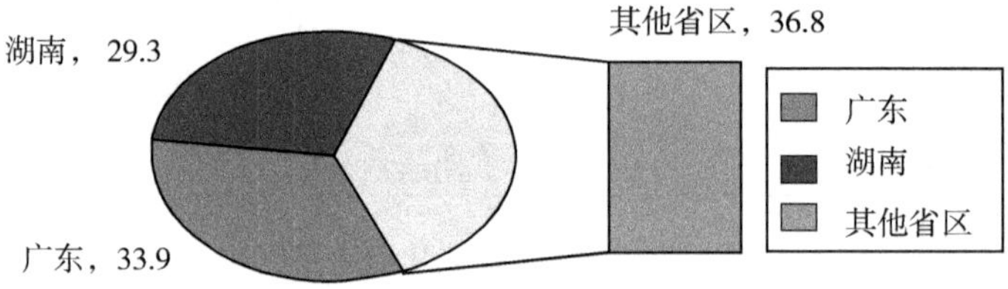

图 5-14 区外客源地结构 （单位：%）

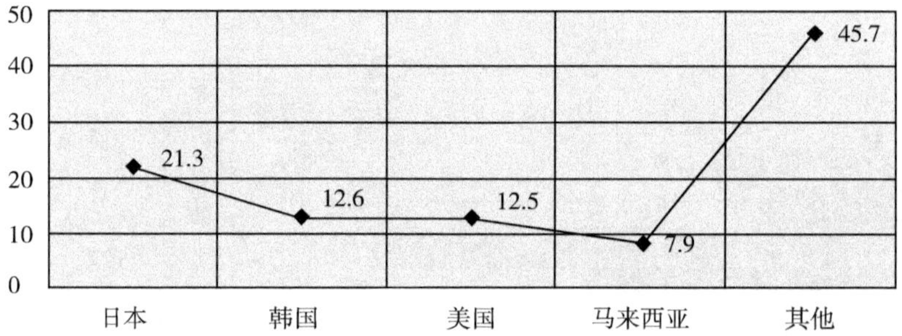

图 5-15 境外客源地结构 （单位：%）

⑥收入结构。接受调查的境内游客，收入分为不同的层次，其中月收入1000~2000 元者最多，如图 5-16 所示。

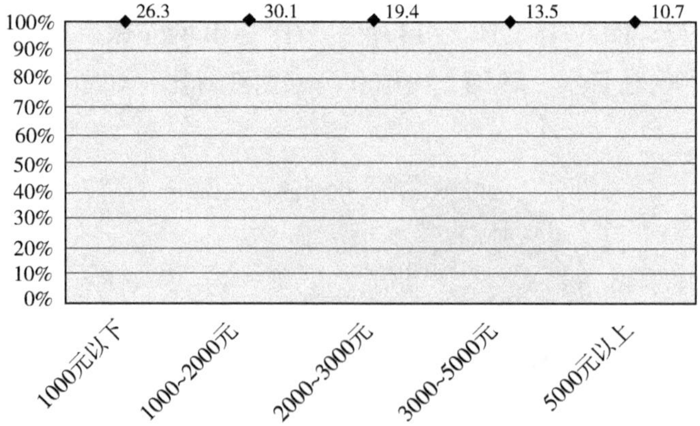

图 5-16 旅游人口收入结构 （单位：%）

（2）旅游者行为特征分析。

①出游动机。调查显示，旅游者出游的动机以“纯粹喜欢某个旅游目的地”和“休闲、疗养、身体健康原因”为主，“受旅游广告宣传刺激”等其他原因较少，如图 5–17 所示。

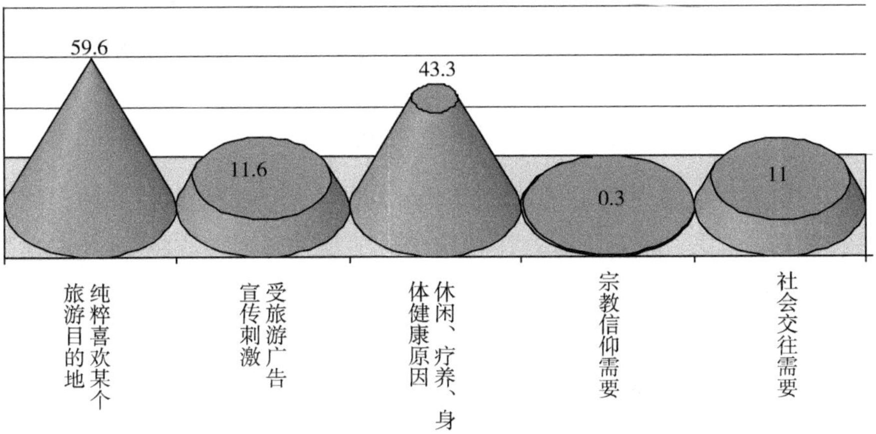

图 5–17　出游动机　　（单位：%）

②喜欢的旅游产品类型。调查显示，桂林市游客对自然生态型和综合型旅游产品比较感兴趣，而对于社会民俗型和历史文化型感兴趣不大，如图 5–18 所示。

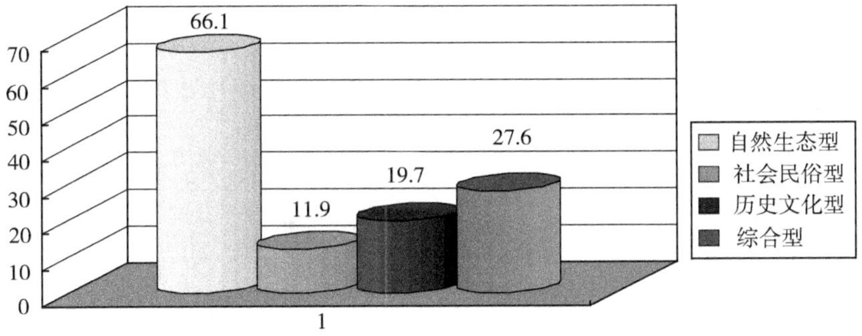

图 5–18　喜欢的旅游产品类型　　（单位：%）

③获得旅游信息的渠道。桂林旅游者获得旅游信息最重要的途径是“亲朋同事介绍、推荐”，“电视广告、广播、报纸、杂志介绍”和“互联网”也是两种重要的途径，如图 5–19 所示。

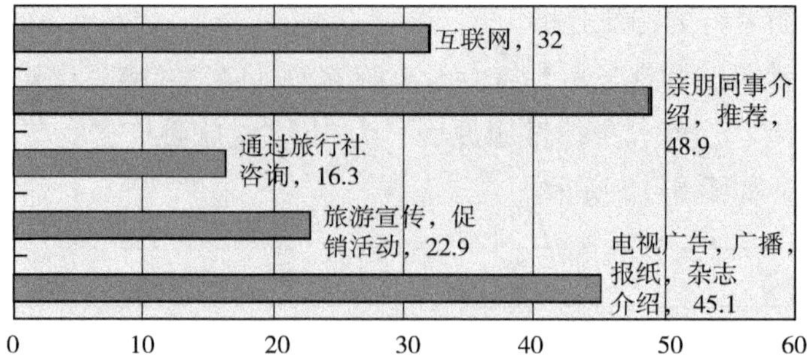

图 5-19 获得旅游信息的渠道 （单位：%）

④出游方式。桂林市境内旅游市场活动的主要方式是单位集体出游，其次是自驾游，如图 5-20 所示；桂林市境外旅游市场活动的主要方式则是团队旅游，如图 5-21 所示。

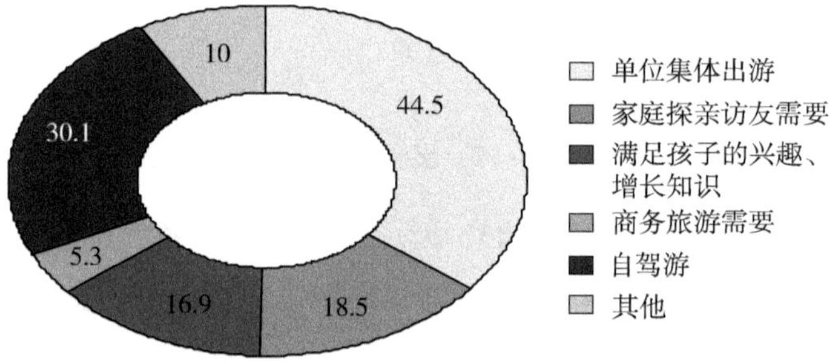

图 5-20 境内游客出游方式 （单位：%）

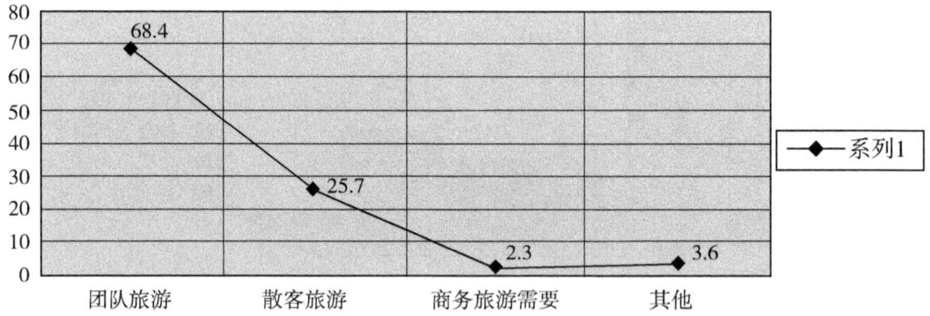

图 5-21 境外游客出游方式 （单位：%）

⑤出游的日子。境内游客最喜欢的出游日子是周末，其次是“五一”期间，“十一”和寒暑假出游的概率也比较高，如图 5-22 所示；境外游客则多喜欢在春季和秋季到桂林旅游，如图 5-23 所示。

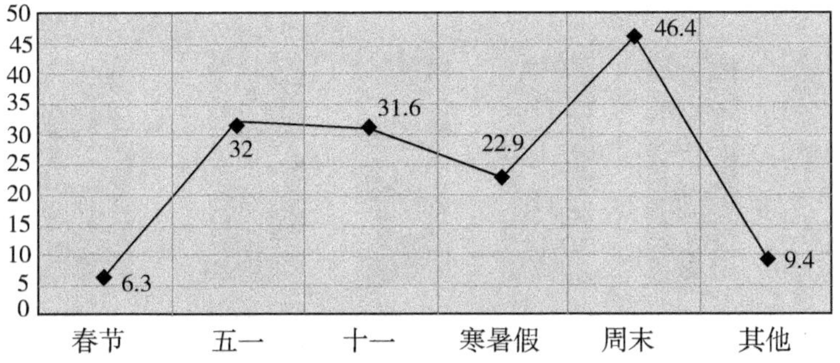

图 5-22　境内游客出游的日子　　　　（单位：%）

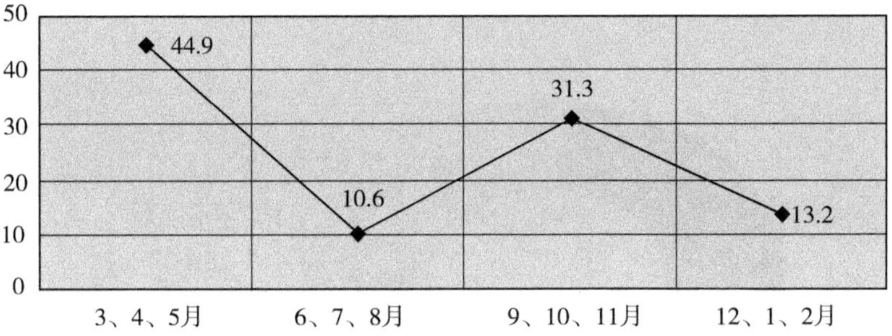

图 5-23　境外游客出游的日子　　　　（单位：%）

⑥出游时间长度。境内旅游者出游的时间长度一般是 1~5 日，1 周时间也有较高的比例，如图 5-24 所示；境外旅游者出游的时间长度一般是 8~15 日，4~7 日也有较高的比例，如图 5-25 所示。

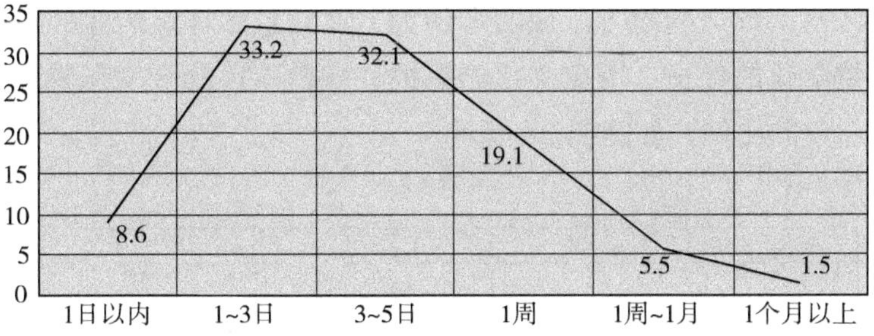

图 5-24　境内游客出游时间长度　　　　（单位：%）

⑦受游者喜欢的桂林市旅游地。旅游者来到桂林，最喜欢的旅游地是阳朔，其次是漓江沿岸和桂林市区，如图 5-26 所示。

⑧漓江沿岸最大的魅力。旅游者认为，漓江的最大魅力在于优美的自然风光（85.3%），其次是良好的度假环境（24.1%）和独特的民俗风情

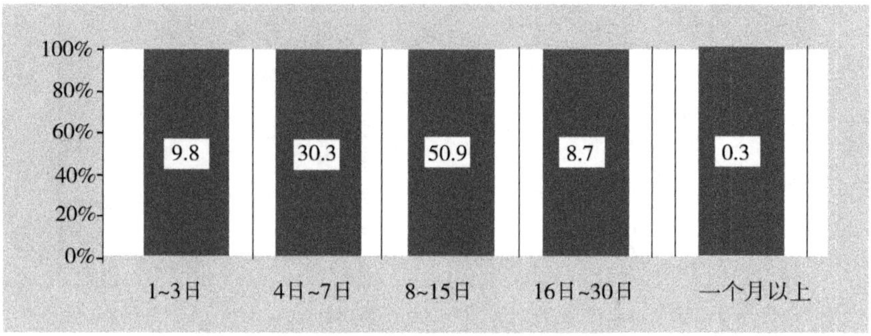

图 5-25　境外游客出游时间长度　　（单位：%）

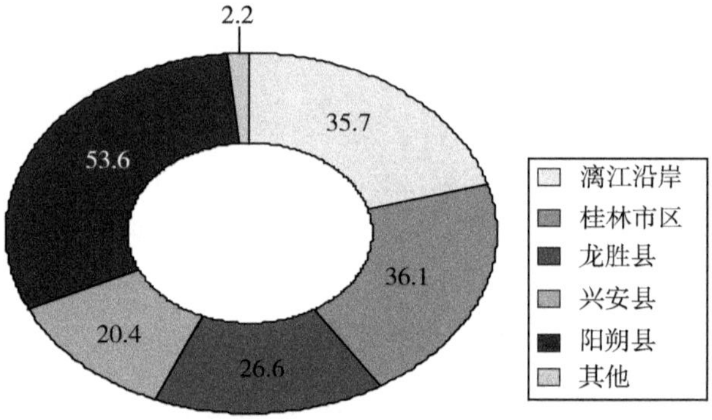

图 5-26　受游者喜欢的桂林市旅游地　（单位：%）

（21.9%），如图 5-27 所示。

⑨漓江亟待改进的地方。旅游者认为，漓江自然环境的保护是最需要改进的，民俗文化的保护、历史文化的保护、旅游项目的开发和旅游服务的完善也占有一定的比例，如图 5-28 所示。

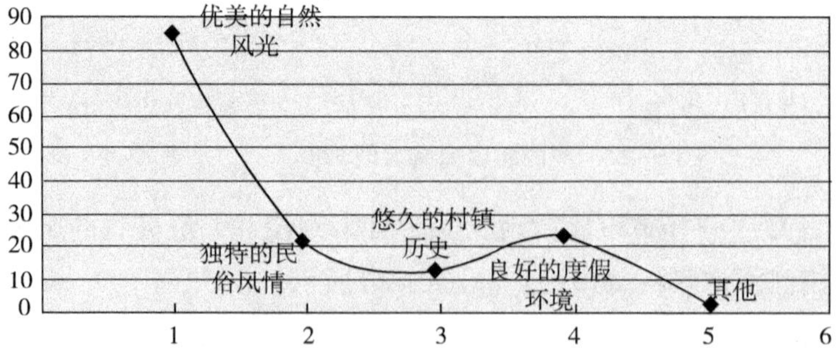

图 5-27　漓江沿岸最大的魅力　　（单位：%）

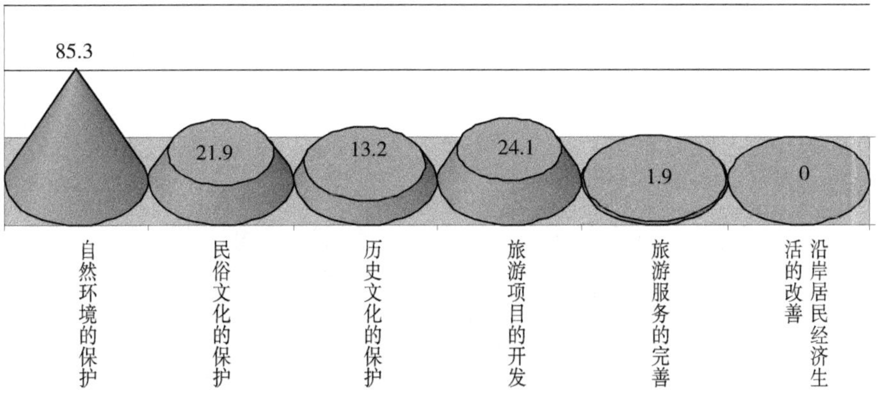

图 5-28　漓江亟待改进的地方　　（单位：%）

⑩游客喜欢的漓江旅游方式。有 60.55% 的游客喜欢竹筏游船旅游，有 17.6% 的游客喜欢传统的大型游船旅游，有 31.7% 的游客喜欢徒步游，有 26% 的游客喜欢沿岸休闲度假，有 11.6% 的游客喜欢夜游，如图 5-29 所示。

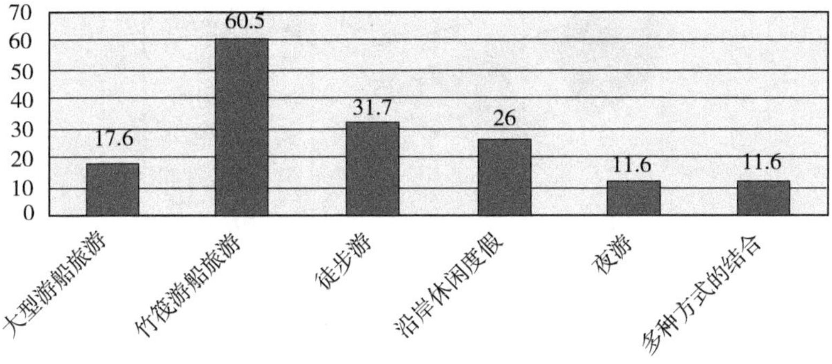

图 5-29　喜欢的漓江旅游方式　　（单位：%）

⑪对漓江沿岸居民的了解。对漓江沿岸居民的了解主要是“旅游经商意识比较强烈”和“民风比较淳朴”，如图 5-30 所示。

⑫愿意在漓江沿岸花费的金额。境内大部游客愿意在此花费 51~500 元，如图 5-31 所示；境外大部分游客愿意在此花费 201~500 美元，如图 5-32 所示。

3. 漓江沿岸旅游市场发展趋势

基于漓江沿岸旅游客源市场调查报告分析，结合从 1998 年以来对桂林旅游市场的观察，以及对文献资料的掌握研究和对相关专家的咨询，调查认

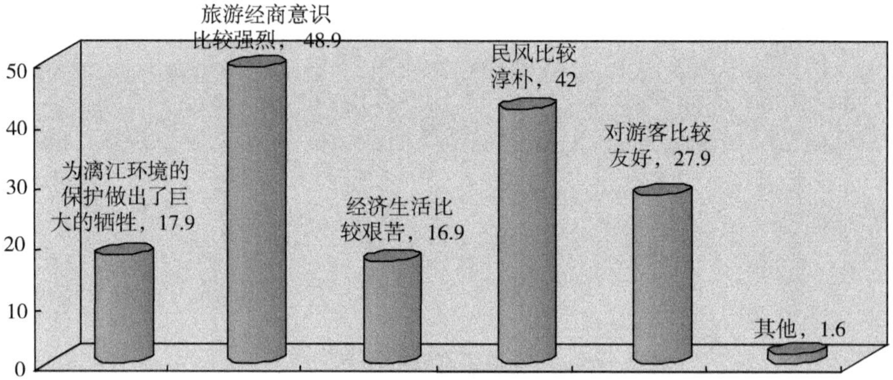

图 5-30　对漓江沿岸居民的了解　（单位：%）

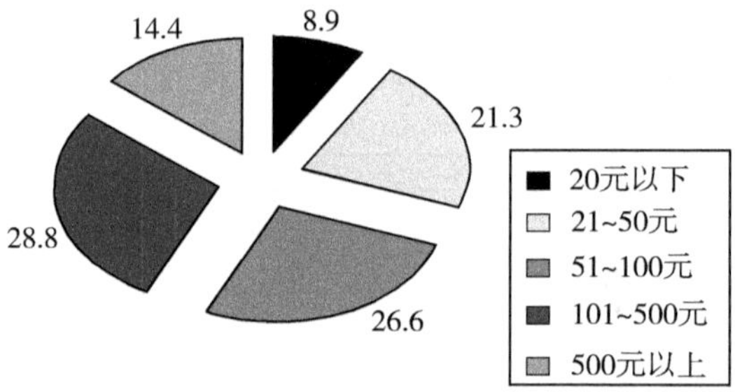

图 5-31　境内游客愿意在漓江沿岸花费的金额　（单位：%）

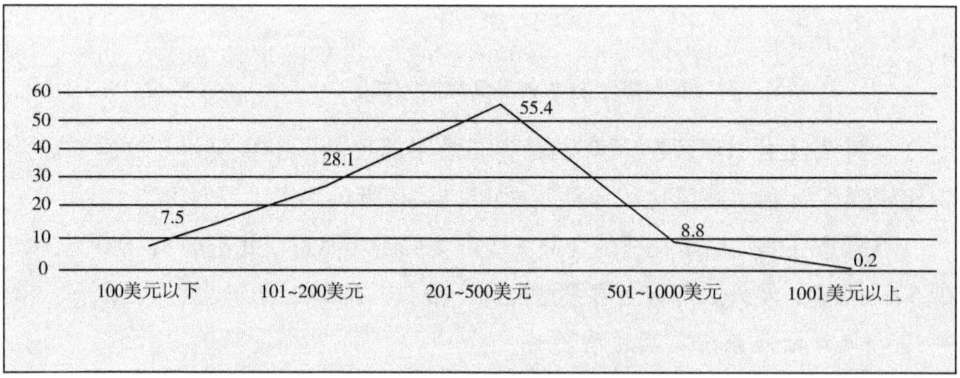

图 5-32　境外游客愿意在漓江沿岸花费的金额　（单位：%）

为漓江沿岸旅游市场呈现以下几个发展趋势。

（1）旅游者年轻化。

越来越多的年轻人参与到旅游队伍当中来，旅游者年龄分布呈现“中间大两头小”的梭形结构，以中青年旅游者为主，少年和老年旅游者偏少，年轻的旅游者要求在旅游活动过程中能够得到更多的体验。

（2）旅游偏好朝多元化方向发展，观光、休闲、度假组合的复合型旅游市场将占据主导地位。

由于漓江沿岸旅游资源和旅游环境的特色突出表现在优美的自然风光和良好的旅游生态环境，因此观光旅游在桂林旅游市场中占有较大的份额，但随着越来越多的高学历旅游者加入进来，大多数游客已经不满足于纯粹的观光旅游，而是希望与具有更多文化内涵的休闲活动、度假活动结合起来，越来越多的旅游者追求旅游活动的参与性和体验性，观光、休闲、度假组合的复合型旅游市场将占据主导地位。

（3）出游方式多样化。

到漓江沿岸旅游的游客，尤其是广西区内游客，多数人喜欢采取与亲朋好友、单位同事共同出游的方式，或以家庭为单位出游，以自驾车出游的形式也越来越多。

（4）对旅行社的依赖性较小。

到漓江沿岸旅游的游客，多数旅游者是通过“亲朋同事介绍、推荐”“电视广告、广播、报纸、杂志介绍”和“互联网”途径了解旅游信息，而非通过旅行社，参与旅行社组团出游的比率也越来越小。

（5）中短线旅游并行发展。

广西、广东、江苏、浙江、上海、北京是桂林的一级国内旅游市场，随着乡村旅游的迅猛发展，以及广西、桂林交通设施的完善和国民经济生活水平的进一步提升，以及我国休假制度的合理调整等，越来越多的游客会利用节假日和双休日出游，桂林旅游市场中的中短线旅游将并行发展。

（6）国际旅游占有一定的比重。

虽然随着国内一些新兴旅游地的崛起，近年来桂林作为旅游地在国内的排名稍微退后，但是桂林依然是著名的国际旅游名城，依然位居广西壮族自治区的旅游龙头，随着境外旅游市场的进一步开发，桂林的国际旅游仍将占有一定的比重。

（7）旅游市场由低端向中高端发展。

相对于我国的众多旅游地，桂林在发展旅游业方面具有气候、区位、生态旅游资源等方面的强大优势。随着桂林从传统的观光旅游地向休闲度假旅游地的转变，这些优势将进一步显现。因此，漓江沿岸的旅游市场将逐步由低端市场向中高端市场发展。

第六章

漓江旅游富民项目规划实践研究

一、规划总纲

（一）规划背景

1. 世界级的旅游品牌

桂林漓江风景区是世界上规模最大、风景最美的岩溶山水游览区，千百年来它不知陶醉了多少文人墨客。桂林以“山青、水秀，洞奇，石美”四绝闻名中外，而漓江是桂林风光的精华，是桂林风光的灵魂，是桂林风光的精髓，所以有“桂林山水甲天下，漓江神秀天下无”的说法。1982 年，漓江作为神秀天下的山水名胜，被称作桂林漓江风景名胜区，经国务院批准列入第一批国家级风景名胜区名单。2007 年 5 月 8 日，桂林市漓江景区经国家旅游局正式批准为国家 5A 级旅游景区。

2. 贫困中的社区居民

（1）社区居民收入分析。

2007 年，漓江沿岸人均 GDP 为 6557.36 元，是全国人均的 0.91 倍。按照世界银行划定国家收入的标准，漓江属于中低收入地区。漓江流域社会经济状况，具体如表 6–1 所示。

表 6–1 桂林漓江流域社会经济状况（2008 年）

项目	总人口 / 非农业人口 / 人	GDP 总量 / 亿元	第一产业 / 亿元	第二产业 / 亿元	第三产业 / 亿元	风景区域内乡镇
桂林市区	744160/513746	115.4	6. 83	49.04	59.53	柘木镇、雁山镇、大河乡、穿山乡、甲山乡、朝阳乡、大埠乡、草坪乡、二塘乡
兴安县	364467/53690	72.4	18	34.6	19.8	兴安镇、湘漓镇、严关镇、溶江镇、华江乡、金石乡、崔家乡、白石乡、高尚镇
灵川县	357518/61052	61.66	17.5	26	16.9	灵川镇、三街镇、九屋镇、潭下镇、兰田乡、公平乡、灵田乡、海洋乡、潮田乡、大境乡
阳朔县	308111/38054	38.53	14.97	11.59	11.97	兴坪镇、阳朔镇、福利镇、白沙镇、葡萄镇、高田镇、杨堤乡、普益乡、金宝乡
平乐县	435912/53243	53.77	19.37	21.31	13.09	临桂镇、会仙镇、六塘镇、四塘乡、南边山乡

注：资料来源于中国城市规划设计研究院《漓江风景名胜区总体规划》（送审稿，2008）。

调查发现，长期以来，漓江两岸农民、渔民并未能从漓江旅游发展中分享到适当的收益，相反，由于实行严格的环境保护、景观保护政策，在生产、生活等方面受到诸多约束。这也是沿江村民、渔民对保护漓江支持旅游发展动力不足、漓江旅游秩序混乱、效益提高受到影响的极为重要的深层次原因。对于漓江旅游的收益分享问题，市政府曾经采取过一些措施，但这些措施在实施过程中没有完全体现初衷，效果没有达到预期。

（2）社区居民生活质量分析。

漓江旅游为当地带来了巨大经济效益的同时，也因为其对风景名胜资源的严格保护给沿岸部分居民造成了影响。根据计算，2006 年阳朔县境内漓江风景区内的 5 个乡镇的人均恩格尔系数都高于 1998 年的水平，也就是说，经过 8 年的旅游发展，漓江边的村镇农民生活质量普遍有所下降（恩格尔系数 = 当地人均年食品支出 / 当地人均年收入，恩格尔系数越高，说明当地人用于支付食品的支出越大，其生活质量越低），具体如表 6–2 所示。

表 6–2　漓江风景区主要乡镇生活质量变化

地区	1998 年		2006 年	
	农民人均纯收入 / 元	恩格尔系数	农民人均纯收入 / 元	恩格尔系数
福利镇	2342	0.1345	3465	0.3853
兴坪镇	2233	0.1411	1282	1.0413
葡萄镇	2360	0.1335	3300	0.4045
杨堤乡	1722	0.1829	2890	0.4619
阳朔镇	2596	0.1213	3753	0.3557

注：根据《桂林市社会经济统计年鉴》整理。

（3）社区居民贫困基于漓江旅游的原因分析。

第一，漓江风景区的旅游收益绝大部分产生于桂林和阳朔镇，其他漓江区段无法分享收益。桂林和阳朔镇作为漓江风景名胜区游览的两个核心节点，前者作为前来桂林的游客的传统目的地，后者近两年发展成为新的目的地式旅游地，由于两者都可以提供完善的旅游接待和服务设施，且旅游发展日趋成熟，成为漓江风景名胜区创造的经济效益的直接接受地。桂林和阳朔镇将整个漓江创造的旅游价值的大部分收入囊中。作为漓江沿岸的村镇，虽然也是漓江风景名胜区不可分割的一部分，且一样受制于漓江风景名胜区关于资源保护的各项政策，但是没有办法分享漓江旅游收益，同时，还因为保护资源而丧失了其他的发展机会，因此导致这些地区的经济发展遇到困难。

第二，农村社区缺乏参与旅游发展的渠道。目前漓江景区沿岸的某些地区出现私设收费点，向过路游客非法索取钱财的现象。这种恶劣事件的发生归根结底在于当地的农民没有合法、合适地参与旅游发展的途径，在面对漓江风景区创造出来的巨大财富时产生了强烈的不公平心理，因此某些人采取了极端的手法意图从漓江旅游收益中赚取部分财富。

3. 发展机遇

为进一步贯彻自治区领导关于“保护漓江，发展临桂，再造一个新桂林”“解放思想、开拓发展”“加快提升壮大旅游业”重要讲话精神以及市委、市政府总体工作要求，以新思路谋求新发展，以新举措赢得新突破，抓项目、增投资，调结构、促三农、重民生，创新以漓江游览为核心的旅游开发模式，大力推进漓江流域特色旅游区发展，着力塑造一批主题旅游城镇和农业旅游品牌，努力让漓江两岸农民脱贫致富，全力打造桂林旅游圈，根据自治区旅游局2009年工作要求，桂林市旅游局与桂林市开元旅游规划设计公司联合编制了《桂林漓江流域富民旅游项目规划》，致力于解决“美丽漓江—贫困农民”问题。

（二）规划范围、期限与依据

1. 范围

桂林漓江沿岸富民旅游项目规划范围在漓江风景名胜区范围内进行了适当缩小。本规划根据面向农民的特点和农民县、镇、乡、村聚集的空间特点，在确定富民旅游项目规划边界时，主要关注的是漓江干流沿岸城镇和村庄。桂林漓江风景名胜区的主体部分位于桂林至阳朔地域，以漓江及其两岸峰丛洼地和周边峰林平原为基础，具体规划范围及现状分析如表6–3、图6–1所示。

表6–3 漓江沿岸富民旅游项目规划范围

序号	分区名称	范围
1	兴安漓江源沿岸	包括猫儿山自然保护区、华江乡、溶江镇
2	灵川—市区漓江沿岸	包括三街镇、定江镇、市区沿江各村、大圩镇、柘木镇、大埠乡（竹江）、草坪乡
3	草坪—阳朔县城漓江沿岸	包括草坪乡、杨堤乡、兴坪乡、阳朔县城
4	阳朔县城—平乐漓江沿岸	包括福利、普益、平乐镇，并延伸至平乐桂江段

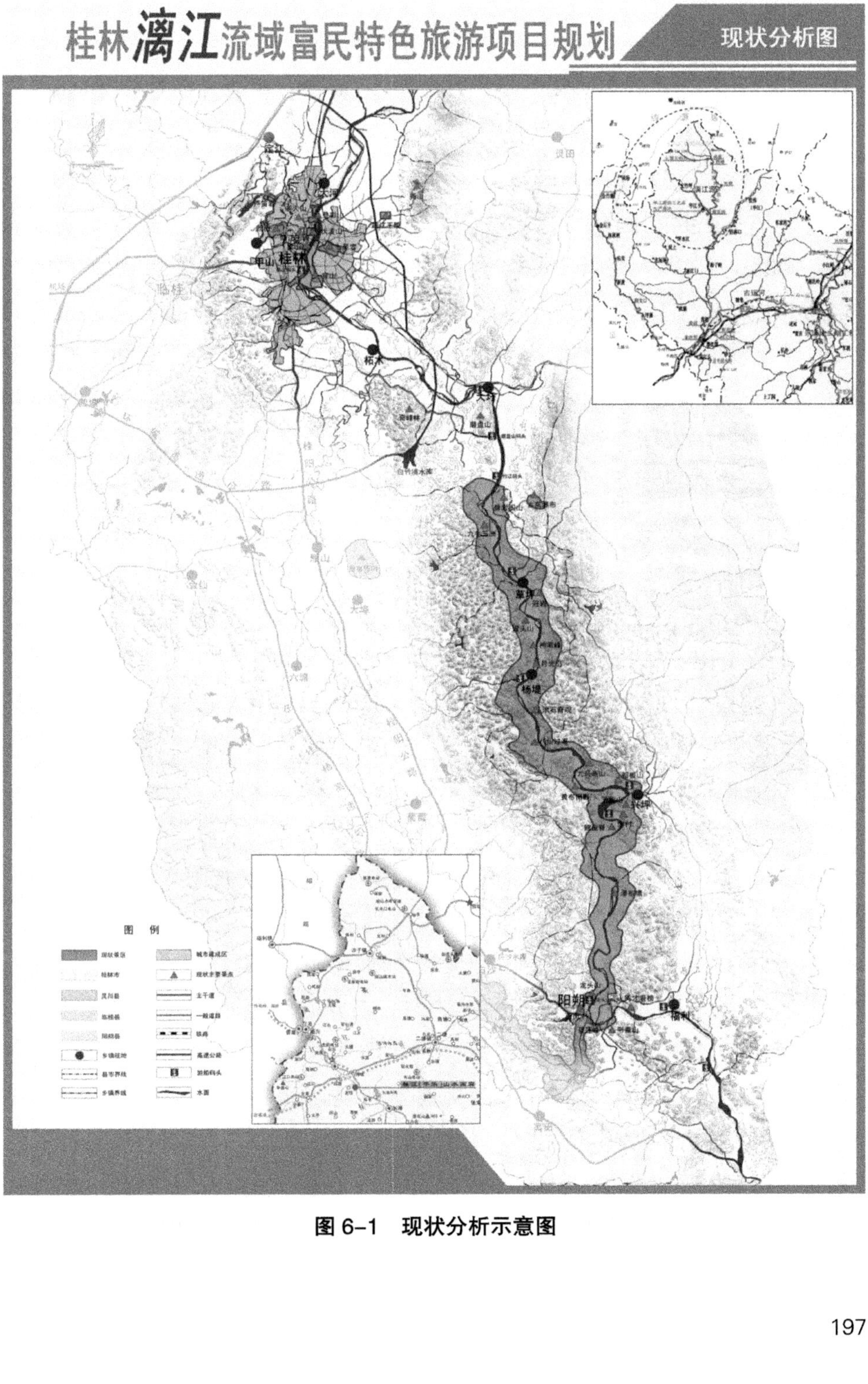

图 6-1 现状分析示意图

2. 期限

规划年限为2010—2020年，划分为两个阶段，近期为2010—2015年，中远期为2016—2020年，规划编制工作于2009年3月正式启动。

3. 规划依据

（1）法律、法规。

《中华人民共和国环境保护法》，1989；《中华人民共和国环境影响评价法》，2002；《中华人民共和国自然保护条例》，1994；《中华人民共和国森林法》，1984；《中华人民共和国土地管理法》，1998；《风景名胜区条例》，2006；《建设项目环境保护管理条例》，1998；《退耕还林条例》，2002；《风景名胜区建设管理规定》，1993；《中华人民共和国城市规划法》，1989；《中华人民共和国基本农田保护条例》，1999；《中华人民共和国农业法》，1993。

（2）国家标准。

《村镇规划标准》（GB50188-93）；《旅游发展规划管理暂行办法》（国家旅游局令第12号）；《风景名胜区规划规范》（GB50298—1999）；《中国森林公园风景资源质量等级评定》（GB/T18005—1999）；《森林公园总体设计规范》（LY/T5132—95）；《自然保护区类型与级别划分原则》（GB/T14529—1993）；《旅游区（点）质量等级的划分与评定》（GB/T17775—2003）；《旅游规划通则》（GB/T18971—2003）；《旅游资源分类、调查与评价》（GB/T18972—2003）。

（3）相关文件和规划。

桂林市人民政府《桂林市城市总体规划（2001—2010）》，2001；桂林市人民政府、中国城市规划设计研究院《桂林漓江风景名胜区总体规划》（送审稿），2008；桂林市旅游局、中山大学《桂林市旅游发展总体规划（2010—2020）》（修编）；广西壮族自治区旅游局、广西旅游规划设计院《大桂林山水文化休闲度假旅游区旅游资源整合概念性规划规划》，2004；桂林市交通局《桂林市“十一五”公路、水路交通发展规划》，2005；桂林各区县《城市总体规划》《土地利用规划》《旅游发展总体规划》；桂政函［2008］58号《关于桂林市临桂县临桂镇总体规划的批复》与市发［2008］13号《中共桂林市委市人民政府关于加快临桂新区开发建设的决定》等广西及桂林市关于漓江发展方面的相关文件。

（三）规划目标与拟解决的关键问题

通过此次规划，提出充分利用国家富民政策、三农政策、新农村建设政策和民生工程政策等国家政策优势以及旅游强大的经济带动、拉动、辐射功能，明确漓江沿岸居民通过旅游结合前述政策内容实现旅游富民的战略重点、战略任务、政策措施、管理体制、发展模式等规划内容，为桂林市漓江沿岸旅游富民提供科学务实、可操作性强、具有前瞻性的一系列可行的规划措施和方案。

规划的主要目标如下：对漓江沿岸富民旅游项目规划的旅游产业进行科学、准确和客观的定位；确立具有科学性、前瞻性和可行性的目标体系；确保旅游产业开发、项目策划具有可行性和创新性；确保旅游产业要素结构与空间布局的科学性、可行性；确保旅游设施、交通线路空间布局的科学合理性。

拟解决关键问题：如何通过项目的规划和实施，使漓江沿岸农民富裕起来；如何通过富民旅游项目，处理好漓江保护与农民利益的平衡关系（人地关系）；如何通过富民旅游项目规划的方针政策，处理好农民与政府的关系（干群关系）；如何通过富民旅游项目规划，协调好城乡关系、区域关系。

（四）规划的理念与原则

1. 规划理念

（1）分区分时旅游理念。

为更好地兼顾政府、企业、农民利益，以及资源开发与生态保护两者的平衡，漓江沿岸富民旅游项目拟实行分区分时旅游制度，以避免“一统则死、一放则乱”的局面。

（2）区域协调理念。

为了解决漓江沿岸上游与下游相同的保护义务和不同的收入权利问题，规划引入区域协调理念，以协调上游与下游的权利义务。

（3）富民理念。

规划要彰显富民理念，规划项目的方案制定和实施都以漓江沿岸农民收入增加为己任，实施期间力图解决大量劳动力就业问题，实现良好的社会效益。富民更重要的是精神财富富足，而不是单纯增加经济福利的概念。富民的外显特征，应该是一个地区的精神风貌、主体品格、文化水准的提升，说到底就是“农民素质和文明程度整体提升”。

（4）寓农业于旅游，混业经营理念。

基于桂林旅游这块金字招牌，结合漓江沿岸农业基础，树立寓农业于旅游的理念，大力发展观光农业。引导鼓励农民农闲时分及农闲季节从事旅游业，进行混业经营，以达到增加收入消化农村劳动力的效果。

（5）分期滚动发展理念。

实践表明，一个大的旅游项目要发展成熟至少需要15年以上的时间。在10多年的发展期内，旅游市场需求特点会发生很大变化，必须保留足够的发展土地空间用于建设新的项目。大的旅游项目是由一个个项目单元构成的，要成熟一个，再发展下一个，不能一次性铺完摊子。因此，漓江沿岸富民旅游项目要根据总体规划步骤滚动发展。

2. 规划原则

为桂林漓江沿岸富民旅游事业的发展提供科学务实、具有说服力的决策依据，为当地政府的政策配套、相关部门的管理跟进、地方企业的经营策略提供多层次的系统化指导和参考，为进一步的规划、建设与开发搭建系统与规范的思维平台、理念平台与共识平台，是本次桂林漓江富民项目总体规划编制的方针。

（1）保护与民生并重原则。

漓江资源是自然和历史留给人类的宝贵而不可再生的财富，其价值首先是“存在价值”。环境保护原则是桂林漓江风景名胜区规划建设的基本出发点和必须遵循的首要原则，要在“保护中开发，开发中保护”。保护是指漓江风景名胜资源的生态及景观的真实性和完整性不受破坏；保护优先是指所有的开发建设行为都要在满足保护要求的前提下依法实行。只有这样才能使漓江风景名胜资源的财富真正体现出其“存在价值”而被永续利用。

旅游景区旅游资源是游客的，更是社区人民的，因而旅游开发必须以社区利益为出发点，并首先保障他们的利益，充分地关注民生问题才是旅游开发得以顺利进行的根本，也是该旅游区可持续发展的动力源泉和出发点。结合社会主义新农村建设，在旅游开发中坚持社区利益第一原则，旅游开发不应成为社区的负担，而是通过发展旅游调整产业结构、转移农村剩余劳动力，创造多种机会让社区参与旅游开发，从中受惠获益。

（2）旅游扶贫以人为本的原则。

旅游扶贫有利于促进漓江沿岸居民生活质量的提高，从而促进漓江沿岸居民保护漓江意识的形成。项目区的规划设计要以人为本，通过发展旅游富民项目为该区内的居民带来经济效益，而且可以扩大就业面，安置农村过剩劳动力，提高贫困地区的文明程度。

（3）突出特色主题的原则。

项目区富民旅游项目开发就是立足于现有的资源，挖掘资源和文化特色，设计出区内乃至国内具有互补性而不是替代性的旅游产品。特色应该是全方位的，即从环境特色、产品特色、资源特色、设施特色、服务特色、线路特色、景点组合特色等来设计旅游景区的旅游特色。

同时，随着旅游产业的不断发展，旅游者变得越来越理智和个性化。为了满足不同人群的不同需求，需要针对不同的客源群体设计特色鲜明、个性突出的乡村田园风光和喀斯特地形地貌风光差异化主题旅游产品。

（4）可操作性原则。

规划是富民工作的前提，规划应为管理服务，应成为政府管理部门依法实施富民政策、措施的依据。因此，富民旅游项目规划必须要从实际出发，通过制定可行的方案、能落到实处的措施，使管理者可以依据规划要求实施有效管理。

（5）市场导向的理念。

市场需求决定产业的发展方向、发展规模、发展速度和发展前景。要在确定细化的客源市场定位的基础上，以客源市场的现实和潜在需求为导向，去发现、挖掘、评价、筛选和开发旅游资源，设计、制作和组合旅游产品，并将其推向市场。桂林漓江富民旅游项目的开发、产品的营销、资金的投入、人才的配置和流动，归根到底要取决于市场这只“无形的手”。也就是说，市场是配置各种要素的基础，是决定桂林漓江富民旅游项目能否发展及如何发展的根本。因此在编制规划时重点要用市场导向的原则进行开发设计。

（6）大景区原则。

漓江富民旅游项目规划要有大景区意识，不能条块分割各自为政，漓江旅游在向漓江风景名胜区管理委员会统一管理过渡的趋势下，要逐步发展和完善漓江大景区政策和物质基础。

（7）整体效益提升原则。

漓江旅游发展的诸多矛盾中，很重要的一个就是既得利益群体与欲得利益群体之间的矛盾，在国家现行的政策前提下，漓江的既得利益群体必须与欲得利益群体进行利益的重新协调。合理及可行的方法是对漓江各利益群体及整体利益进行科学分析，找出最佳的切合点，不变的一条原则就是，在保证漓江旅游整体利益提升的前提下，漓江旅游的发展要还富于民。

（五）规划方法、技术路线与成果

1. 规划方法

以理念创新性、技术先进性、方案操作性、目标可达性、适度超前性等5个方面为总体要求，采取自然、社会、工程、技术、经济等多学科交叉的系统综合工作方法。其中涉及的主要旅游规划方法与其他辅助方法具体如下。

①问卷调查和访谈法。规划过程中完成了319份国内游客和170份漓江沿岸居民的问卷调查，并运用SPSS社会统计软件予以分析，获得了翔实的游客资料；同时对宾馆饭店、旅行社、有关政府部门、游客、社区居民等多方群体进行了深入访谈，并印证有关问卷资料、统计资料，使得总体数据和结论科学可靠。

②综合旅游规划法。包括旅游资源综合指标评价、旅游地生命周期分析、市场细分下的客源发展前景预测、MP（市场—产品）矩阵导引下的旅游产品规划、休闲旅游活动的社会学和行为学分析等。

③相关方参与式规划法。包括利益相关者分析、目标与战略的确定、方案评议与比选、行动计划和政策制定等。

④多学科参与。规划组成员的研究领域涉及经济学、管理学、地理学、社会学、景区管理规划等多个领域，从多学科的角度分析研究桂林旅游业的发展，并从多学科的角度对桂林旅游发展进行规划，体现了旅游规划的综合性。

⑤旅游环境影响评估与控制。

⑥区域分析与规划技术。

⑦人类学田野调查。

2. 技术路线

漓江富民旅游项目规划的技术路线，如图 6–2 所示。

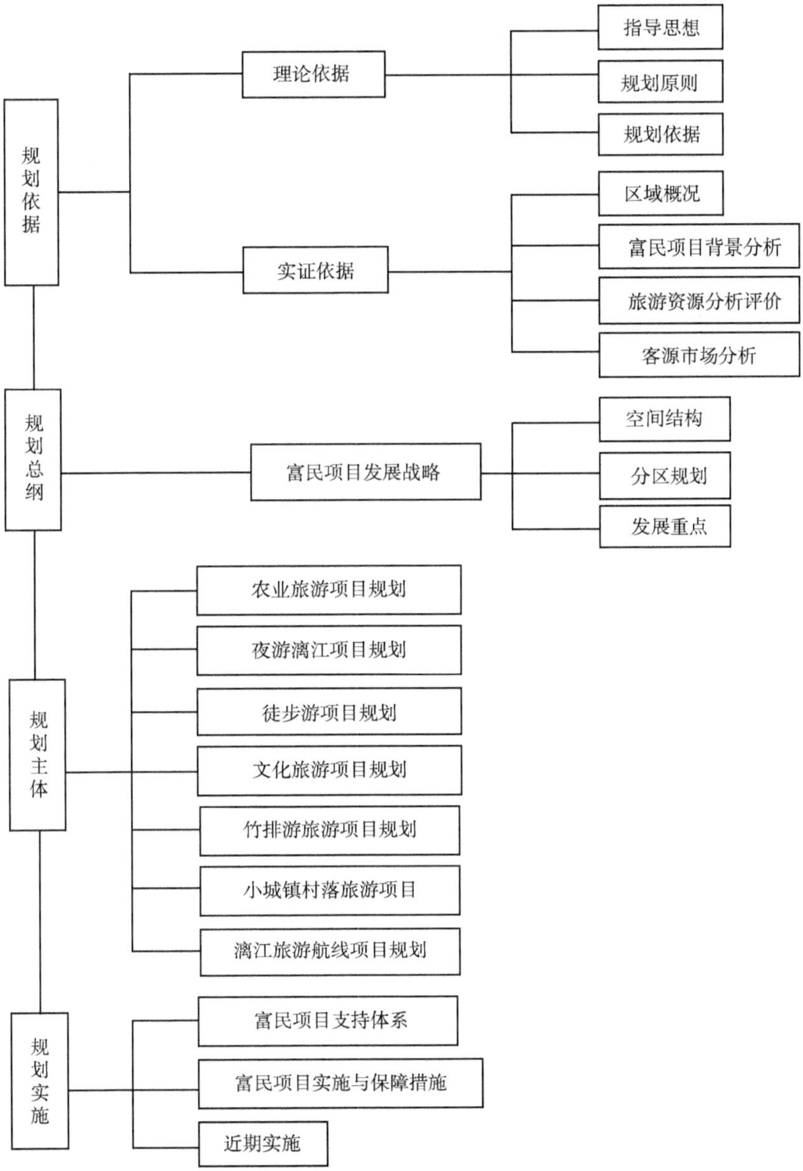

图 6–2　漓江富民旅游项目规划技术路线图

3. 规划成果

①桂林漓江沿岸富民旅游项目规划总文本。

②规划图件。包括旅游区位图、旅游资源分布图、旅游开发现状图、旅游市场分析图、旅游分区图、旅游产品空间布局图、旅游交通图、近期建设规划图等。

③专题研究。包括漓江沿岸社会经济发展现状、漓江旅游路线设置专题研究、漓江徒步旅游专题研究、漓江居民态度调查、漓江旅游市场调查报告。

二、漓江沿岸旅游资源分析

（一）漓江沿岸旅游资源类型

1. 漓江沿岸可为富民旅游项目利用的旅游资源

通过实地调查与文献分析，漓江沿岸可为富民旅游项目利用的资源很丰富，这些资源分布于村镇其间或周边，大多数资源属于漓江沿岸社区居民所拥有，归结起来主要有生态农业、自然生态、山水田园和民俗文化四大旅游资源，这些资源是漓江沿岸村镇社会经济发展与旅游开发保护的基础与前提。

（1）生态农业类旅游资源。

生态农业类旅游资源分布于整个漓江沿岸，类型丰富，规模较大，包括兴安溶江的葡萄、灵川三街至草坪的西红柿、草莓、红提、瓜果蔬菜，草坪至阳朔县城沿岸的金橘、柚子、橘子、李子、甜笋，雁山柘木和大埠的南方优质梨、大果枇杷、大果杨梅、美国黑提、水蜜桃等水果和秋冬无公害蔬菜，阳朔县城至平乐的柚子、金橘、瓜果蔬菜等。

（2）自然生态类旅游资源。

自然生态类旅游资源主要包括猫儿山的动植物、华江毛竹林、兴坪小河里森林、兴坪西塘森林、雁山柘木禄坊村的父子岩以及漓江两岸的竹林、喀斯特岩溶植物群落等。

（3）山水田园类旅游资源。

山水田园类旅游资源主要包括沿途的猫儿山、虞山、叠彩山、象鼻山、九马画山、螺蛳山、碧崖阁山、净瓶山、官帽山、塔山、碧莲峰、书童山、冠岩等众多奇特象形山峰，阳朔大圩至冠岩的田园风光、冠岩至兴坪的狭长带状田园、阳朔县城至平乐镇的山水田园风光等。

水文旅游资源有猫儿山的水源、漓江流域水文资源、漓江两岸的瀑布溪流，尤其值得推崇的是漓江的水文资源，是桂林旅游资源不可或缺的重要资源。漓江属雨源型河流，其径流量的变化受降雨时空分布的制约，洪枯季时间与降水丰枯期大致吻合。每年 3~8 月为汛期，其径流占全年的 80% 以上，尤以 5~6 月洪水最大，其径流可达全年的 40%。枯水期为 8 月至翌年 2 月，其径流仅为全年的 20%，特别是 12 月至次年 1 月，其径流仅为全年的 5%。从降雨量地理分布看，流域北部是高降雨区，向南逐渐减少。枯水期的输沙量极低，有时为零。漓江水文特征，具体如表 6–4 所示。

表 6–4　漓江水文特征

多年平均径流量 / 亿立方米	多年平均流量 / 立方米·秒 $^{-1}$	多年平均最大流量 / 立方米·秒 $^{-1}$	多年平均最小流量 / 立方米·秒 $^{-1}$	枯期最小流量 / 立方米·秒 $^{-1}$	径流模数 / s^{-1} · 平方千米	多年平均水温 / ℃	水力坡度值 / ‰
40.52	127.00	156.90	109.00	3.8	45.70	19.20	0.58

注：资料来源于中国城市规划设计研究院《漓江风景名胜区总体规划》（送审稿，2008）。

（4）民俗文化类旅游资源。

民俗文化类旅游资源主要包括华江瑶族风情、灵川定江至市区沿岸村落的龙舟文化（尤其是雁山柘木龙舟文化）、大圩古镇、草坪回族风情、官岩古村落、浪石古镇、兴坪古镇、渔村古村落、西街、漓江渔火、福利画山、福利古镇、留公古村落、阳朔啤酒鱼、平乐船家文化、兴安米粉、灵川狗肉、福利田螺酿、平乐油茶、“印象 · 刘三姐”等，此外还有华江的竹制品、福利画扇、阳朔金橘、平乐柚子等众多旅游商品，如表 6–5 所示。

表 6–5 桂林漓江沿岸富民旅游项目旅游资源布局一览

序号	旅游资源类型	资源单体名称	布局	备注
1	生态农业	葡萄	溶江黄茅坝、五甲、廖家、大凸、莲塘等	规模4万多亩，以巨峰葡萄为主
2		瓜果蔬菜	灵川三江至市区奇峰镇、毛洲岛、秦岸；平乐镇民安、福兴一带	
3		草莓	灵川秦岸一带	已形成了从桂林东站至大圩沿途“现代农业科技示范产业带”
4		茄子、瓜果	灵川廖家、秦岸一带	
5		金橘、橘子、柚子	平乐沙子镇、从草坪至阳朔福利留公漓江沿岸	平乐沙子镇万亩柚子
6		水稻	灵川三街、定江、大圩，雁山草坪以及从草坪至平乐镇沿岸	
7		红提	雁山大埠竹江	竹江红提园
8		南方优质梨、大果枇杷、大果杨梅、美国黑提、水蜜桃	雁山柘木龙门、禄坊、马家坝以及大埠东升、黎家	
9	自然生态	动植物保护区	猫儿山	漓江水源林
10		毛竹林	华江	漓江水源林
11		凤尾竹	灵川大圩至阳朔福利	漓江的主要植物景观带
12		喀斯特岩溶植被	漓江两岸山峰及峡谷	漓江的主要植物景观带
13		森林	兴坪小河里	

续表

序号	旅游资源类型	资源单体名称	布局	备注
14	山水田园	水文资源	漓江214千米长的水域，尤其是桂林到阳朔约83千米的水程；猫儿山溪水飞瀑、漓江两岸溪流瀑布	漓江是世界上规模最大、风景最美的岩溶山水游览区
15		山体景观	兴安猫儿山、市区至阳朔福利喀斯特山峰	漓江两岸的峰林、峰丛地貌堪称世界之绝；漓江两岸的象鼻山、九马画山、螺蛳山、碧崖阁山、净瓶山、碧莲峰、书童山等
16		田园	主要布局在草坪至平乐镇的漓江沿岸，尤以草坪潜经、阳朔留公、普益、杨堤全家洲最有代表性	漓江沿岸田园风光集山景、水景、村寨、农舍、阡陌、风情等为一体，是桂林山水景观的重要体现和一大特色，景观美感度极高
17	民俗文化	特色古村落	杨堤官岩、浪石、渔村、留公	
18		特色古镇	大圩、兴坪、西街、福利	
19		特色餐饮	兴安米粉、灵川狗肉、阳朔啤酒鱼、平乐船上糕	
20		特色旅游商品	兴安华江竹制品、福利画扇、阳朔金橘、平乐柚子等	
21		特色民间文化	华江瑶族风情、灵川至市区龙舟文化、阳朔漓江渔火、“印象·刘三姐”、平乐船上文化、草坪回族风情	雁山柘木镇是著名的“龙舟之乡”，历年来在国内外龙舟比赛中屡次夺冠

2. 漓江沿岸旅游资源基本类型构成

依据《旅游资源调查、分类与评价》（国标）的标准，对漓江流域两岸旅游资源进行调查，发现漓江流域两岸资源类型丰富，主类有8个，亚类有19个，基本类型有90个。具体如表6–6所示。

表6–6　漓江流域旅游资源基本类型

主类	亚类	基本类型实体或综合实体（数量）	资源开发价值		
			高	中	低
A 地文景观	AA 综合自然旅游地	猫儿山，桂林—阳朔峰林	√		
	AC 地质地貌过程形态	喀斯特溶洞群：七星岩、冠岩 喀斯特溶洞钙化与泉华：莲花洞 奇特与象形山：叠彩山、伏波山、象鼻山、斗鸡山、九马画山、官帽山、碧莲峰、书童山、童子拜冠岩、穿山、塔山等漓江喀斯特山体	√		
	AE 岛礁	市区蚂蟥洲岛、伏龙洲岛、大洲岛，灵川毛洲岛、鲤鱼洲，杨堤乡吧岛、月光岛，福利福利岛，平乐中洲	√		
B 水域风光	BA 河段	漓江、小溶江、大溶江、古灵河，九马画山漂流、雁山相思江	√		
	BC 瀑布	猫儿山瀑布群、古东瀑布群	√	√	
C 生物景观	CA 树木	沿岸各种风景林、水源林，华江竹林，漓江沿岸凤尾竹	√	√	
	CB 草原与草地	沿岸草场			√
	CC 花卉地	桂林市区桂花群落			√
	CD 野生动栖息地	猫儿山自然保护区，小河里森林，西塘森林	√		
D 天象气候景观	DA 光现象	猫儿山主峰日月星辰观察地		√	
	DB 天气与气候现象	猫儿山地丘陵冬季雨淞、雾凇、雪凇景观；漓江亚热带气候；烟雨漓江景观		√	

续表

主类	亚类	基本类型实体或综合实体（数量）	资源开发价值		
			高	中	低
F 建筑 设施	FA 综合人文旅游地	漓江高尔夫球场；七星公园，芦笛公园，象山公园，伏波山公园，叠彩公园，西山公园，虞山公园，穿山公园；老山界；阳朔刘三姐水上公园	√	√	
	FC 景观建筑与附属型建筑	杉湖双塔，伏波山摩崖字画，桂海碑林，李宗仁官邸		√	
F 建筑 设施	FD 居住地与社区	靖江王城，阳朔西街，大圩古镇，兴坪古镇，渔村，福利古镇，浪石古村落，留公村，官岩古村落	√	√	
	FF 交通建筑	磨山旅游码头，竹江旅游码头，解放桥			√
G 旅游 商品	GA 地方旅游商品	特产类：桂林米粉、灵川狗肉、阳朔啤酒鱼、华江竹制品、福利画扇等 农业特产类：兴安榕江葡萄、灵川大圩至雁山的草莓和红提葡萄、阳朔金橘和沙田柚、平乐柿子、雁山柘木和大埠的优质水果	旅游商品，不作资源实体的竞争力评价		
H 人文 活动	HB 艺术	印象·刘三姐，龙脊魂			
	HC 民间习俗	赛龙舟，渔火			
	HD 现代节庆	桂林山水文化旅游节，兴安米粉节，灵川美食节，阳朔渔火节	节事活动，不做资源实体的竞争力评价		
8个 主类	19个亚类	90个景观类型实体			

注：资料来源于中山大学《桂林市旅游发展总体规划2008—2020》（修编）。

（二）漓江沿岸旅游资源分析评价

1. 漓江沿岸旅游资源空间格局布局分析

漓江沿岸旅游资源空间格局布局呈现出明显的“核心—轴线—分区”式带状分布的特点，具体表现在以下几个方面。

（1）漓江旅游资源的最精华地带（桂林—阳朔）景观特征主要是奇峰、秀水、峡谷，大多是自然景观，象形的山石耐人寻味，是漓江旅游的核心地带，也是整个桂林旅游发展的核心，并且以乘船游赏为主。

（2）整个漓江流域沿岸呈现三条明显的轴线旅游资源带，第一条是兴安至灵川的原始森林或水源林旅游资源景观带，间或布局有生态农业旅游资源；第二条是桂林市区至阳朔福利的山水旅游资源景观带，间或布局有古村落、古圩镇和漓江民俗文化；第三条是阳朔福利至平乐县巴江口水电站的山水田园景区带，布局有大量的田园风光资源和生态农业旅游资源。

（3）整个漓江流域两岸旅游资源还具有明显的分区分布特点，即以桂林市区至阳朔码头为核心，形成了核心资源区、承接资源区和辐射资源区三个旅游资源区，如表 6–7 所示。

表 6–7 漓江沿岸旅游资源的空间格局分布

分区	资源区名称	代表性景区资源	开发程度
核心资源区	桂林市区磨盘山—阳朔旅游资源带	大圩古镇，毛洲三岛，冠岩，古东瀑布，杨堤风光，兴坪佳境，渔村，印象·刘三姐	成熟
承接资源区	城区漓江段旅游资源带	象山景区，七星景区，虞山公园，南溪公园，穿山公园	成熟
	大圩生态农业旅游资源带	秦岸草莓采摘区，竹江红提园	成熟
	榕江风景资源带	灵川三江神岭瀑布，兴安梦里水乡，黄毛坝，榕江万亩葡萄园	起步、中兴

续表

分区	资源区名称	代表性景区资源	开发程度
辐射资源区	猫儿山—华江旅游资源带	超然派，忘忧谷，铁杉公园，老山界，漓江源，华江竹林	中兴
	乐满地—灵渠旅游资源带	乐满地，灵渠，水街	成熟
	两江四湖环形游憩资源带	榕湖、杉湖、桂湖、木龙湖，正阳步行街，李宗仁官邸、白崇禧官邸，中山路夜市	成熟
	阳朔福利段旅游资源带	印象·刘三姐，刘三姐水上公园，福利古镇	成熟
	平乐桂江山水风景资源带	桂江水上休闲公园，大发瑶族风情体验区，大结森林峡谷景观区，巴江现代水工观光区，民安	起步

注：开发程度分为起步、初级、中兴、成熟、衰退。

漓江流域两岸旅游资源空间布局的特点，为规划具有不同主题特色的漓江富民旅游项目奠定了前提基础。

2. 漓江沿岸旅游资源评价

（1）漓江：山水旅游资源的典范。

桂林漓江是典型的岩溶峰林地貌。“江作青罗带，山如碧玉簪”，漓江宛若一条青罗带，蜿蜒于万点奇峰之间，沿江风光旖旎，碧水萦回，奇峰倒影、深潭、喷泉、飞瀑参差，构成一幅绚丽多彩的画卷。桂林市城区段江面开阔、平缓，伏波山、叠彩山、象山、穿山、塔山等皆平地拔起，四壁如削，奇峰罗列，气势万千；峡谷段秀山丽水相辉，景色清幽，河流依山而转，景致最为迷人，尤以草坪、杨堤、兴坪为胜。江中多洲，岸边多滩，乱石遏流，浪回波伏，茂树环合，翠竹竞秀，清远无限，使人赏心悦目。素以“山青、水秀、洞奇”闻名中外，为国务院首批公布的国家重点风景名胜区。

桂林漓江风景区也是世界上规模最大、风景最美的岩溶山水游览区，以桂林市为中心，北起兴安猫儿山，南至平乐三江口，由漓江一水相连。漓江两岸峰峦耸秀，碧水如镜，青山浮水，倒影翩翩，两岸景色犹如百里锦绣画廊。沿途主要景点有象鼻山、斗鸡山、净瓶山、磨盘山、冠岩、秀山、仙人推磨、九马画山、黄布倒影、螺蛳山、碧莲峰、书童山等。漓江景色之奇还在山光水色之变化，在清晨、在中午、在黄昏，各有其姿，变化万千。尤其是在春雨迷蒙的早晨，江面上浮动着一层轻纱般的白蒙蒙的雨丝，这时的山水就更具有一种朦胧之美。

从美学的角度来看，漓江的特点，可以概括为“清、奇、巧、变”四个字，这也是桂林山水的特点。

（2）生态农业资源丰富且独具特色

漓江两岸拥有丰富的亚热带生态农业旅游资源，目前已拥有榕江 4 万多亩葡萄生态农业、桂林东站至灵川大圩现代农业科技产业带、雁山大埠竹江红提园、阳朔金橘、平乐沙子镇万亩柚子园等，还有错落有致地布局在漓江两岸的瓜果蔬菜、水稻、玉米等生态农业。

最为值得欣赏的是漓江两岸的田园风光。桂林漓江山清水秀，在岩溶景观的大背景下形成的田园风光，不同于一般的田园风光，集山景、水景、村寨、田园、风情、古镇等为一体，是桂林山水景观的重要体现和一大特色，景观美感度极高，尤以兴坪、渔村、福利、普益田园风光为最。

（3）漓江生态资源丰富多彩，类型众多，景观美誉度极高

漓江生态资源非常丰富，尤其是具有“动植物王国”之称的猫儿山自然保护区，其中的猫儿山、都庞岭、海洋山以花岗岩地层为主，海拔一般在 1000~1500 米，气势雄伟。猫儿山是资江、漓江、浔江的三江策源地，三江共源，流向各异，构成奇观，已被辟为旅游、避暑旅游胜地。此外还有万亩水源林华江竹林，兴坪西塘森林、小河里森林植被资源以及漓江两岸喀斯特植物生态资源等，植被类型较多，包括经济果树林、毛竹林、凤尾竹林、金橘林、柑橘林等，其中最能构成风景资源的是桂花林、常绿阔叶林、毛竹林、银杏林等。这些资源景观的美誉度都非常高。

（4）漓江流域人文景观灿烂辉煌，民俗文化独具特色

美丽的漓江孕育了丰厚的人文文化，漓江流域两岸各族人民一起创造了

辉煌灿烂的地域文化，拥有华江瑶族文化，草坪回族文化，阳朔漓江渔火文化，平乐船家文化，以及米粉、啤酒鱼、狗肉、田螺酿等美食文化，并拥有靖江王城、大圩古镇、兴坪古镇、福利古镇、浪石古村、渔村古村、留公古村等众多的古镇古村落，保存有龙舟、渔鼓、漓江渔火等浓郁的民俗文化，独具特色，具有明显的漓江地域特征。

（5）适宜的休闲度假和避暑气候

漓江流域两岸属中亚热带季风气候区，热量丰富，雨量充沛，光照充足，四季分明，雨热基本同季，气候条件十分优越，适合于热带岩溶发育（见表6–8）。一年四季均适宜于开展旅游活动，并且随着季节、昼夜、早晚的不同，桂林山水的景色千变万化，用唐代杜甫的诗句“五岭皆炎热，宜人独桂林”来赞叹桂林最适合不过。

表6–8　桂林漓江流域气象因子

月份	1	2	3	4	5	6	7	8	9	10	11	12
月平均温度/℃	8	9	13.1	18.4	23.1	26.2	28.3	27.8	25.8	20.7	15.2	10.1
降雨量/毫米	54.5	71.7	126.6	284.4	252.1	316.9	233.7	164.3	64.6	101.3	79.2	54.7
雨日/天	3. 6	4. 5	7. 1	12.1	10.0	9. 8	8. 3	7. 1	3. 0	4. 7	5. 4	3. 4

注：资料来源于中国城市规划设计研究院《漓江风景名胜区总体规划》（送审稿，2008）。

与中国南方主要度假城市三亚、昆明相比较，桂林全年可游，其中3月、4月、5月、10月、11月是比较好的休闲度假旅游期。作为桂林气候最佳区域，漓江也就成为目前中国最佳度假和避暑旅游目的地之一，其旅游资源分布如图6–3所示。

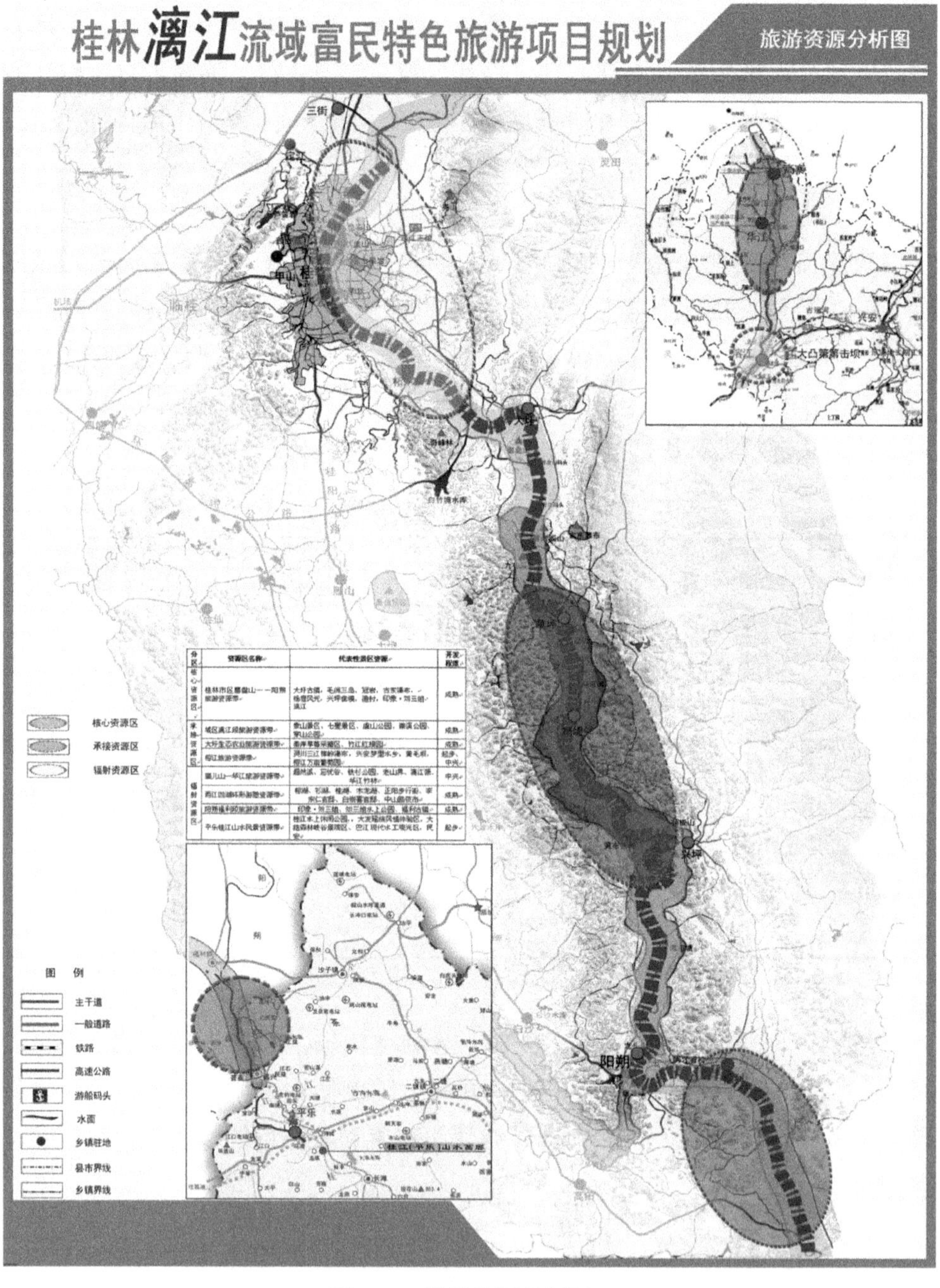
桂林漓江流域富民特色旅游项目规划
旅游资源分析图
三街
灵田
临桂
大圩
阳朔
兴坪
核心资源区
承接资源区
辐射资源区
图　例
主干道
一般道路
铁路
高速公路
游船码头
水面
乡镇驻地
县市界线
乡镇界线
平乐

图 6–3　旅游资源分析图

三、漓江沿岸富民旅游项目旅游细分市场与营销规划

根据市场调研（调研组共针对桂林境内外市场发放问卷3957份，回收有效问卷3572份），本项目旅游市场主要是以桂林、阳朔两个城市的客源为依托。桂林市是我国传统的旅游目的地和集散中心，至今依然是我国热点旅游目的地，2008年接待国内外游客1600多万人次，其中阳朔接待500多万人次，根据调研，本项目的客源市场定位是基于这两大集散中心的客源及当地市民。同时，本项目旅游市场的发展离不开国家推行的休假制度及国家经济发展，这也是促使漓江旅游从观光转向多元化的两个重要因素，在分析本项目旅游市场时主要是基于以上因素进行。

（一）　旅游细分市场与定位

1. 漓江客源市场依托于桂林和阳朔的大市场

漓江作为桂林的核心旅游产品，是桂林旅游的缩影。它贯穿兴安、灵川、桂林市区、阳朔、平乐，而桂林市区和阳朔、兴安等又是桂林旅游资源和产品的主要集中地。据调查，到桂林旅游的外地游客，绝大部分都会到桂林市区或阳朔，而到桂林市区或阳朔的游客，绝大部分都会到漓江沿线旅游。据此可以认为，游客游览漓江，主要是通过桂林、阳朔这两个集散中心来作为跳板的。也就是说，漓江主要的客源市场是依托于桂林和阳朔的大市场，其潜在的客源市场就是所有来桂林市旅游的海内外游客及本地市民。

2. 客源市场细分与定位

（1）产品分区定位。

①兴安生态农业观光旅游区。主要是中低端游客，包括桂林市市民、兴安县城居民和桂林市在校大学生，以及从桂林分流过来的生态、运动型游客等，这一类客源市场往往喜欢亲近自然、强调旅游环保卫生。

②灵川—市区农家乐休闲旅游区。遍及中低各端游客，主要包括桂林市市民、灵川县城居民和桂林市在校大学生，以及从桂林分流过来的购物和休闲、观光型游客，这一类客源市场一般追求短途旅游，喜欢农家乐、农业体验、旅游购物等休闲娱乐活动。

③草坪—阳朔县城旅游扶贫特区。主要是中高端游客，包括广东省游客、桂林市市民、广西各大中城市市民、桂林市在校大学生，以及来桂林市旅游的观光、生态、体验、度假型中青年游客，生态观光是这一类客源市场的突出爱好，往往要求山水景观优美、生态环境良好、旅游体验刺激、旅游活动自由灵活等。

④阳朔县城—平乐休闲度假文化体验旅游区。遍及高中低端游客，主要包括桂林市市民、桂林市在校大学生，以及从桂林、阳朔分流过来的观光、体验、文化、商务、购物、休闲度假型游客，这一类客源市场往往强调环境安全休闲优美、旅游产品丰富多样、旅游文化内涵深刻、旅游活动方便自由、旅游方式个性多样等。

（2）主要旅游产品客源市场细分定位。

对本项目的主要产品进行梳理，并分别做出市场细分，如表 6–9 所示。

表 6–9　项目主要旅游产品客源市场细分定位

旅游产品类型	游客消费水平	主要社会群体
村镇旅游	大众市场	各种社会群体，尤其是民俗旅游者
户外休闲运动	中高端市场	城市居民、个体经营者、科研人员、高校和科研机构人员、部门主管干部、市民、企业白领阶层及中层以上技术工人
自然生态旅游	大众市场	各种社会群体，尤其是生态旅游者
农业旅游	大众市场	各种社会群体，尤其是当地城市居民
社会文化旅游	中高端市场	海外游客、高校和科研机构人员、部门主管干部、企业白领阶层及中层以上技术工人、科研人员
民俗旅游	大众市场	各种社会群体，尤其是民俗旅游者
休闲度假旅游	中高端市场	海外游客、高校和科研机构人员、部门主管干部、企业白领阶层及中层以上技术工人、科研人员、个体经营者
乡村旅游	大众市场	各种社会群体，尤其是当地城市居民
竹排游	大众市场	各种社会群体，尤其是中青年旅游者
徒步旅游	大众市场	各种社会群体，尤其是中青年旅游者

①高端旅游产品客源市场。高端旅游产品客源市场细分定位为海外游客、企业中高层主管、高校和科研机构的副高以上专业技术职称人员以及部门主管、商务旅游人员、影视演员、社会名流等富产阶层或者高消费群客户。这一类型的游客收入和社会地位都比较高，他们更多地偏向于商务和度假旅游产品。在旅游过程中，他们更多地注重自己的身份，强调被他人尊重，对各项旅游服务要求比较高，而对服务的价格一般不太敏感。

②中端旅游产品客源市场。中端旅游产品客源市场细分定位为企业白领阶层及中层以上技术工人、个体经营者、高校和科研机构的中级专业技术职称人员以及中层干部等客户。这一类型的游客目前是桂林旅游的中间市场，他们具有一定的经济能力和旅游审美能力，注重旅游体验，消费欲望比较强，但同时又强调“物有所值”，一般会在投入和产出当中寻找平衡，但偶尔也会购买某些高档的旅游服务产品。

③低端旅游产品客源市场。低端旅游产品客源市场细分定位为大学生、普通工人、普通商务人员等低收入人群。这一类游客的旅游消费能力比较低，对旅游产品的价格也比较敏感，而对旅游服务水平的要求则相对比较低。

（3）地域空间客源市场细分定位。

从地理区位的角度，对本项目进行市场细分（见表6-10），细分市场与《桂林旅游发展总体规划（修编）》的市场定位基本吻合。

表6-10　项目主要旅游产品客源市场细分定位

潜力	一级目标市场	二级目标市场	三级目标市场
国内市场	广西、广东、湖南、湖北、江苏、浙江、上海、北京等各省区大中型城市居民	河南、福建、贵州、江西、安徽、天津、山东、四川、云南等各省区大中型城市居民	其他各省区大中型城市居民
入境市场	日本、韩国、东南亚国家以及中国港澳台地区	北美、西欧市场	其他海外市场

（二）旅游市场营销规划

1. 基本思路

从漓江的开发和营销现状出发，通过分析本项目的基本特色及其与桂林市各行政区旅游的相互关系，抓住旅游市场发展的基本趋势和游客的偏好，采取有针对性的旅游营销策略。

2. 漓江旅游营销现状分析

本规划项目实际上是在漓江（包括漓江源）原有的开发基础上进行整合规划的，其中的一些产品项目是新开发的旅游产品，所以并没有做营销工作，而原有相当数量的旅游项目由于缺乏规范性和合法性，营销力度不够或者不够规范。

（1）漓江的营销力度较大，知名度较高。

据调查，漓江的知名度在桂林市所有旅游景观当中是最高的，达到96%，被调查者中表示去过和准备去的比例达到86%。漓江的知名度高源自各方面的原因：一是漓江风光确实漂亮；二是小学教材对漓江的描述，国人几乎都知道漓江；三是桂林市围绕漓江开展了各种营销活动，这些营销活动尤其是电视、报纸、杂志等新闻媒体的宣传报道，对漓江知名度的提高尤为重要。

（2）漓江的美誉度相对其知名度较低。

据调查，漓江的美誉度虽然在桂林市所有旅游景观当中是最高的，但也仅有56.3%，主要有以下几个因素影响：一是旅游企业的不正当竞争，采用各种手段欺骗消费者，侵害了旅客的权益；二是漓江近些年的环境受到一定的破坏和污染，水源不够充足，有85.3%的被访游客认为漓江的自然环境保护亟待改进；三是漓江的旅游开发力度不够，有24.1%的被访游客希望加大对漓江旅游项目的开发，仅有17.6%的被访游客喜欢现行的大型游船游览漓江，有60.5%的被访游客喜欢竹筏游船游览漓江，31.7%的被访游客喜欢徒步旅游漓江，26%的被访游客希望能在漓江边上休闲度假。另外，在一些游客的眼里，桂林就是漓江，漓江就是桂林，由于桂林个别旅游领域的服务水平（包括漓江）较低，从而连带损害了漓江的名誉。

（3）漓江的旅游营销范围太小。

由于漓江的旅游开发深度不够，目前经市政府批准的旅游航线只有三条，即漓江精华游（磨盘山或竹江码头至阳朔）、市区水上游（斗鸡潭至虞山桥）、阳朔水上游（阳朔水东门码头至普益），因此，属于政府行为的旅游营销仅限于这三条旅游线路。在许多游客眼里，漓江旅游也就是以上的三条线路。由于这三条旅游线路的经营模式落于传统俗套，跟不上当代旅游市场的发展需求，因而，漓江的多重魅力并没有得到展现。

（4）整合营销力度较小。

1998年以前，桂林市和周边12个县的旅游业基本属于各自为政的状态。1998年地市合并之后，桂林市旅游的整合开发营销虽然取得了一定成绩，但整合营销的力度依然不够，漓江的对外宣传依然势单力薄。不少人认为，桂林旅游也就只有一条漓江，这在休闲度假旅游盛行的今天，对漓江的旅游发展是不利的。

3. 市场营销策略

（1）政府主导策略。

本项目规划涉及整条漓江的各个河段，分属桂林市区及阳朔、兴安、灵川、平乐等各个行政区域，因此，本项目的营销必须发挥桂林市政府的主导性作用，通过漓管办与漓管局对各个河段的营销进行协调整合。另外，桂林市区及阳朔、兴安、灵川、平乐等各级政府应该从大局出发，协调好政府与企业、居民的相互关系，真正为漓江所想、为民生所虑，搞好富民旅游开发及其宣传。

（2）整体营销和捆绑营销策略。

首先，利用漓江这条主心骨，通过对所有产品项目的梳理和分类，将各区各类各项富民项目旅游产品按照生态、观光、休闲、度假、娱乐等标准进行整合打包，塑造一个崭新的漓江休闲度假旅游带新形象，并利用漓江较高的知名度宣传那些知名度较小的旅游景区和旅游产品项目。另外，要将包括富民旅游项目在内的所有漓江及其沿岸的旅游项目当作一个整体，纳入大桂林旅游项目营销宣传之中。

其次，鉴于漓江风景名胜区的管理属于双重管理，而漓管办与漓管局职能有限，无法对本规划的所有产品项目分别进行营销宣传，因此本规划的各个旅游产品项目还应分别纳入各个所属行政区内进行营销。通过确定生态、观光、休闲、度假、娱乐等各种旅游主题，策划相关的旅游线路，将各个旅游产品项目分别与漓江、猫儿山、阳朔、乐满地、西街等知名旅游景区或产品项目捆绑起来，联合营销。

（3）品牌营销策略。

由于本项目的众多旅游产品项目依托于漓江风景名胜区，景观优美，生态环境良好，因此旅游产品市场前景较好。品牌营销战略一方面要利用漓江这个品牌进行宣传，另一方面要塑造观光、生态、休闲和度假等各种旅游产品品牌。

（4）生态旅游和体验旅游营销策略。

充分利用本项目所依托的优美的生态旅游环境资源和体验性强的项目特征进行宣传。

（5）社会营销策略。

现在的旅游者在选择一个旅游目的地时，很大程度上会受到社会新闻媒体和亲朋好友好恶的影响，因此，本项目要在做好开发完善服务的基础上，积极地跟游客沟通、与媒体合作，搞好关系，通过媒体和游客等社会主体的力量，达到社会各界积极宣传漓江和本项目的目的。

（6）短途市场策略。

本项目规划的许多旅游产品项目，从本质属性上来说属于乡村旅游产品项目，知名度和品位不是很高，而且不好纳入重点旅游景区景点，因此对于中长线旅游市场来说吸引力不大，但是对于短途市场来说，由于与大桂林旅游地距离较近，重游率高，因此具有较大的被选择概率。

（7）名人促销策略。

利用海内外到过漓江相关景区景点的名人进行宣传推广，同时也可以聘请具有良好社会形象的各界知名人士做形象代言，进一步扩大本项目海内外的知名度。

（8）节事促销策略。

做大做强渔火节、葡萄节、龙舟节等节庆活动，同时根据本项目的产品特色，针对各类旅游者设计系列旅游活动，如“关注漓江，走近漓江人”“做一天‘漓江人’”“另类漓江旅游”等，以此吸引社会大众的眼球，并将旅游者引入漓江居民生活社区进行旅游消费。

（9）形象促销策略。

①旅游形象分析。本项目旅游产品的开发依托于“山水甲天下”的漓江旅游形象，但又是漓江传统产品的突破发展，与漓江两岸的生态环境、文化景观、民俗生活等紧密联系，旅游产品突出“自然、生态、文化、体验、休闲”等特征，因此其旅游形象应将漓江旅游形象和本项目的产品特色结合起来。

②旅游形象定位。根据旅游者的形象感知特征，利用“漓江”这个形象品牌，消除传统上“白天坐着大游船，被导游从桂林赶着到阳朔”这一陈旧的漓江旅游认识误区，突出在与漓江山水亲密接触过程中，多层面深层次体验“漓江人”风情的浪漫特色，本项目产品做了如下旅游主题形象定位：体验漓江山水、南国浪漫风情。根据漓江这一主题形象定位，为了进一步宣传本项目的特色形象，结合本项目的富民特色，以及当代大多数旅游者的心理需求，本项目可以确定如下主题形象宣传口号：甲天下山水，更多接触，更深体验。根据本项目的功能分区，分别确定如表6–11所示的支撑形象定位与宣传口号。

表6–11　支撑形象定位与宣传口号

旅游功能分区	兴安生态农业观光旅游区	灵川—市区农家乐休闲旅游区	草坪—阳朔县城旅游扶贫特区	阳朔县城—平乐休闲度假文化体验旅游区
形象定位	漓江源，生态缘	漓江边，农家情	精品山水，浪漫漓江	休闲世界，度假天堂
宣传口号	探漓江河源，品兴安情缘	离山水城市最近的农家乐园	品味精品山水，体验浪漫漓江	漓水边上最美的休闲度假天堂

（10）外围营销策略。

鉴于本项目的许多旅游产品依托于分流桂林市和阳朔县的客源市场，以及诸多旅游产品客源的短途化，可考虑在景区的外围，即桂林和阳朔等周边城市的交通要道和街头小巷树立户外广告牌，在各个城市的宾馆、旅馆发布广告信息，在旅游交通工具上做流动广告，并将旅游信息发布至旅游地图上，等等。

（11）依据不同细分市场进行重点营销。

把海外及国内市场分为一级、二级和三级市场，并选择重点营销策略，如表 6–12 所示。

表 6–12　桂林旅游营销策略

游客市场	潜力	游客目的	营销策略
日本、韩国、东南亚等国家及中国港澳台地区	一级目标市场	观光，商务，休闲度假，文化，修学	网络促销、宾馆促销、旅游地图促销、展销团、公共关系
北美、西欧市场	二级目标市场	休闲度假，观光，文化，购物、奖励旅游	网络促销、宾馆促销、旅游地图促销
其他海外市场	三级目标市场	观光，商务	网络促销、宾馆促销、旅游地图促销
广西、广东、湖南、湖北、江苏、浙江、上海、北京等各省区大中型城市居民	一级目标市场	观光，休闲度假，会议，生态、奖励旅游	广播电视、报纸杂志、网络促销、户外广告、宾馆促销、旅游地图促销
福建、贵州、江西、安徽、天津、山东、四川、云南等各省区大中型城市居民	二级目标市场	观光休闲，商务，会议	报纸杂志、网络促销、户外广告、宾馆促销、旅游地图促销
其他地区等各省区大中型城市居民	三级目标市场	观光休闲，会议	报纸杂志、网络促销、户外广告、宾馆促销、旅游地图促销

4. 营销渠道选择

（1）以大众传媒为基础的传统营销渠道。

电视、广播、报纸、杂志等大众传媒仍然是当今旅游宣传营销的一种重要渠道，可以根据不同媒介的宣传功能和适用对象进行策略性选择。例如，利用电视媒介做漓江形象宣传广告；利用广播和报纸针对城市居民尤其是老年群体做漓江旅游项目和漓江旅游线路宣传广告；利用杂志针对明确的受众对象（如青年女性）和专业人士做漓江旅游企业广告、漓江旅游项目广告，等等。

（2）以网络技术为基础的新兴营销渠道。

①建立漓江产品营销网站。充分利用互联网传递信息的迅捷性和广泛性的特点，将现有的关于漓江产品营销的网站进行整合和更新，建立一个完善、权威的漓江旅游营销网站，并力争进入主要网络搜索引擎和一些热门站点的友情链接，推介本项目的旅游产品，同时加强漓江旅游电子商务平台的建设。

②建立虚拟旅游平台。建立虚拟旅游平台，为游客提供虚拟旅游服务，通过技术将漓江旅游产品还原到网上，只要能够上网的人都可以到上面体验。这样不仅能够宣传漓江旅游品牌，而且可以促使游客下定决心到现场进行旅游体验。

③制定灵活的产品定制方式。实现游客与客服之间的及时互动和双向沟通，通过一对一交流，进一步地加强与旅游服务市场的联系。游客可以对各项旅游产品进行自制式（DIY）定制，根据自己定制的旅游菜单选择产品开展旅游活动。游客可以在网上或者旅行社定制自己的产品组合；在漓江沿线旅游也可以通过“联票制”等方式在自由时间选择同类型的游船进行旅行。

（3）发布于桂林及周边城市街头小巷和各大旅游酒店的各种广告。

主要包括旅游企业派发的旅游宣传单、旅游企业宣传册、旅游产品介绍册、旅游交通工具上的流动广告、户外广告、旅游地图等。

（4）政府行政关系营销渠道。

本项目是一项民生工程，桂林市及其下级相关政府应积极利用行政关系，积极宣传和推介相关景区景点。

（5）俱乐部方式营销渠道。

通过免费赠送宣传杂志等形式，取得遍及主要旅游客源地大中城市的各类富人俱乐部，如自驾车游俱乐部、康体保健医疗俱乐部、车友俱乐部、驴友俱乐部等的支持，利用他们的影响力，在城市的高端市场群体进行宣传。

（6）制作漓江产品宣传片。

将整合后的漓江旅游中的新产品、精选线路等做成几个高水平的宣传片，针对对应的客源市场在媒体上做广告宣传，每年侧重推出主打产品类型。

四、漓江沿岸富民旅游项目布局规划

（一）空间布局结构：两岸两条线、中间一条江

一是通过开发漓江两岸两条线、中间一条江，以此分流桂林客源到漓江两岸来推动富民旅游项目发展。两岸两条线，是指在漓江两岸发展徒步旅游线路、自行车旅游线路和生态农业、农家乐等富民旅游轴线；中间一条江，是指改变漓江现有的游览方式，发展分时、分段、分区、多日游等方式，有限度地发展竹排，合理改变现有旅游航线来分流客源。

二是通过整合优化现有的旅游项目，发挥其辐射带动作用，实现富民的目的。

三是在保护漓江旅游资源的前提下，通过发展生态型旅游项目引领沿岸社区居民致富。

四是以交通建设为主线，将两岸游线全部打通，形成完整的漓江岸上游线，拓宽漓江游览范围。

（二）分区布局规划：上游保护性开发，中游限制性开发，下游全面开放性发展

分区布局规划是将空间布局具体化，旨在明确各个功能区发展思路、定位、方向等，为布局相关旅游项目做好铺垫。依据漓江流域沿岸不同的旅游资源及各自的市场目标，以区位条件、特色旅游资源、地域文化为背景，进行分区规划。

根据漓江旅游开发与保护的需要，分区规划拟划分为漓江上游（猫儿山至桂林市区）、中游（市区至阳朔县城）和下游（阳朔县城至平乐三江口，可延伸至平乐巴江口水库）三大区域，上游是漓江的水源头，以保护性开发为总原则，对水源林和森林以及漓江两岸生态实施保护；中游是漓江的精华，也是漓江旅游的重点区域，以限制性开发为总原则，避免大规模的土木建设，限定发展具有环境保护功能、利用土地不多的生态型可持续发展旅游

富民项目，同时，限制发展影响漓江主体游览方式的旅游活动。下游水深河宽，不存在枯水，水量充足，两岸可利用土地较多，以全面开放式开发为总原则，在不破坏漓江生态环境的前提下允许发展大型的旅游项目。具体的分区开发规划如表 6–13、图 6–4 所示。

表 6–13 分区规划

序号	大区域分区	功能分区名称	旅游致富区域	主要资源特色	开发核心产品
1	上游保护性开发区域	猫儿山旅游区	包括超然派生态旅游基地、十里大峡谷、龙塘江忘忧谷、六峒河漂流及猫儿山铁杉林、高寨、同仁等景区，三个水库库区	生态资源、山水资源、气候、水库景观	生态旅游、户外运动、休闲养生度假、水库旅游
2					
3	中游限制性开发区域	雁山柘木大埠·大圩古镇·毛洲岛旅游区	柘木、大埠、大圩古镇、毛洲岛、鲤鱼岛、外婆桥（草莓基地）	优质水果、龙舟文化、草莓、果蔬	农家乐、生态农业旅游
4		古东·冠岩旅游区	古东瀑布、大埠竹江红提葡萄园、神龙谷、冠岩，潜经村、草坪、浪洲、桃源等村镇	山水生态和特色农业	山水体验、农家乐
5		杨堤—兴坪旅游区	杨堤、月光岛、浪石古镇、九马画山景区等沿途景区和村寨	山水生态、田园风光	漓江徒步和竹排旅游
6		兴坪旅游区	兴坪古镇、渔村、莲花岩等	古镇、漓江山水和古村落	摄影、写生和古镇古村落文化体验

续表

序号	大区域分区	功能分区名称	旅游致富区域	主要资源特色	开发核心产品
7	全面开放式发展区域	阳朔—福利旅游区	县城、印象·刘三姐、福利等	漓江山水风光、福利画扇文化、福利古镇文化、渔火文化	夜游漓江、旅游商品、文化演艺
8		阳朔福利—平乐福兴旅游区	福利留公村、平乐福兴民安	漓江山水风光、田园风光以及古村落、现代农业	自行车旅游、田园风光、现代农业生态休闲养生
9		平乐漓江·桂江旅游区	平乐镇沿漓江与桂林两岸村镇实现旅游致富	船家文化、山水风光	水上娱乐、休闲度假、船家文化体验

1. 猫儿山旅游区

其核心景区猫儿山国家级自然保护区应强调以保护为主，生态旅游仅在经过选择的有限制的线路上和限定的景点上展开，游客容量限定在25万人次/年以内，不应超过。禁止在核心区修建宾馆饭店等旅游设施，旅游道路也要精心设计和施工，不得破坏环境，加强旅游管理和监督，提高导游水平和责任心。

其外围区可作为生态旅游地进行适度规模的开发，包括超然派生态旅游基地、十里大峡谷、龙塘江忘忧谷、六峒河漂流及猫儿山铁杉林、高寨、同仁等景区，应加强基础设施和景点的建设，重点突出生态、休闲、养生功能。在保护环境不受影响和不受污染的前提下，按生态旅游的原则进行开发。同时，对斧子口、大小溶江水库水域资源开展休闲养生娱乐旅游项目开发。

2. 雁山柘木大埠·大圩古镇·毛洲岛旅游区

包括雁山柘木、大埠、大圩古镇、毛洲岛、鲤鱼岛、外婆桥（草莓基地），主要是以生态果蔬、乡村旅游为特色，该区从桂磨公路入口至大圩沿途已经构建了灵川生态农业产业带，开发了柘木大埠优质南方梨、大果枇杷、大果杨梅、美国黑提、水蜜桃等水基地及无公害蔬菜基地、草莓采摘基地、西红柿等瓜果基地，以及毛洲岛、大圩古镇、大圩中医文化等旅游产品。未来发展中应扩大该旅游区范围，将桂磨公路入口至大圩一带全部纳入

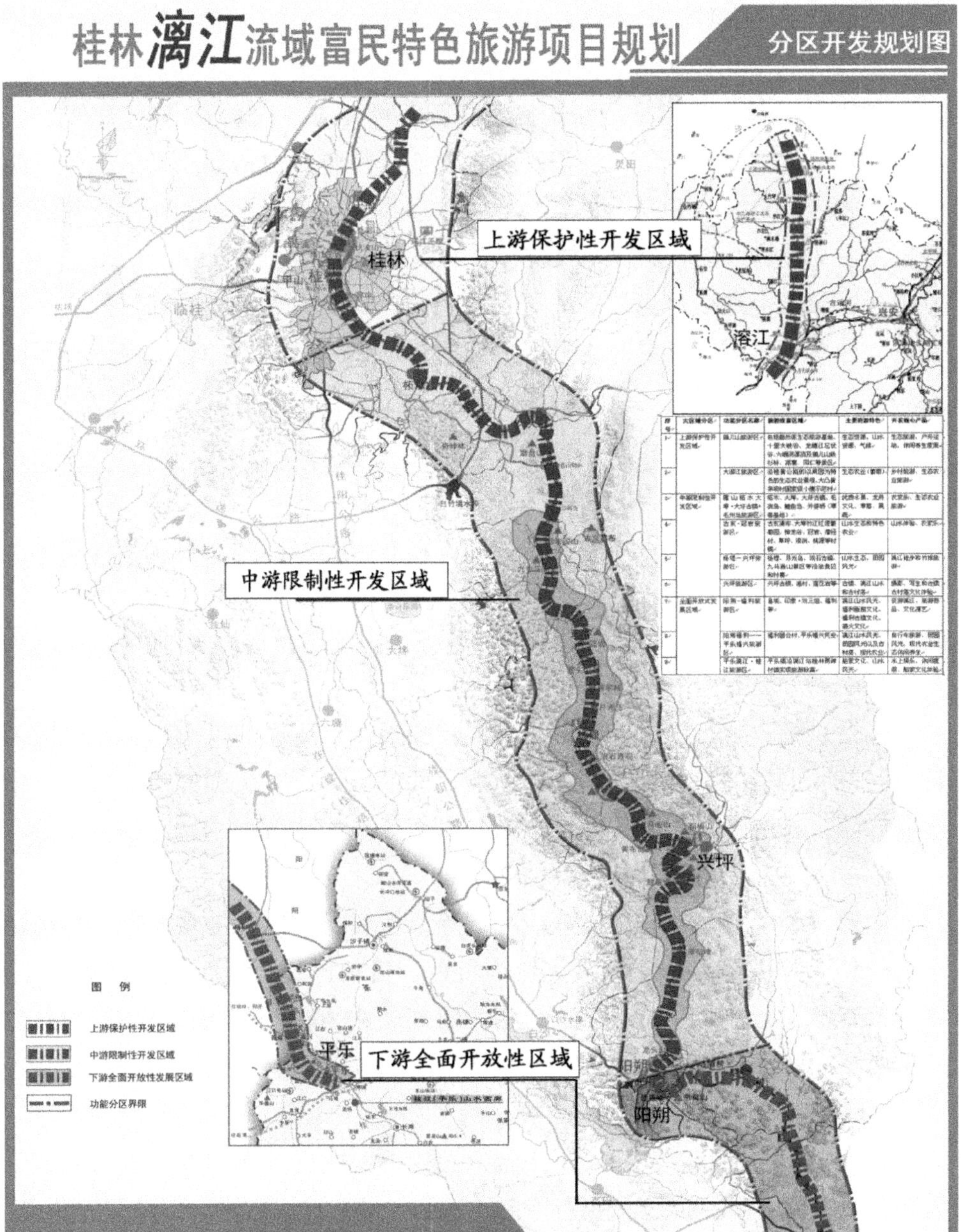
桂林漓江流域富民特色旅游项目规划
分区开发规划图
上游保护性开发区域
桂林
临桂
溶江
中游限制性开发区域
兴坪
平乐
下游全面开放性区域
阳朔
图　例
上游保护性开发区域
中游限制性开发区域
下游全面开放性发展区域
功能分区界限

图 6-4　分区开发规划图

该旅游区范围中，并形成一村一品、一村一特的发展格局，构建不同主题文化村，形成乡村旅游模式品牌。

3. 古东·冠岩旅游区

包括古东瀑布、大埠竹江红提葡萄园、神龙谷、冠岩及潜经村、浪洲、桃源等村镇，主要是以山水生态和特色农业为特色。古东瀑布景区是桂林漓江东线著名的景区，开发中重点发挥古东瀑布景区的带动辐射作用，发展大圩至古东一带的村镇农业观光旅游和农家乐。

冠岩景区也是桂林漓江东线著名的景区，开发重点是整合开发冠岩、乡吧岛、神龙谷景区，发展冠岩景区的辐射带动作用，开发潜经、浪洲田园风光和官岩、潜经古村落文化旅游，恢复桂林至冠岩的旅游路线，开发古东—冠岩的漓江徒步旅游或自行车旅游线路。

4. 杨堤—兴坪旅游区

包括月光岛、浪石古镇、九马画山景区等沿途景区和村寨，主要是以古村落、田园风光、漓江山水为特色。该旅游区是漓江山水的精华，风光秀丽旖旎，重点开发的是漓江徒步旅游和竹排旅游，兼顾乡村田园风光旅游。

5. 兴坪旅游区

包括兴坪古镇、渔村、莲花岩等，主要是以古镇、漓江山水和古村落为特色。该区也是漓江山水的精华，重点是发展摄影、写生和古镇古村落文化体验旅游，规划将该区打造成为桂林市艺术创造创意基地。

6. 阳朔—福利旅游区

包括县城、“印象·刘三姐”、福利等。主要是以漓江山水风光、福利画扇文化、福利古镇文化、渔火文化为特色。目前已经形成了漓江渔火、“印象·刘三姐”、福利画扇等旅游产品，规划未来发展重点是开发夜游漓江、旅游商品以及漓江渔火文化节等。

7. 阳朔福利—平乐福兴旅游区

包括阳朔的福利留公村、平乐福兴民安等，主要是以漓江山水风光、田园风光以及古村落、现代农业为特色。规划开发自行车旅游、田园风光旅游、现代农业生态休闲养生等主要产品，重点开发福兴中洲岛仿古校场旅游项目。

8. 平乐漓江·桂江旅游区

规划在漓江·桂江生态旅游区内建设一个以“水上民俗文化体验”为主

题的桂江船家民俗风情园，重点开发平乐县三江口水上游乐园、平乐镇风情休闲步行街、金子岭文化休闲园、榕津古榕古街，使平乐镇沿漓江与桂林两岸村镇实现旅游致富。充分利用现有的桂江船民民俗文化资源优势，开发“船家文化”，整合开发利用岭南内河船家独特的生产、生活、歌谣、婚嫁、饮食、水上游乐休闲等风俗文化，同时，开发漓江・桂江水上休闲度假旅游项目，打造平乐旅游项目的新亮点。具体的功能分区如图 6-5 所示。

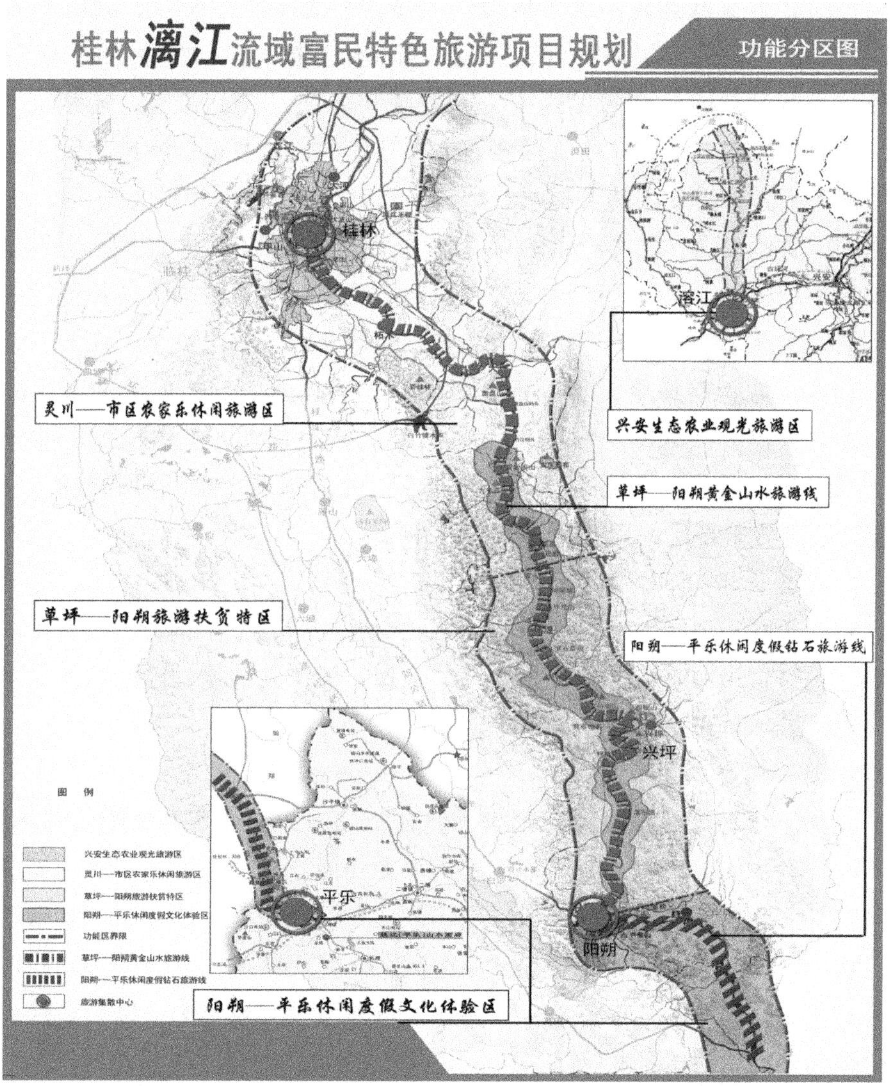

图 6-5　功能分区图

五、漓江沿岸富民旅游项目概念性规划

（一）规划思路：整合优化、统一品牌、辐射带动，整体策划、差异开发，社区参与、联盟发展

我国旅游从低到高经历了旅游产品阶段、旅游服务阶段、旅游品牌阶段，目前已经发展到了旅游创意阶段。漓江作为桂林旅游的龙头，其产品、服务和品牌都具有非常强的吸引力和较高知名度，属于成熟的旅游项目产品，然而，目前漓江景区内分散着数个小型景点，这些景点各自为政，管理水平良莠不齐，给景区的资源整合和统一经营带来了较大困难。同时，由于资源的同质性太强，同类产品的盲目开发，既造成了资源的浪费，也引起了市场的紊乱和恶性竞争，旅游经济收益直接受损，对景区的整体长远发展造成严重的负面影响。此外，小景区小景点的开发由于缺乏资金、人才、经营理念和市场意识等原因，难以得到发展，无法真正实现旅游带动富民的目的。因此，需要按照整合优化、统一品牌、辐射带动，整体策划、差异开发，社区参与、联盟发展的思路，提升漓江流域沿途村镇和景区旅游发展，以真正实现旅游富民的目的。

1. 整合优化

对处于同一地缘地理空间的旅游资源和旅游景区进行整合，并优化产品布局、线路布局、服务基础设施布局，调整相关产品结构和产业结构，避免同质化旅游产品开发造成资源破坏或浪费。

2. 统一品牌

漓江流域现有的景区品牌不少，但真正成为知名或著名品牌的并不多，受不同开发主体的影响，对同一旅游资源和相似产品采用的是不同的品牌影响策略，各个景区景点的品牌扩散度不高，并且在对外的形象宣传和营销传播过程中，造成了漓江大品牌的混乱，因此，需要根据漓江流域不同的资源特色和开发方向统一品牌策略，提升景区的竞争力和影响力，以区域性大品牌引领和带动相关项目发展。

3. 辐射带动

漓江沿岸要真正实现旅游富民，需要有客源作为保障或有大景区辐射带动，否则，仅靠开发小景区小景点是难以吸引客源的，若遍地开花式开发漓江沿岸旅游资源也不现实。沿岸的村庄要通过旅游脱贫致富，必须有大景区大品牌辐射带动，或是分流大景区大品牌的客源，或是参与大景区大品牌项目的旅游活动，以旅游就业的形式实现脱贫致富。

4. 整体策划、差异开发

漓江流域沿岸旅游开发的现状为：围绕某一大景区或大品牌项目开发了不少小景区小景点，这些小景区小景点由于隶属不同的业主，受资金、技术、理念等多重影响，无法做出旅游精品，大景区受景区范围和资源制约，也无法进一步做大做精，造成了主体雷同、产品雷同等负面影响，因此，需要通过政府层面的协调，将同一地域同一地理空间的各个景区进行整体性的策划，明确各个景区的功能布局、产品开发方向、主题和职能，以实现差异化发展，避免小景区小景点冲淡大景区大品牌项目主体或大景区大品牌项目打压小景区小景点发展，难以实现富民的目的。

5. 社区参与

旅游开发不应忽视或者忽略社区居民，通过品牌引领富民项目的规划，可以让项目所在地社区居民参与到景区发展当中来，或是参与项目建设，或是以资源入股分享旅游收入，或是开发服务项目的配套设施如农家旅馆、农家乐、种养业，等等。

6. 联盟发展

合作共赢，是现代旅游发展的必然之路。漓江流域已有不少成熟的著名旅游品牌景区或旅游项目，在漓江流域两岸富民旅游项目开发过程中，需要有大的思路、大的理念和大的科学发展观，与周边成熟的著名旅游品牌景区在经营促销上结成联盟，实现“统一品牌、统一形象、整合推广、整合营销”联盟发展战略，具体如表 6–14 所示。

表 6–14 漓江沿岸富民旅游项目概念性规划

规划理念	重点品牌概念性项目	品牌引领景区	整合优化带动的项目	战略措施
整合优化统一品牌辐射带动整体策划 差异开发社区参与联盟发展	兴安“生态运动养生天堂”富民旅游项目概念性规划	猫儿山自然保护区	猫儿山国家级自然保护区生态旅游景区	1. 政府引导，企业运作，居民参与，保护优先 2. 重视品牌景区的引导和辐射带动作用 3. 协调各方利益 4. 完善基础设施和服务设施建设，培育特色旅游线路
			超然派素质拓展运动景区	
			十里峡谷（龙潭）瀑布景区	
			六峒河漂流景区、三个水库库区旅游	
			忘忧谷生态休闲景区	
			猫儿山铁杉林观光探险景区	
	灵川—阳朔“动感漓江”富民旅游项目概念性规划	冠岩景区	大圩—草坪现代科技农业旅游产业带	1. 采用差异化策略，打造“动感漓江”品牌，使之成为漓江山水品牌之外的另一个重要的品牌 2. 强化大旅游意识，加强协调合作，突出核心景区的辐射带动作用 3. 加强政府导向型投入，加大旅游基础设施建设 4. 建立旅游扶贫示范区，以旅游扶贫形式改善社区居民生活水平
			雁山柘木大埠·大圩·毛洲岛景区 古东瀑布景区	
			冠岩·神龙谷·乡吧岛景区	
			草坪—西塘—小河背—大源·阳朔国家森林公园—兴坪轴线	
			市区—大圩—草坪—杨堤漓江山水轴线	

续表

规划理念	重点品牌概念性项目	品牌引领景区	整合优化带动的项目	战略措施
整合优化统一品牌辐射带动整体策划差异开发社区参与联盟发展	阳朔“漓江百里画廊”富民旅游项目概念性规划	兴坪景区	草坪—杨堤—兴坪竹排游览线	1. 建立旅游扶贫特区，发展生态产业和生态能源，实施生态扶贫战略，推进农牧业与旅游业的良性互动，实行经营模式多元化、游览方式多样化 2. 加强政府主导，建立徒步游和竹排游旅游公司，让利于民，完善徒步游基础设施与服务设施 3. 培育大景区和大品牌，通过大景区大品牌辐射功能带动沿岸各村庄社会经济发展
			桂林—阳朔旅游线路	
			杨堤—浪石—全家洲—老村头—冷水村—画山—小河背—兴坪—渔村徒步旅游线路	
			阳朔—樟桂—石板桥—高洲—瀑布潭—芭蕉林—古板—白沙徒步旅游线路	
			兴坪景区	
			九马画山景区	
	阳朔—平乐“山水田园”富民旅游项目概念性规划	阳朔—平乐漓江“山水田园”旅游产业带景区	漓江·桂江山水田园旅游产业带	1. 整合资源要素，打造新型旅游园区，优化发展布局 2. 主动推进旅游产品和旅游线路的区域联动合作，打造漓江旅游新一极 3. 积极培育两条新的黄金旅游线路 4. 打造文化旅游产品品牌，使之成为桂林旅游的另一重点品牌
			阳朔—书童山—木山—林家—渡头—福利—新寨—李家—留公徒步或自行车旅游线路	
			遇龙河—矮山—勇村—上观（留公）—普益（福兴）—沙子徒步或自行车旅游线路	
			“印象·刘三姐”景区	
			民安农业生态休闲养生园	
			三江口旅游区	

（二）兴安“生态运动养生天堂”富民旅游项目概念性规划

（1）整合优化项目概念：生态运动养生天堂。

（2）规划范围：包括猫儿山国家级自然保护区生态旅游景区、超然派素质拓展运动景区、十里峡谷（龙潭）瀑布景区、六峒河漂流区、忘忧谷生态休闲景区、猫儿山铁杉林观光探险景区。旅游惠及的村庄有华江乡、高寨、阳雀、同仁、水埠、升坪、千祥、永安、中洞、新文等。

（3）资源特色：自然生态、珍稀树种、三江（漓江、资江、寻江）源头、峡谷瀑布、水库。

（4）开发现状：目前已初步形成猫儿山自然保护区生态旅游、超然派户外素质拓展旅游、忘忧谷生态休闲等三个景区，以及华江乡竹制品生产基地。但目前该区域基础设施、交通、市场营销等比较落后，主题形象不明显，缺乏同一品牌，主题旅游线路没有形成，旅游产品比较单一。

（5）旅游功能：生态旅游、养生旅游、户外运动健身、休闲度假。

（6）品牌景区：猫儿山自然保护区。猫儿山作为漓江的源头，属于国家级自然保护区，生态环境与生态资源保存完好，负氧离子含量高，地形地貌独特，动植物资源丰富，经过多年发展，已在区内外具有一定的知名度，旅游品牌已初步形成，经过整合优化，完全可以打造成为华南地区著名的生态运动养生天堂。因此，以猫儿山自然保护区为品牌景区，可以引导和辐射带动超然派、忘忧谷、小溶江、十里峡谷、六峒河等景区及高寨、同仁农家乐、华江乡竹制品旅游商品生产展览基地发展。

（7）空间布局：一带两线六景区。根据项目资源特色及地理空间布局，可将“生态运动养生天堂”富民旅游项目按照“一带两线六景区”的布局进行规划，即以升坪—华江乡—同仁—阳雀—高寨—猫儿山为旅游产业发展带，以溶江—中洞—新文—永安和升坪—水埠—高寨为两条户外探险拓展旅游线路，开发猫儿山国家级自然保护区生态旅游景区、超然派素质拓展运动景区、十里峡谷（龙潭）瀑布景区、六峒河漂流景区、忘忧谷生态休闲景区、猫儿山铁杉林观光探险景区6个主题鲜明的景区。

（8）旅游项目。

猫儿山国家级自然保护区生态旅游景区。依托猫儿山优良的生态环境和丰富的动植物资源，开发生态科普、生态养生、生态度假、生态保健、生态商品、生态教育等旅游产品，重点打造生态养生旅游产品。生态养生旅游产品可根据一年四季的不同开发不同的养生项目，并与中国古代养生文化如药膳、药浴、气功、太极、全草宴、全花宴、针灸等结合，从吃、住、游、购、娱、运动等方面全力打造养生类项目。

超然派素质拓展运动景区。可根据自身的生态资源条件重点推出生态休闲型素质拓展运动项目，同时可增加一些参与性、文化趣味性强的素质拓展运动项目，建成企业、事业单位素质拓展训练基地。

十里峡谷（龙潭）瀑布景区。重点推出峡谷的瀑布群观光产品，同时，挖掘景区内的龙王庙、“二战”美机坠毁事件等资源，开发具有宗教主题或军事主题的瀑布漂流观光体验产品。

六峒河漂流景区。重点推出以漂流为主题的生态型户外运动产品，同时要在景区内融入民族文化，开发瑶族民俗风情旅游项目，增加游客参与项目，提高景区的文化内涵。

忘忧谷生态休闲景区。重点开发生态徒步（重走红军长征路）、生态休闲、六峒茶观光、生态观光、露营等生态休闲型旅游产品，尤其是重点开发休闲旅游产品，比如森林浴、农家乐等，发展六峒茶等林业经济。

三个水库库区旅游。在斧子口、大小溶江水库库区，通过发展水上娱乐、水体休闲、水体养生等旅游项目，来带动库区人民致富。

猫儿山铁杉林观光探险景区。主要开发观光、探险、溯溪、徒步、越野等户外运动，发展食用菌、中草药等生态农业，并适当发展农家乐项目。

（9）战略措施。

一是政府引导，企业运作，居民参与，保护优先。政府对项目进行统一规划，通过规划引导景区发展，同时，通过政府主导和引导，统一打造“生态运动养生天堂”这一品牌。通过企业运作，将其做成精品，让当地居民通过各种形式参与到旅游开发当中来，让旅游真正地惠及老百姓。在开发过程中，不能以破坏旅游资源和生态环境为代价，要充分依托这些资源开发生态型的旅游活动。

二是重视品牌景区的引导和辐射带动作用。依托猫儿山景区，通过科学布局旅游线路和差异化的旅游项目，辐射带动其他景区的发展。

三是协调各方利益。要兼顾各利益相关者，协调解决好居民与开发商、政府之间的利益冲突。利益协调的制度建设当前是缺失的，需要政府做好领头人，引导社区居民、开发商共同参与，合理协商，协调各方利益，建立社区参与和利益分配机制，对于不能直接从旅游当中获益的老百姓需要采取利益再分配的方式给予补偿。

四是完善基础设施和服务设施建设，培育特色旅游线路。完善旅游交通、游客服务、解说系统等旅游基础服务设施，并与外部旅游线路紧密结合，构建几条特色旅游线路。

（三）灵川—阳朔“动感漓江”富民旅游项目概念性规划

（1）整合优化项目概念：动感漓江。

（2）规划范围：大圩、草坪、杨堤，包括大圩古镇、毛洲岛、古东瀑布、神龙谷、冠岩景区、乡吧岛、月光岛（已倒闭）。旅游惠及的村庄有大圩、毛洲岛、秦岸、茯荔、大埠竹江、潜经、河泊源、浪洲、官岩、桃源、水岩。

（3）资源特色：漓江山水、生态农业、岩溶洞穴奇观、瀑布、田园风光。

（4）开发现状：灵川—阳朔“动感漓江”项目是桂林漓江东线旅游的重要组成部分，目前开发了以冠岩景区为龙头、大圩和古东景区为主要支持景区的旅游格局。目前已经开发了广西四大古镇之首——大圩古镇、广西环保教育基地——古东瀑布景区、世界溶洞之冠——漓江冠岩风景区，还开发了秦岸村草莓基地农家乐、大埠竹江提子园、毛洲岛、神龙谷等小景点小景区。但受交通、地点、价格、推广等内外部原因的影响，东线相对于南线、北线等热线较冷，线路推广还未真正形成，旅行社对东线的认知度不高。且东线旅游形象不明显，各个景区景点各自为政，旅游对当地农村农业等拉动不大。

（5）旅游功能：生态农业旅游、山水体验观光旅游、溶洞奇观旅游、文化体验。

（6）品牌景区：冠岩。冠岩景区是漓江东线旅游的龙头，曾获得两项大世界吉尼斯纪录，开发历史悠久，又位于漓江之滨，经过多年的发展，现已成为国家4A级旅游景区和国家重点风景名胜区。受它的辐射带动影响，先后开发了古东瀑布、神龙谷，并初步带动了灵川秦岸现代科技农业产业带和毛洲岛、大圩旅游发展。因此，以品牌景区整合漓江东线旅游，优化旅游产品结构，调整产业布局，才能发挥品牌景区的辐射带动作用，带动漓江东线沿岸老百姓脱贫致富，分享旅游成果。

（7）空间布局：一带两轴三区。一带，即大圩—草坪现代科技农业旅游产业带，沿途发展无公害蔬菜、瓜果、草莓、提子等现代农业；两轴，即市区—大圩—草坪—杨堤漓江山水轴线和草坪—西塘—小河背—大源・阳朔国家森林公园—兴坪轴线；三区，即雁山柘木大埠・大圩・毛洲岛景区、古东瀑布景区、冠岩・神龙谷・乡吧岛景区。

（8）旅游项目。

一带。大圩—草坪现代科技农业旅游产业带重点开发现代科技农业产业园，发展秦岸・敢兴・大圩村无公害瓜果观赏采摘园、美食体验和现代农业景观观光旅游产品。

两轴。市区—大圩—草坪—杨堤漓江山水轴线主要开发漓江山水观光旅游产品，恢复桂林—冠岩游线，开发阳朔（或兴坪）—冠岩返程游线和市区—冠岩的自行车或徒步旅游。草坪—西塘—小河背—大源・阳朔国家森林公园—兴坪轴线主要开发小河背户外山地运动、西塘生态休闲、大源・阳朔国家森林公园龙颈河漂流、兴坪古镇旅游产品，并开发自驾车、自行车越野、欧洲风情浪漫之路（沿草坪—兴坪公路布局）、徒步等特种旅游产品。

三区。雁山柘木大埠・大圩・毛洲岛景区主要开发龙舟文化体验、古镇文化体验、奇异瓜果、农家乐、民俗风情体验、汽车营地、生态农业等旅游产品。古东瀑布景区主要开发山水体验、旅游景观房产、生态环保教育旅游产品。冠岩・神龙谷・乡吧岛景区主要开发冠岩岩洞奇观、观光电车、休闲度假，浪洲田园风光、官岩古村落、神龙谷乡村体验休闲及水文化娱乐休闲旅游产品；乡吧岛主要开发素质拓展和高端休闲养生旅游产品。同时，开发月光岛休闲度假文化娱乐项目，开发冠岩—杨堤夜游漓江产品，开发冠岩—半边奇渡—杨堤徒步旅游线路，允许农民发展竹排旅游。

（9）战略措施。

一是采用差异化策略，打造“动感漓江”品牌，使之成为漓江山水品牌之外的另一个重要品牌。针对这一项目布局，对各个景区采取差异化的发展策略，明确各个景区的动态景观、旅游活动、旅游项目等内容，发展瓜果采摘、徒步、自行车、竹排、水上娱乐、亲水等具有动感理念的旅游项目，真正反映“动感漓江”主题。

二是强化大旅游意识，加强协调合作，突出核心景区的辐射带动作用。景区规划收购神龙谷、月光岛，从而实现冠岩景区核心品牌的扩大化。以冠岩景区为龙头，加强与大圩、古东瀑布景区、兴坪景区的合作，打造漓江东线“动感漓江”概念与形象，做大做活漓江东线旅游。通过发挥冠岩核心景区（神龙谷—冠岩—乡吧岛—月光岛）的辐射带动作用，为漓江东线各社区居民创造更多就业与发展旅游经济的机会。同时，需要与市政府、交通局协调好游线设置问题。

三是加强政府导向型投入，加大旅游基础设施建设。交通问题仍然是制约漓江东线旅游发展的核心问题。要加快旅游交通组织，完善内外交通网络，发挥磨盘山和竹江码头的交通集散中心作用，完善大圩—草坪—西塘—兴坪道路交通建设，优先安排景区景点至各个村落的交通道路改造与建设工作，以交通建设为纽带，分流景区客源，为景区周边社区居民发展服务业和乡村旅游创造条件。

四是建立旅游扶贫示范区，以旅游扶贫形式改善社区居民生活水平。受漓江保护政策的影响，该段区域的社区居民生活水平仍然不高，当然，也有一些农户通过发展农家乐而实现了脱贫。通过建立旅游扶贫示范区，出台相关的旅游扶持政策，推出多形式游览方式、多元化旅游产品，可以吸收更多的沿岸居民参与漓江旅游开发，让其从中受益，以降低对漓江开发与保护的压力。同时，要建立利益补偿机制，从景区发展征收的旅游资源占用费中拿出专项资金，对确实因受漓江保护或景区开发（景区开发征地等）影响而难以得到发展的社区居民采用安排就业、纳入城镇社会保障体系、养老保障等社会福利形式加以扶贫。

（四）阳朔〞漓江百里画廊〞富民旅游项目概念性规划

（1）整合优化项目概念：漓江百里画廊。

（2）规划范围：杨堤、兴坪、阳朔县城。旅游惠及的村庄有浪石、全家洲、上龙、下龙、老村头、冷水、画山、兴坪古镇、渔村、水落、高洲、樟桂、阳朔镇。

（3）资源特色：奇峰秀水、古村古镇、乡村景致、岩溶峡谷。

（4）开发现状：该段是漓江山水的精华，沿途风光旖旎，碧水萦回，奇峰倒影，有“山青、水秀、洲绿、瀑飞”之胜，构成了一幅绚丽多彩的画卷，人称“百里画廊、黄金水道”。目前开发有九马画山景区、兴坪古镇、渔村等景区，漓江一日游游线、阳朔—冠岩返程游线，自发形成徒步、竹排、婚纱摄影等旅游活动。受漓江严格的保护政策约束，加上人多地少、无法分享漓江旅游创造的价值、产业单一的影响，沿途老百姓社会经济发展落后，人均收入较低，处于贫困状态。同时，该段旅游产品以观光为主题，产品单调，结构单一。

（5）旅游功能：旅游扶贫特区、生态旅游、山水观光、体验旅游。

（6）品牌景区：兴坪景区。兴坪景区资源丰富，特色明显。中国驻联合国总部大使馆悬挂着的唯一代表中国自然景观的“黄布倒影”景点图画中外两位总统（中华民国临时大总统孙中山和美国前总统克林顿）到访过的渔村，堪称世界顶级溶洞奇观的莲花岩和罗田大洞，历史悠久的兴坪古镇，还有徐霞客 1637 年农历 5 月由桂林买舟下阳朔，泊舟食宿的兴坪水落村，加上中国人民银行于 1999 年发行的 20 元人民币上的兴坪实景图案，这些都构成了美不胜收的兴坪风景区。兴坪古镇有着 1000 多年历史，距离阳朔约 10 千米，周围群峰竞秀，有“三岩、五井、十二山”等名胜。目前，该景区尚未得到有效的开发，也没有进行品牌塑造，通过规划发展，今后完全可以成为知名的旅游品牌景区。

（7）空间布局：四线两带两区一基地。四线，即草坪—杨堤—兴坪竹排游览线，桂林—阳朔旅游线路，杨堤—浪石—全家洲—老村头—冷水村—画山—小河背—兴坪—渔村徒步旅游线路，阳朔—樟桂—石板桥—高洲—瀑布潭—芭蕉林—古板—白沙徒步旅游线路；两带，即漓江两岸第一、二重山走向的两条景观带；两区，即兴坪景区和九马画山景区；一基地，即兴坪古镇接待集散和艺术创造写生基地。

（8）旅游项目。

四线。草坪—杨堤—兴坪竹排游览线主要开发竹排旅游，让游客零距离触摸桂林山水，满足游客亲近自然、触摸山水的需求以及增加农民收入之目的；桂林—阳朔旅游线路主要开发桂林停靠冠岩、兴坪或开辟阳朔—兴坪、阳朔—冠岩返程游线等观光旅游产品；杨堤—浪石—全家洲—老村头—冷水村—画山—小河背—兴坪—渔村徒步旅游线路主要开发山水观光、乡村旅游、生态旅游、古镇古村落文化体验、艺术创造写生、休闲度假旅游产品；阳朔—樟桂—石板桥—高洲—瀑布潭—芭蕉林—古板—白沙徒步旅游线路主要开发山水观光、乡村旅游、现代休闲农业、现代生态农业体验、新农村体验等旅游产品。

两带。两带景观带以保护为主，严格限制开山取石、砍伐植被、放养，要加大色彩树种和经济林木的种植，保证漓江喀斯特地貌景观和漓江风景区生态植被的完整性。

两区。兴坪景区主要开发杨堤·兴坪段漓江山水画廊、渔村总统之旅、莲花岩和罗田大洞观光、大源·阳朔国家森林公园、龙颈河漂流、兴坪古镇文化体验游等文化体验、观光、生态、休闲、户外运动旅游产品，九马画山景区主要开发山水观光、休闲度假、漂流等旅游产品。

一基地。兴坪古镇接待集散和艺术创造写生基地主要是建立漓江山水艺术创造基地和旅游集散基地。

（9）战略措施。

一是建立旅游扶贫特区，发展生态产业和生态能源，实施生态扶贫战略，推进农牧业与旅游业的良性互动，实行经营模式多元化、游览方式多样化。该段是漓江的精华和黄金水道，但受漓江风景名胜区严格保护政策的限制，当地社会经济发展落后，因此，可以通过建立旅游扶贫特区，探索特殊扶贫模式，给予该段沿岸村庄无法直接从旅游中受益的农民最低社会保障；调整现有农业结构，允许发展板栗、茶林、种草养羊（圈养）、甜笋等生态农牧业和沼气产业，大力发展生态产业、生态能源和生态旅游。同时，开发徒步游、竹排游、自行车游、阳朔桂林返程游、艺术创造基地、写生采风等符合生态环保要求的生态旅游项目，让旅游惠及沿岸居民。

二是加强政府主导，建立徒步游和竹排游旅游公司，让利于民，完善徒步游基础设施与服务设施。鉴于该段景区的特殊性和本项目的特殊性，需要运用政府强大的管理能力和协调能力，通过政府主导建立旅游扶贫特区；建立综合管理协调机构，明确市县区及各部门的权、责、利机制；建立专门让利于民的徒步游和竹排游旅游公司，同时完善徒步游和竹排游游线的交通、厕所、服务点、导游指示牌、垃圾处理、救援系统等旅游基础与服务设施建设。

三是培育大景区和大品牌，通过大景区、大品牌辐射功能带动沿岸各村庄社会经济发展。兴坪景区有着丰富的旅游资源，通过规划解决交通瓶颈和融资问题，可以建设成一个大型的综合性旅游景区，成为继冠岩之后漓江东线的品牌景区，与冠岩遥相呼应，实现大景区辐射带动兴坪各主要村寨社会经济发展和旅游脱贫的目的。同时，与兴坪大景区打造相呼应的是打造“漓江山水画廊”旅游大品牌，以此对兴坪景区和杨堤—阳朔段旅游进行营销推广。

（五）阳朔－平乐〝山水田园〞富民旅游项目概念性规划

（1）整合优化项目概念：山水田园。

（2）规划范围：阳朔镇、福利镇、普益乡、平乐镇。旅游惠及的村庄有渔业新村、木山、林家、渡头、新寨、李家、双桥、留公、民安、民益、上游、宝沙、南洲、马头等。

（3）资源特色：田园风光、漓江山水、古镇古村落。

（4）开发现状：该项目段的主要旅游特色是漓江两岸的田园风光和村舍以及漓江山水，目前开发了阳朔刘三姐水上公园以及阳朔县城至留公、福利、普益的自行车旅游线路，以及阳朔夜游漓江和阳朔—福利段游线。开发的产品还处于介绍期，许多优质旅游产品未能得到有效开发，尤其是美丽的漓江山水风光和田园风光尚未得到有效开发，开发的潜力还非常大。

（5）旅游功能：观光游览、休闲度假、生态养生、文化体验、户外运动、水上娱乐。

（6）品牌景区：阳朔—平乐漓江“山水田园”旅游产业带。阳朔—平乐漓江“山水田园”旅游产业带位于漓江阳朔—平乐段，约35千米，包括漓江的阳朔留公至平乐福兴段以及平乐镇的高埠、民安、民益和上游等行政村的部分范围，隔河相望是阳朔的普益。主要景点有鲤鱼洲、民益中洲、磨石湾、广湖水库、笔山夕照、石脚冷水井、风岩、浦地农会、彩调山庄等。从旅游交通来看，阳朔经福利至平乐福兴可以形成水上旅游线路，陆路从阳朔至普益过渡到福兴，还有桂梧高速公路也将经过福兴和平乐，具有优越的交通区位条件。该景区水道江宽水深，两岸田园风光旖旎秀丽，植被资源丰富，气候宜人，船家文化浓郁，有“钻石水道”称誉。目前已开发了“印象·刘三姐”及福利古镇等旅游景区。但优质的旅游资源尚未得到有效开发，尤其是水资源和田园风光资源远远没有得到利用。只要放开政策，科学规划，这一项目完全可以打造成为集水上娱乐、休闲度假、会议、夜游、山水田园风光、民俗文化演艺为一体的高端旅游产品，成为漓江高端旅游品牌。

（7）空间布局：一带两线四区。一带，即漓江山水田园旅游产业带；两线，即阳朔—书童山—木山—林家—渡头—福利—新寨—李家—留公徒步或自行车旅游线路，遇龙河—矮山—勇村—上观（留公）—普益（福兴）—沙子徒步或自行车旅游线路；四区，即“印象·刘三姐”景区、福利景区、民安农业生态休闲养生园区和三江口旅游区。

（8）旅游项目。

一带。漓江山水田园旅游产业带主要开发两岸的现代农业观光、山水观光以及集水上休闲、娱乐、度假、会议、夜游、民俗文化演艺为一体的豪华游船旅游产品。

两线。阳朔—书童山—木山—林家—渡头—福利—新寨—李家—留公徒步或自行车旅游线路主要开发农家乐、乡村旅游、古村落文化观光体验、徒步、自行车、现代农业生产基地旅游产品；遇龙河—矮山—勇村—上观（留公）—普益（福兴）—沙子徒步或自行车旅游线路主要开发田园观光、现代农业生产基地、瓜果采摘、农家乐旅游产品。

四区。“印象·刘三姐”景区主要开发民族文化演艺、度假旅游产品；福利景区主要开发画扇旅游商品、古镇风貌、度假、渔火表演等旅游产品；民安农业生态休闲养生园区主要开发现代科技农业示范园、农业生态旅游、农业生态养生、休闲度假旅游产品和沙子万亩沙田柚农业示范旅游点；三江口旅游区主要开发水上娱乐、船家文化体验、船家文化演艺、南洲三国古城、旅游景观房产、旅游休闲食品生产基地、桂江水上休闲公园等旅游产品。

（9）战略措施。

一是整合资源要素，打造新型旅游园区，优化发展布局。漓江是大桂林旅游的精华，对漓江旅游的深层次开发和拓展延伸一直是整个桂林旅游业发展的共识，目前，除桂林至阳朔的漓江游外，阳朔至福利的漓江分段区域游已开发成功，阳朔遇龙河的分流域游也已取得较好的经济效益。漓江是中国为数不多的景点全流域分布的旅游黄金水道，福兴至平乐段是漓江至桂江的连接段，对其进行深层次开发无疑对桂林、平乐旅游项目的丰富和旅游经济的发展具有重大意义。通过整合阳朔南部乡村旅游区和漓江下游旅游资源，以“漓江山水田园”为核心主题形象，优化漓江下游的旅游空间组合，形成区域合理发展格局。以旅游项目带动新型旅游园区建设，完善配套功能，提升公共服务，营造良好环境，进一步增强吸引力，打造旅游产业集聚区。规划按照上述“漓江山水田园”空间布局将其建设成为平乐旅游面向桂林方向游客的重要门户，同时也成为桂林、阳朔旅游的直接辐射地和延伸区，带动漓江沿岸及阳朔南部乡村旅游发展和平乐旅游发展。

二是主动推进旅游产品和旅游线路的区域联动合作，打造漓江旅游新一极。通过与阳朔的遇龙河、漓江上游游线和漓江下游的桂江旅游联动合作，打造“漓江山水田园”旅游产品，开发水上休闲度假、生态养生、文化体验新产品和以山水田园为主题的旅游线路，让漓江下游主动融入桂林旅游圈和漓江旅游黄金带当中，打造漓江旅游新一极。

三是积极培育两条新的黄金旅游线路。利用漓江下游的区位优势、交通优势以及资源优势，培育阳朔—书童山—木山—林家—渡头—福利—新寨—李家—留公徒步或自行车黄金旅游线路和阳朔—平乐漓江·桂江水上休闲度假养生高端旅游黄金旅游线路。

四是打造文化旅游产品品牌，使之成为桂林旅游的另一重点品牌。漓江下游拥有福利画扇文化、渔火文化和平乐的船家文化等“桂林化”的文化旅游资源。可以以这些文化为载体，开发阳朔—福利夜游漓江（渔火表演）、平乐桂江船家民俗风情园文化旅游项目，使之成为桂林旅游的另一重点品牌。具体的重点品牌项目规划如图 6–6 所示。

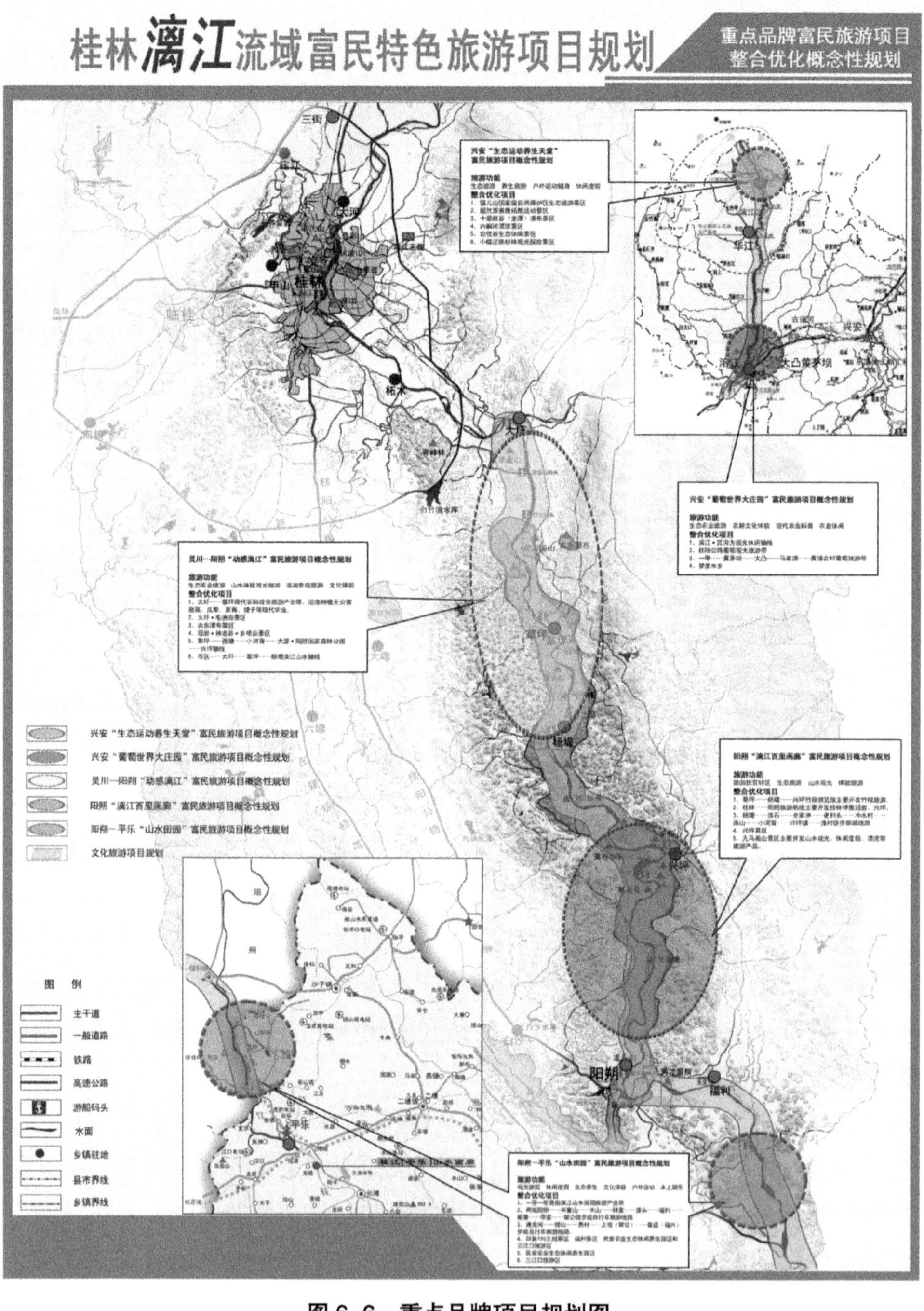

图 6-6 重点品牌项目规划图

六、漓江沿岸富民重点旅游项目规划

依据漓江流域沿岸的资源特色及开发潜力，筛选一批具有广阔前景、市场潜力较大、资源特色明显、辐射带动能力强的旅游村镇、景区、旅游线路作为重点发展项目，进行合理布局，具体如表 6–15 所示。

表 6–15 发展重点区域

<table>
<tr><th colspan="2">项目名称</th><th>重点区域</th><th>旅游致富辐射区域</th><th>发展定位</th><th>重点内容</th></tr>
<tr><td colspan="2" rowspan="3">重点旅游景区</td><td>猫儿山旅游景区</td><td>忘忧谷、同仁、高寨、超然派以及华江乡</td><td>生态休闲养生与户外休闲运动旅游胜地</td><td>生态科普、户外运动、生态旅游、休闲养生</td></tr>
<tr><td>古东·冠岩景区</td><td>潜经、大圩、毛洲岛、浪洲、草坪、杨堤</td><td>山水体验、休闲度假</td><td>户外素质拓展、生态山水、乡村旅游、游船观光、高端休闲度假</td></tr>
<tr><td>杨堤—兴坪徒步旅游景区</td><td>杨堤、浪石、全家洲、老村头、冷水村、画山、兴坪、渔村等</td><td>山水画廊、山水体验</td><td>竹排、徒步、乡村旅游</td></tr>
<tr><td rowspan="5">重点示范基地</td><td rowspan="2">旅游商品示范基地</td><td>华江</td><td>高寨、同仁、阳雀、千祥、水埠</td><td>竹制品旅游商品商贸基地</td><td>旅游商品</td></tr>
<tr><td>福利</td><td>渡头、福利</td><td>画扇旅游商品基地</td><td>旅游商品、渔火文化</td></tr>
<tr><td>农业旅游示范基地</td><td>大圩</td><td>灵川（雁山）现代科技农业产业示范带</td><td>桂林漓江东线重要的旅游中转站</td><td>农家乐</td></tr>
<tr><td rowspan="2">古镇文化旅游示范基地</td><td>兴坪</td><td>莲花岩、渔村、画山、冷水村</td><td>艺术创意创作基地、游客集散中心和休闲度假小城镇</td><td>采风写生、休闲度假</td></tr>
<tr><td>大圩</td><td>大圩古镇、毛洲岛</td><td>古镇文化游</td><td>文化体验、农家乐</td></tr>
</table>

续表

<table>
<tr><th colspan="2">项目名称</th><th>重点区域</th><th>旅游致富辐射区域</th><th>发展定位</th><th>重点内容</th></tr>
<tr><td rowspan="3">重点示范基地</td><td rowspan="2">文化产业示范基地</td><td>阳朔镇</td><td>阳朔“印象·刘三姐”景区（木山村等周边5个村寨）</td><td>文化演艺</td><td>文化演艺</td></tr>
<tr><td>平乐镇</td><td>漓江·桂江船家民俗风情园（平乐镇及船家渔民）</td><td>文化体验、文化演艺、文化休闲</td><td>文化体验、文化演艺、文化休闲</td></tr>
<tr><td>乡村旅游示范基地</td><td>阳朔</td><td>阳朔普益留公</td><td>乡村旅游</td><td>社会主义新农村建设示范村</td></tr>
<tr><td colspan="2" rowspan="3">重点旅游村镇</td><td>草坪</td><td>潜经、浪洲、河泊源、官岩</td><td>桂林漓江东线旅游的集散地，回族文化特色旅游小城镇</td><td>农家乐、集市、山水田园风光</td></tr>
<tr><td>杨堤</td><td>桃源、浪石、全家洲</td><td>三级旅游集散中心</td><td>农家乐、山水观光</td></tr>
<tr><td>重要村寨</td><td colspan="3">户外运动兴安高寨、生态农业兴安大凸黄茅坝、总统之旅阳朔渔村、老村头（九马画山景区）、漓江古镇阳朔浪石、生态农业养生基地平乐民安</td></tr>
<tr><td colspan="2">重点旅游线路</td><td colspan="4">桂林—阳朔直航游线、冠岩—兴坪游线、阳朔至平乐游线以及阳朔—兴坪—冠岩返程游线、阳朔县城—福利夜游游线</td></tr>
<tr><td colspan="2">重点节庆活动</td><td colspan="4">户外运动节、雁山柘木龙舟节、阳朔渔火节、平乐船家文化节</td></tr>
</table>

（一）重点旅游景区

1. 猫儿山旅游景区

猫儿山是漓江的水源林保护区，也是国家级自然保护区，为了漓江补水以及保护漓江，当地采取了退耕还林、禁止砍伐开荒等一系列严格的漓江源保护政策，受此影响，加上人多地少的现状，当地老百姓生活水平还是比较低。但经过多年的严格保护，猫儿山的生态环境保持得非常好，空气质量好，负氧离子含量高，溪流瀑布众多，是开展生态科普、生态旅游、户外运动的天堂。因此，在规划中，要重点开发猫儿山生态科普、探险、户外运动、生态旅游、生态绿色商品等旅游产品，以此带动忘忧谷、同仁、高寨、超然派以及华江乡的社会经济发展，在科学规划、可以监控、管理有效的前提下，开发一批生态养生、生态休闲、森林观光、生态度假（森林小木屋）等生态旅游新产品，与现有的旅游景区形成一条特色鲜明、主题突出、游线布局合理的旅游线路。通过努力，将其打造成为著名的生态休闲养生与户外休闲运动旅游胜地。通过猫儿山的旅游发展带来客源，以此吸收和带动当地居民就业，发展农家乐、运输业、蔬菜瓜果农副产品加工业等致富。

2. 古东·冠岩景区

古东·冠岩景区是桂林漓江东线旅游的核心景区和龙头景区，在这两个景区的带动辐射下，周边的潜经、大圩、毛洲岛、草坪、浪洲、杨堤社会经济都得到了很大的发展，并且促成了桂林至大埠竹江沿线生态农业产业带。这两个景区以山水生态、田园风光、溶洞奇观而闻名于世，未来发展中可对这两个景区进行整合优化，实现强强联合，发挥强品牌的影响力，带动更多的客源。并以冠岩景区为基础，将神龙谷、乡吧岛、月光岛与冠岩整合为一个大景区，恢复桂林至冠岩的游线，开辟兴坪至冠岩、阳朔至冠岩的旅游线路，开发户外素质拓展、生态山水、乡村旅游、游船观光、高端休闲度假旅游产品，通过成熟景区和新开发旅游产品激活桂林漓江东线旅游，让更多的老百姓能够从参与旅游开发中获益。在这两个景区的带动辐射下，重点扶持景区周边及漓江两岸的乡村旅游发展，通过打造一村一品、一村一特以及将农村劳动力转移到景区等措施，让老百姓发家致富。

3. 杨堤—兴坪徒步旅游景区

漓江山水的精华85%以上聚集在阳朔县杨堤乡至兴坪镇段，如浪石风光、九马画山、黄布倒影及20元人民币背景图案等。沿江两岸群众为保护漓江山林植被，放弃了养羊养鸭、开荒种果等发展经济的项目，致使生活条件艰苦。农民自身生活困难与漓江旅游的繁荣景象形成了强烈的反差，目前阳朔8个贫困村中有5个分布在漓江沿岸。自2002年以来，杨堤—兴坪地段徒步旅游的游览方式越来越被旅游者所接受，同时也给当地农民带来了良好的经济效益。

对于漓江徒步游需要统一规划、统一经营管理、统一协调分配利益，通过引导、规范、管理来实现徒步游走向可持续发展，而不是通过堵塞的办法来解决问题。为此，该景区应实行统一价格、统一经营管理、统一售票，并增加沿途由农民在政府规划指导下开办的徒步游服务点和疏导点，完善徒步游的救援系统、解说系统以及环境卫生配套设施，并重点开发浪石古镇、九马画山景区、沿途乡村旅游、多种形式的徒步旅游活动等旅游项目。

（二）重点示范基地

结合国家旅游发展新措施和国家对新农村建设、农业发展、文化发展等的新举措，规划突出示范基地作用，注重加强示范基地对周边村镇旅游经济辐射的影响，通过建设示范基地，引导社区居民从事不同的旅游项目开发，从而实现旅游脱贫致富功能。

1. 旅游商品示范基地

（1）华江竹制品旅游商品生产示范基地。

华江乡位于漓江的源头，竹资源以及生态资源丰富，可开发以竹为主题的竹博园、竹海大观园、竹制品旅游商品商贸基地、竹林生态等旅游产品，将其建设成为具有浓厚竹文化的旅游小城镇和具有地方特色的旅游商品示范基地。同时，延长竹制品的产业链，将该地建设成为竹制品产业基地，以此让老百姓通过种植竹子、出售竹制品、在竹制品工厂打工就业、在景区打工就业等方式脱贫致富。

（2）福利画扇旅游商品生产示范基地。

福利的渔火文化以及画扇具有很高的旅游开发价值，并且受阳朔旅游的辐射带动，成为阳朔自助旅游线路上的重要节点。规划将其建设为一个以旅游画扇为主题，集渔火表演、古镇文化体验、休闲度假（以建设中的悦榕大酒店为基础）为一体的特色旅游小城镇和画扇生产示范基地，让老百姓可以通过自制画扇、到画扇厂就业、种植毛竹或者参与景区表演等方式来增加收入脱贫致富。

2. 农业旅游示范基地

目前，已经初步形成从桂林东站至雁山大埠竹江码头段的灵川（雁山）现代科技农业产业带，沿途的秦岸、敢兴、六坊、竹江、大圩等村庄已经开发种植了茄子、豆角、草莓、红提、苦瓜、南方优质梨等瓜果蔬菜，并开发有休闲农庄、农家乐、瓜果采摘等旅游形式，因此，该区域可以规划作为农业旅游示范基地加以培育发展。

3. 古镇文化旅游示范基地

（1）大圩古镇文化旅游示范基地。

大圩古镇是广西古代四大圩镇之一，目前有着较为丰厚的历史文化与民俗文化，其周边布局有草莓基地、古东瀑布景区、毛洲岛等景区景点，知名度较高。可在现有的基础上重点打造古镇历史文化体验游产品，将其建设成为桂林漓江东线重要的旅游中转站，并着力开发旅游景观房产，以此带动当地居民就业和种植业发展。

（2）兴坪古镇文化旅游示范基地。

兴坪是桂林游客下阳朔和阳朔游客上桂林的集散地，也是周边莲花岩、渔村、九马画山等景区景点游客来往的集散地，更是一个文化特色明显的古镇。规划将其建设成为艺术创意创作基地、游客集散中心和休闲度假小城镇，并着力开发旅游景观房产，以此带动当地居民就业和种植业、农副产品加工业发展，实现富民。

4. 文化产业示范基地

（1）“印象·刘三姐”景区国家级文化产业示范基地。

阳朔“印象·刘三姐”景区已经被评为国家级文化产业示范基地，该基地吸纳周边的田家河村、兴坪村、木山村、木山榨村、猫仔山村等6个村庄

600 多人致富，并带动了周边商业发展，为当地提供了大量的就业机会。在未来发展中要借助该景区的辐射作用，带动漓江沿岸相关村庄的社会经济发展。

（2）平乐镇文化产业示范基地。

平乐具有丰厚的船家文化。拟规划以平乐镇为基地，开发船家文化，包括三江口船家文化风情园、平乐镇风情休闲步行街、金子岭文化旅游休闲园、三江口水上游乐园等文化旅游项目，将其打造成为国家级文化产业示范基地，带动平乐县城及漓江·桂林渔民、沿岸村民的社会经济发展。

5. 乡村旅游示范基地

阳朔是世界旅游组织推荐的乡村休闲旅游目的地，其中从县城至普益留公村一带的乡村田园风光和乡村旅游堪称阳朔乡村休闲旅游的典范，因此，拟规划将阳朔普益留公村建设为乡村休闲旅游示范基地，以此带动对岸的平乐福兴、富旺等乡村旅游发展。

（三）重点旅游村镇

依托历史文化村镇、特色民族村镇、旅游景区相邻村镇、全国农业旅游示范点村寨的发展，建设发展一批重点旅游村镇，以此来带动当地社区居民的社会经济发展。

（1）草坪。

草坪是广西唯一的一个回族乡，结合冠岩景区的发展，可让老百姓通过合作社和股份形式发展餐饮业、农家乐、住宿业、回族文化风情游览项目等，将其建成桂林漓江东线的旅游集散地和民族文化特色旅游小城镇。

（2）杨堤。

杨堤是漓江竹排旅游和徒步旅游的重要中转站和集散中心，也是漓江精华游的重要组成部分，对其的开发可以带动全家洲、桃花源、水岩头、浪石等村庄发展，因此，可将其规划为漓江沿岸三级旅游集散中心和旅游小城镇，通过其集散功能辐射带动沿途村镇的旅游发展。

（四）重要村寨

包括户外运动兴安高寨、生态农业兴安大凸黄茅坝、总统之旅阳朔渔村、老村头（九马画山景区）、漓江古镇阳朔浪石、生态农业养生基地平乐民安。通过对这些重点村镇的建设，可以示范带动其他村寨的社会经济发展，使其通过旅游合作社等途径开发村寨乡村旅游，或者出售农副产品从旅游当中获益致富。

（五）重点旅游线路

漓江沿岸居民收入较低的重要原因之一就是漓江游线的设置基本上是一游到底，中途几乎没有停靠，使得两岸景区景点游客量太少，无法有效发挥旅游带动辐射功能。因此，需要对现有的旅游线路进行重新设置，实行漓江分段游，重点开发桂林—阳朔直航游线、冠岩—兴坪游线、阳朔至平乐游线以及阳朔—兴坪—杨堤—冠岩返程游线、阳朔县城—福利夜游游线，通过改变现有的游览方式，引导游客到漓江沿岸参观、体验、休闲、度假等，以此带动沿岸村寨的旅游发展。

（六）重点节庆活动

节庆对于促进社区居民参与旅游活动、提高旅游村镇知名度、挖掘旅游文化以及促进商贸活动等具有多重重要功能。重点规划利用华江和猫儿山优良森林生态资源开发户外运动节、平乐船家文化节，利用杨堤至兴坪徒步游资源优势开发徒步露营节、阳朔福利渔火节、柘木龙舟节。这些节庆规模不宜太大，主要是针对周边县市的市民以及来桂林旅游的大众游客，旨在开发参与性强、可促进当地商贸活动的节庆。

概括来说，漓江富民旅游项目布局以及重点旅游景区和旅游村镇规划，如图 6–7、图 6–8 所示。

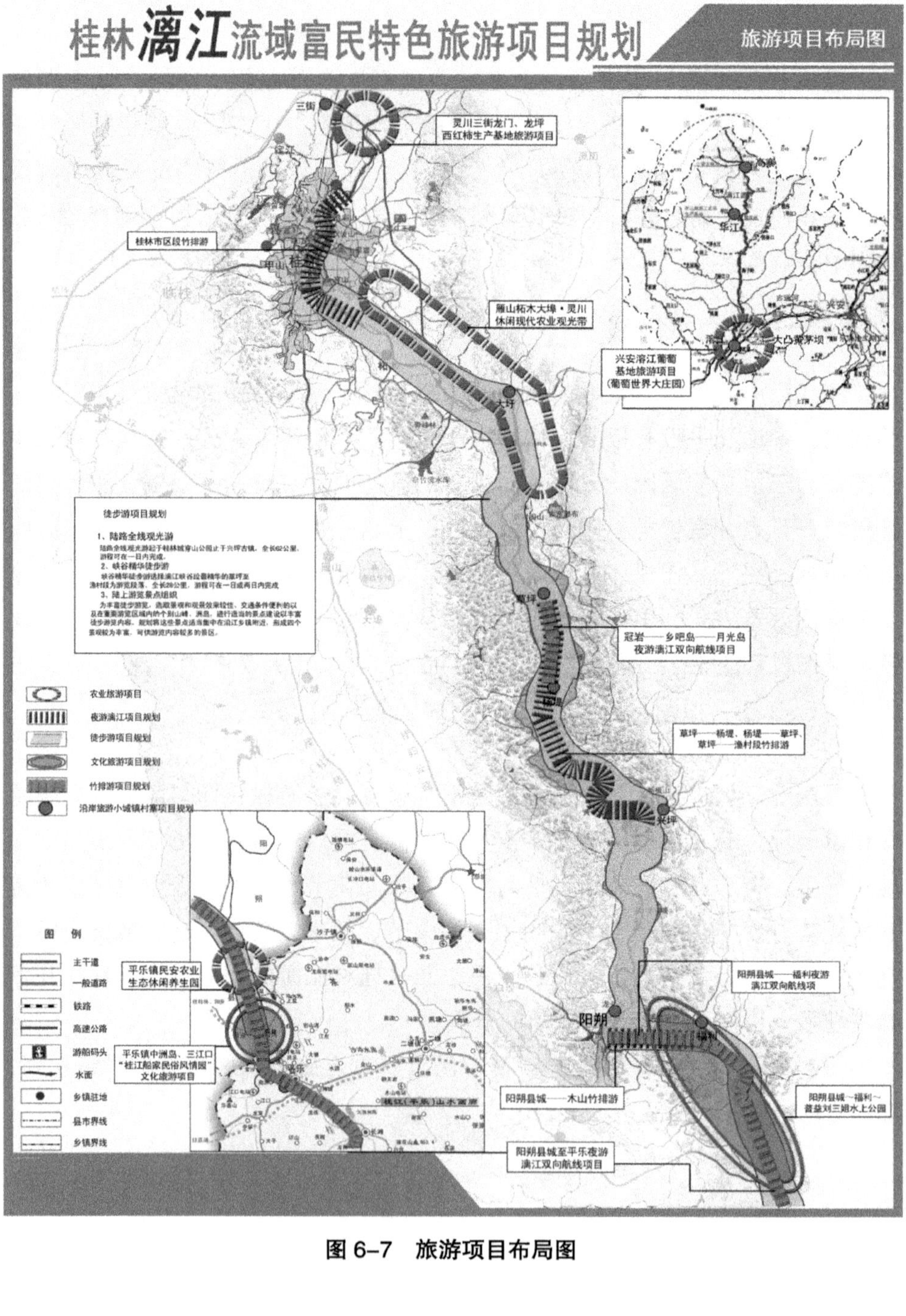

桂林漓江流域富民特色旅游项目规划
旅游项目布局图
三街
灵川三街龙门、龙坪西红柿生产基地旅游项目
桂林市区段竹排游
雁山柘木大埠·灵川休闲现代农业观光带
大圩
兴安溶江葡萄基地旅游项目（葡萄世界大庄园）
华江
兴安
徒步游项目规划
1、陆路全线观光游
陆路全线观光游起于桂林城穿山公园止于兴坪古镇，全长62公里，游程可在一日内完成。
2、峡谷精华徒步游
3、陆上游览景点组织
草坪
冠岩——乡吧岛——月光岛夜游漓江双向航线项目
杨堤
草坪——杨堤、杨堤——草坪、草坪——渔村段竹排游
兴坪
农业旅游项目
夜游漓江项目规划
徒步游项目规划
文化旅游项目规划
竹排游项目规划
沿岸旅游小城镇村寨项目规划
图例
主干道
一般道路
铁路
高速公路
游船码头
水面
乡镇驻地
县市界线
乡镇界线
平乐镇民安农业生态休闲养生园
平乐镇中洲岛、三江口“桂江船家民俗风情园”文化旅游项目
阳朔
阳朔县城——福利夜游漓江双向航线项
阳朔县城——木山竹排游
阳朔县城～福利～普益刘三姐水上公园
阳朔县城至平乐夜游漓江双向航线项目

图 6–7 旅游项目布局图

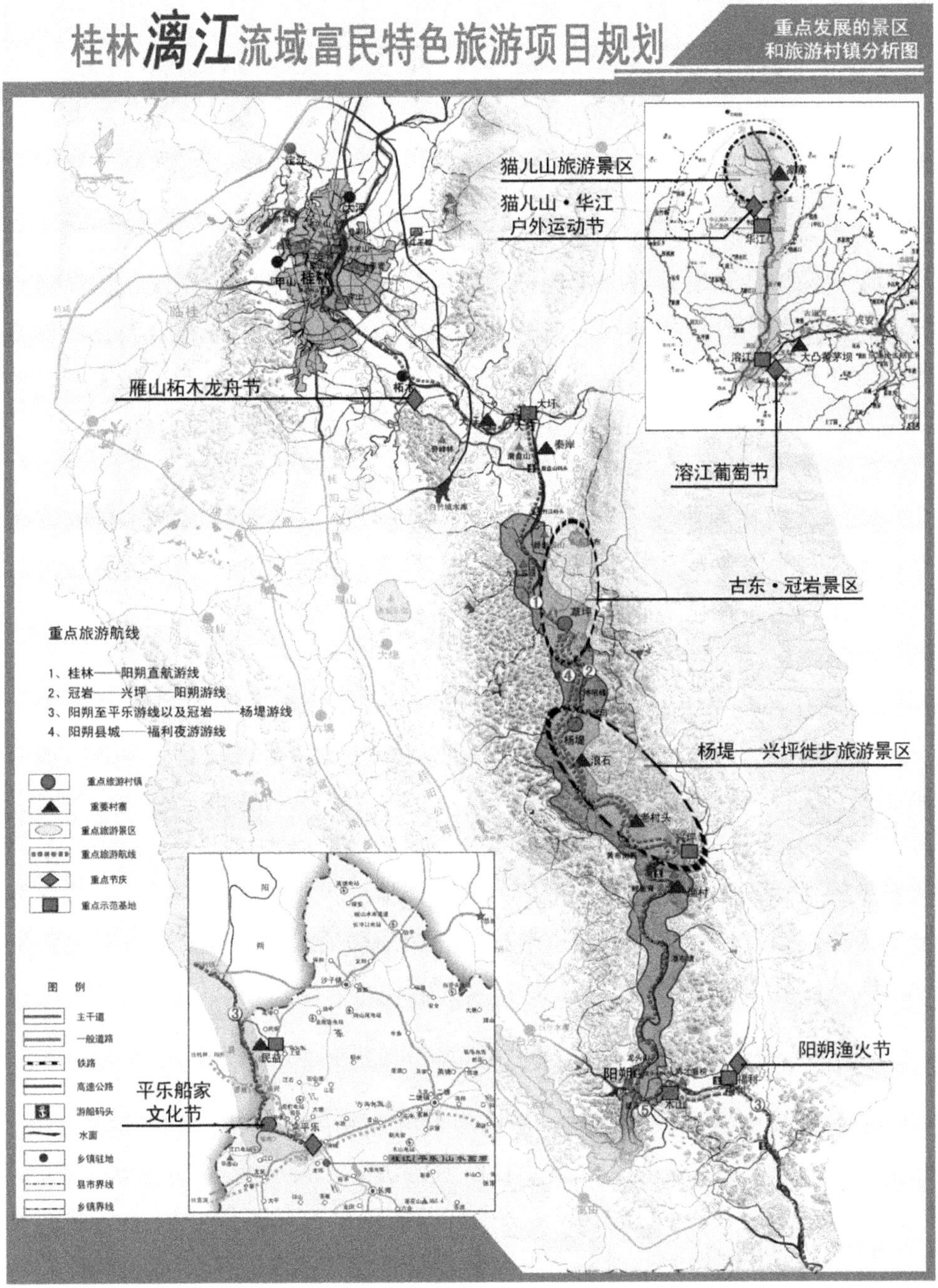

图 6–8　重点旅游景区和旅游村镇规划图

七、漓江沿岸富民旅游项目开发经营模式选择规划

（一）项目开发经营概述

1. 指导思想

以“保护中开发，开发中保护”为前提，以富民和谐为主线，以项目为核心，根据漓江沿岸不同区段的特点选用合适的运营模式，整合漓江沿岸旅游经营业态，对漓江沿岸富民旅游项目进行“大统一，小放开”的管理，灵活经营运作，形成一个互惠互利共赢的旅游联合体，实现富民目标。

2. 基本原则

集团规模化原则。一方面是通过项目纽带，推动漓江沿岸旅游的集团化，加大对旅游业及其中下游企业的联合投资，做强实体；另一方面是进行品牌运作，走品牌化道路，提高漓江沿岸的品牌价值。必须从一开始就要高档次、集约化，拒绝粗放型。

3. 运作思路

基于所规划的富民旅游项目，按主次、分步骤、分区段、因地制宜地引导社区农民参与到项目的开发经营中来，同时因势利导采取多种适合特定区段、社区的项目开发经营模式，以实现提高漓江沿岸农民收入及旅游业集约化发展的目标。采用各种模式形成的经营实体应严格按照《公司法》建立健全法人治理结构，并通过政策引导扶持、招商引资、股份投资等方式充实资金，实行规范管理。

（二）景区带动型发展模式规划

景区带动型发展模式适用于由已有的成熟品牌景区带动的新规划项目。此类项目的开发主要采用“公司 + 社区旅游协会（农户）”和“公司 + 基地 + 农户”模式进行，这种开发经营模式可以借助已有的品牌景区实行捆绑营销，带动当地社区居民通过参与旅游经营服务脱贫致富。具体规划如表 6–16 所示。

表 6–16　景区带动型发展模式规划

序号	引领景区	带动项目	开发经营模式	带动社区居民方式
1	猫儿山	高寨农家乐、同仁忘忧谷	公司 + 社区旅游协会	农家乐、景区就业、运输
2	猫儿山	华江竹制品生产	公司 + 基地 + 农户	林业生产、工厂就业
3	冠岩	草坪农家乐	公司 + 基地 + 农户	农家乐、景区就业、农业生产
4	古东瀑布	竹江红提园	农家乐	农家乐
5	古东瀑布、冠岩	大圩农家乐	农家乐	农家乐
6	古东瀑布、冠岩	毛洲岛	公司 + 社区旅游协会（农户）	农家乐
7	古东瀑布、冠岩	灵川现代农业产业带（包括柘木、大埠漓江沿岸各村）	公司＋基地＋农户	农家乐、农业生产
8	福利	福利画扇生产	公司 + 基地 + 农户	工厂就业、林业生产

（三）集体化开发经营模式规划

集体化开发经营模式是指对于一些生态农业旅游项目，由于其土地属性、资源分布、管理等因素，导致这些景区景点无法开发经营，必须采用集体入股、集体开发经营模式才能实现其旅游开发目的。这一模式最大的好处在于让大部分社区居民都能够从旅游开发当中受益。通常采用的开发经营模式有“公司 + 集体入股”和公司承包租赁制这两种形式。“公司 + 集体入股”模式让更多的社区居民将公共资源或私有资源通过土地入股、资源入股等形式，由某一公司按照统一规划、统一管理、统一分红、利益共享、风险分担的原则进行开发经营，能够调动当地社区居民积极参与到旅游开发当中来。公司承包租赁制这种模式虽然可以让社区居民坐收稳定的收入，没有风险，但无法调动其积极性，社区居民参与旅游开发的程度不高、面不广。具体规划如表 6-17 所示。

表 6-17 集体化开发经营模式规划

序号	引领景区	带动项目	开发经营模式	带动社区居民方式
1	漓江观光游览	平乐镇民安农业生态休闲养生园	公司 + 集体入股	景区就业、分红、农业生产
2	漓江观光游览	渔村等各村寨旅游项目	公司 + 集体入股	景区就业、分红、农家乐

（四）公司化开发经营模式规划

公司化开发经营模式主要是指一些文化旅游开发项目，由于只使用到公共资源或者不需要利用农民的土地、资源，但通过项目的发展可以带动当地社会经济发展，比如“印象·刘三姐”等文化旅游项目，投入很大，并且对市场非常敏感，需要有专业公司进行包装开发。这类项目往往能够对当地的旅游产业起到极大的促进作用，并能有效地带动当地社会经济发展。具体规划如表 6-18 所示。

表 6-18 公司化开发经营模式规划

序号	引领景区	带动项目	带动社区居民方式
1	漓江观光游览	阳朔县城—福利—普益刘三姐水上公园	通过游船停靠沿岸码头，带动当地商业、农产品交易、农家乐发展
2	漓江观光游览	平乐镇中洲岛、三江口桂江船家民俗风情园文化旅游项目	景区就业、为景区配送农副产品、在景区周边发展农家乐
3	漓江观光游览	印象·刘三姐	参与演出、农家乐等

（五）旅游特区开发经营模式规划

旅游特区开发经营模式是指对华江段、桂林草坪至阳朔渔村段由于人多地少以及漓江严格的保护制度影响而无法从漓江旅游当中获得直接收入的当地社区居民，采取特殊政策和特殊的旅游开发形式，让其脱贫致富的开发经营模式。这种模式主要是将由于保护漓江资源而无法直接从漓江旅游当中获得利益的沿岸老百姓全部纳入桂林市城市最低生活保障体系，享受城市最低生活保障待遇，同时，通过发展徒步游、竹排游、生态林业、生态农业等旅游项目，让部分居民从中受益。

（六）旅游联动开发经营模式规划

旅游联动开发经营模式主要是指旅游项目涉及的行政区跨度大，并且涉及的利益相关者较多，需要通过旅游联动的方式进行开发。该模式一般来说有三种类型：一是政府＋企业＋社区旅游协会模式；二是政府＋企业模式；三是企业化模式。

政府＋企业＋社区旅游协会模式是指在政府主导下，成立公司，对某一旅游线路或旅游项目进行开发经营，然后通过社区旅游协会将公司利润分红给该项目所在地的所有居民，这种模式的优点在于能够让老百姓切实从旅游当中得到利益。

政府＋企业模式是指政府特许开发经营并从中收益，具体由企业进行开发经营运作，其优点是能够更有效地规范旅游市场，将某一项目收益最大化。

企业化模式是指将某一旅游项目完全交给企业进行开发经营，通过该企业的运作，将游客吸引到该地区，营造强大客流，从而带动该地区的农副产品加工业及农家旅游业发展。具体规划如表 6–19 所示。

表 6–19　旅游联动开发经营模式规划

序号	引领景区	带动项目	开发经营模式	带动社区居民方式
1	漓江观光游览	冠岩—乡巴岛—月光岛夜游漓江双向游线项目	企业化	带动当地农副业及农家乐发展
2	漓江观光游览	阳朔县城—福利夜游漓江双向游线项目	企业化	带动当地农副业及农家乐发展

续表

序号	引领景区	带动项目	开发经营模式	带动社区居民方式
3	漓江观光游览	阳朔县城至平乐夜游漓江双向游线项目	企业化	带动当地农副业及农家乐发展
4	漓江观光游览	桂林大圩至福利徒步分段游	政府＋企业＋社区旅游协会	带动当地农副业及农家乐发展，农民参与利润分红
5	漓江观光游览	草坪—杨堤、杨堤—草坪、草坪—渔村段竹排游	政府＋企业＋社区旅游协会	带动当地农副业及农家乐发展，农民参与利润分红
6	漓江观光游览	阳朔县城—木山竹排游	政府＋企业＋社区旅游协会	带动当地农副业及农家乐发展
7	漓江观光游览	漓江旅游游线项目	政府＋企业	通过财政转移和建立漓江发展基金等方式让沿岸各村镇受益

（七）整体开发程序设计和招商引资策略

1. 整体开发程序设计

漓江沿岸的富民旅游项目开发采取“资本＋资源、农民＋政府”的开发模式。概括来讲，就是由政府统一规划，组织一方或多方投资开发与建设，统一规范，有序经营，达到资源优化配置、永续利用，实现漓江沿岸社会、经济、生态效益的协调共赢，具体做法如下。

第一，在政府指导下编制漓江沿岸富民旅游项目总体规划及相关控规、修规；

第二，基于所规划的富民旅游项目，按主次、分步骤、分区段、因地制宜地引导社区农民参与到项目的开发经营中来；

第三，因势利导，采取多种适合特定区段、社区的项目开发经营模式；

第四，确定项目和开发模式并实行授权经营；

第五，对项目开发进行适当的前期引导和运营监管，对不适合的项目或者模式进行修正，对成功的案例进行推广。

2. 招商引资策略

在漓江沿岸富民旅游项目开发的招商引资上，要采取开放的方式，既允许市内有实力的企业投资，也可以吸引市外企业参与进来，既要引入国家资金，更要引导民营资本进入，关键是要能够在保护的前提条件下把开发做好，把富民落到实处。所以，参与漓江沿岸富民旅游项目开发经营的企业，必须具有较强的资源保护意识、较强的投入能力、较强的策划能力和较强的运营能力，同时应具有现代化经营水平，熟悉现代旅游产业的运营方式。

政府在做好资源保护监管的同时，也要做好项目运作的监管，与投资者商定富民方案，签订富民责任书，对完成富民指标的投资者落实适当的税收等政策优惠。

八、漓江沿岸富民旅游项目实施保障体系规划

（一）完善与提高〝四统一〞管理体制规划

1. 进一步增强漓管办与漓管局的规划管理职能

漓江目前直接受漓管办与漓管局监管，这符合漓江作为国家级风景名胜区的性质和当前所承担的主要任务。但是，从长远利益来考虑，漓管办与漓管局的管理职能应该是综合性的，要担负起漓江风景名胜区发展规划管理的主要责任，只有这样才能更好地把握大局，发挥漓江的综合效益。

漓管办与漓管局的规划管理职能主要体现在：及时分析和了解旅游市场和漓江的各项发展动态，并及时向旅游产业发展领导小组汇报；当漓江和旅游市场的发展达到需要修订规划的时候，要及时向桂林市政府反映并在得到明确答复和指导之后，及时组织相关机构对漓江的最初规划进行修订；对整个漓江流域游线码头、游览线路、河道管理与治理、沿线景区景点等进行统一规划调整，在确保漓江生态环境安全的前提下，满足旅游市场的需求。

2. 强化机构的旅游管理功能

漓江不是一条普通的江，它的主要功能不是一般意义上的航运交通，而是供人游览；漓江的管理也不是简单的监管，而是在发展旅游业务基础上的

监管。目前漓江由公安、城管、航管、水政、旅游、土地、环保、园林等多个职能部门共同参与管理，这符合漓江的性质和发展现状，但是其中旅游管理职能显得过于弱小，处于从属的地位，就不太符合漓江的旅游发展需求。缺乏旅游开发管理知识的管理队伍很难搞好漓江旅游的管理工作，因此，应强化漓管办与漓管局的旅游管理功能，将旅游管理功能升格到主要地位。具体的做法是在漓管办与漓管局中增设一个专业技术管理机构，即漓江旅游开发办公室，隶属市旅游局，具体负责漓江风景名胜区（包括漓江源头）的旅游产品（线路）开发和旅游市场营销工作。

3. 进一步拓宽漓管办与漓管局的管理范围

（1）拓宽地理范围。

漓管办与漓管局的管理范围要从现在的区域拓宽到整条河河面及其沿岸地区，即从漓江源的兴安县华江瑶族乡等乡镇到平乐县的福兴镇。

（2）拓宽业务范围。

①旅游线路（包括徒步游）的开发和营销管理。根据旅游市场的发展需求，对漓江风景区的资源进行整合和深度开发，改变多年来漓江一成不变的单一的组团定时乘船游江方式，使漓江游由单一的游览方式向多元化转变，扩大经营和管理范围，满足不同层次的中外游客需要。通过分区、分段、分时等手段，发展乘船游（分为豪华游与经济游）、古舫游、竹排游、徒步游、生态游、古民居和文化寻迹游、度假休闲游、乡村体验游、夜游、晨游等多种旅游形式，并纳入规范管理范围，在此基础上开展市场营销工作。

②旅游企业的规范经营管理。一是制定和完善漓江的旅游经营管理规范，确保游客的安全和服务标准，严厉打击各种违规行为。二是加强监管力度，打击各种违规违法经营活动。三是以政策为手段推动漓江游船升级改造。具体做法有：实行漓江船舶星级评定；给予升级改造的船舶客源调度优惠；将不愿意或不适合升级改造的项目向社会进行公开拍卖；设立漓江船舶更新改造调节基金；保留适当比例的小船型，以应特殊时期用船需要；交通、海事、船检等相关部门要联合对更新改造船舶实施有效监管。四是有限地开放市场，逐步推行市场竞争激励机制。首先是加强漓江航运的基础设施建设，增加各条旅游线路的航运能力，使整个漓江的航运能力稍微超出市场

需求量；其次是对外公开各航运企业和各航运船只的服务情况，让旅行社和游客自由选择自己喜欢的航运企业和航运船只。五是在目前漓江旅游运输市场准入机制双轨并存和退出机制不畅的情况下，建议政府按交通运输部正在修订的《国内水路运输经营资质管理规定（修订征求意见稿）》有关精神出台规定，对已取得经营权的游船限定经营周期，在经营周期内实行经营质量考核计分制度，视违规扣分情况实施不同预警，如责令限期整改、停业、暂扣有关证照等。

③漓江利益的协调管理。因漓江流域涉及兴安、桂林、灵川、阳朔、平乐等市县行政实体，并与贺州昭平县桂江连为一体，涉及旅游、水务、交通、海事、港监、园林、环保等众多部门，牵扯到社会、政府、企业、游客、居民等的利害关系，因此，可根据不同的利益相关者情况，规划建立统一的协调机制，以利于开展各项活动。漓江的开发，从根本上先要保证漓江沿岸居民的利益，保护他们的权益。协调管理可以采取以下措施：成立隶属漓管办与漓管局的漓江旅游协调委员会，建立联席会议制度，共同协调解决漓江管理中出现的问题及利益分配问题；统筹漓江旅游收入，反哺沿江乡镇农村；创新多形式游览方式和多元化旅游产品，吸收更多的沿岸居民和相关利益者参与漓江旅游开发，让其从中受益等。

4. 创新管理机制

完善“四统一”管理体制，实行“分段管理、统一票证、统一售票、统一调度、统一结算、股份合作”创新机制。除维持现有的漓江旅游调度部门——漓江游览调度结算中心进行“统一调度”外，另外的“三统一”，即“统一票证、统一售票、统一结算”要分段执行、分段管理。同时，可将各个合法的旅游企业主、载客民船竹排和沿江适合开发旅游的景区景点，通过技术入股、资源入股、土地入股等折股参股形式，纳入大一统管理体制之下，并通过股份制形式激励内部各利益主体的积极性、能动性和创造性。

5. 进一步完善管理规范

在《漓江风景名胜区管理条例》的基础上，出台相关的管理法规和管理条例（政策），包括漓江资源环境的保护、开发和管理各个方面，如《漓江开发反哺条例》《漓江项目开发管理条例》《漓江船舶星级评定条例》《漓江船舶市场经营管理评定条例》等，使得漓江的管理更为健全，有法（规）可依。

（二）旅游生态补偿与利益协调机制规划

1. 旅游生态补偿机制规划

根据我国现有的生态效益补偿的法律、法规和规章，结合漓江旅游开发过程中资源保护的具体情况，积极制定《漓江风景名胜区（包括漓江源）生态补偿条例》，明确漓江风景名胜区生态补偿条例制定的目的和意义，说明补偿的主体、补偿的客体、补偿的原则、补偿的标准、补偿的强度、补偿的方式、补偿的融资、补偿的期限、补偿的管理等各个方面。

（1）补偿的主体。

漓江风景名胜区（包括漓江源）是桂林市代管的国家级风景名胜区，它的保护所带来的价值的最大受益者是桂林市政府，其次是桂林社会各界包括桂林市旅游行业、企业、公众、游客等。因此，漓江风景名胜区生态补偿的主体首先是桂林市政府，其次是桂林社会各界包括桂林市旅游行业、企业、公众、游客等。

（2）补偿的客体。

漓江风景名胜区（包括漓江源）的保护者主要是漓江沿岸（包括漓江源）的居民，他们为了保护漓江做出了巨大的牺牲，因此，补偿的对象主要是为保护漓江资源而无法从旅游当中获益或者获益低于当地最低生活水平的农民。对漓江的保护是一项长久的事业，因此，接受补偿的应该还包括他们的子孙后代。

（3）补偿的原则。

漓江风景名胜区（包括漓江源）的补偿原则包括：效率与平等兼顾的原则；谁破坏谁赔偿、谁受益谁补偿的原则；多方并举、合力补偿的原则；多种补偿方式相结合的原则；分区补偿的原则；先试点、后推进的原则；突出重点、先易后难的原则，等等。

（4）补偿的标准。

补偿的标准是一个系统，主要包括“补偿主体收益补偿标准体系”“补偿主体破坏补偿标准体系”和“补偿客体受损补偿标准体系”。这三个补偿标准体系的测算，必须对补偿主体和补偿客体进行综合平衡考虑，分别测算出单位GDP补偿金额、单位航行补偿金额、百分比旅游消费补偿金额、单个村民年受补偿金额等各个标准。

（5）补偿的强度。

补偿强度以下面几个要素为参考：一是漓江风景名胜区的保护与开发给国家、桂林市政府和桂林社会各界包括桂林市旅游行业、企业、公众、游客等补偿主体带来多大的价值；二是漓江的旅游开发给漓江及沿岸（包括漓江源）带来多大的生态环境危害；三是漓江及沿岸（包括漓江源）的居民为漓江的保护付出了多大的代价。补偿强度的测算，应建立在对这三个要素进行科学评估的基础之上，再经过多方评估、协商和平衡来实现。

（6）补偿的方式。

补偿的方式主要有政策补偿、资金补偿、项目补偿、实物补偿、知识技术补偿、就业补偿、旅游补偿等，如表6–20所示。

表6–20　旅游生态补偿方式说明

补偿方式	补偿主体	适用补偿客体	补偿方式解析	实施保障
政策补偿	政府	经济尤其薄弱、资金十分缺乏的村寨和居民	政府给予各种政策优惠和政策补贴，重点扶持发展某种产业或工程，在有限的范围内允许相关村寨如水岩头村、浪石村等发展旅游、举办农家乐	制定政策，全面评估
资金补偿	各类补偿主体	各类补偿主体	政府补偿金、企业补偿金、漓江游览资源保护专项资金、社会赠款、减免税收、税费优惠、低息或贴息信贷优惠、（环保）补贴、财政转移支付	全方位筹措资金并合理分配利用

续表

补偿方式	补偿主体	适用补偿客体	补偿方式解析	实施保障
项目补偿	政府、企业、社会	各个发展困难村寨、特殊受补偿群体	对受补偿村寨进行村寨基础生活工程改造，如河堤、交通、水电、通信、特殊民居改造等；社区经济社会文化发展项目建设，如文化站、社区娱乐中心；对村寨特殊人群实行特殊照顾，如老年人医疗保健项目、失业保险项目、最低生活保障项目	全方位考察、动员各界的力量
实物补偿	政府、企业、社会	各个发展困难村寨、特殊受补偿群体	为受补偿地区和群体提供各种生产生活物资，如抽水机、化肥、种子、影视器材、环保节能灶台等	全方位考察、动员社会各界的力量
知识技术补偿	政府、社会	各个发展困难村寨	以免费或优惠的形式为受偿村寨和村民提供知识教育、技术咨询、技术指导等援助，以提高受偿者的知识水平、管理水平和各种技术能力，如开办或资助学校建设，举行农业生产技术培训、水果生产技术培训、旅游业务技能培训、职业发展技术培训等	发挥政府职能部门的力量、动员社会各界尤其是学校和各培训机构的力量
就业补偿	政府、企业、社会	各个发展困难村寨、失业人员	优先为各发展困难村寨尤其是失业人员提供各种商业机会和就业岗位，优先录用和照顾当地人参与当地的旅游开发管理活动，如允许村民参与竹排航运经营、开办农家乐，或者景区景点将摊位、商店、电话亭、游乐设施、交通工具、停车场等优惠让给村民经营	发挥政府的协调能力，对各企业尤其是旅游企业做出明确的要求
旅游补偿	政府、企业	各个发展困难村寨和村民	给当地群众提供优惠或免费旅游，让贫困群众能够体验休闲旅游	发挥政府的协调能力

落实到漓江各个沿岸村镇，补偿的具体内容有所差别，如表 6–21 所示。

表 6–21　各沿岸村镇旅游补偿内容

沿岸村镇	主要补偿内容
华江乡、溶江镇	①从政策、技术知识和资金层面重点扶持生态葡萄等生态农业旅游和生态林业，政府对这些相关项目应给予减免税收、税费优惠、低息或贴息信贷优惠资金补偿；②获取漓江游览资源保护专项资金（水源林保护补偿基金）、社会捐款等资金补偿；③改善社区生活环境，实行居民最低生活保障制度；④获取各种生活、生产材料的实物补偿；⑤优先获得相关景区（企业）旅游服务工作权；⑥定期免费获得在漓江相关区域旅游权；⑦获取各种社会赠款
三街镇、定江镇、大圩镇、柘木镇、大埠乡（竹江）	①从政策、技术知识和资金层面重点扶持生态农业旅游、农家乐，政府对这些相关项目应给予减免税收、税费优惠、低息或贴息信贷优惠资金补偿；②获取漓江游览资源保护专项资金等资金补偿（生态保护补偿基金）；③改善社区生活环境，保障人民生活水平；④定期免费获得在漓江相关区域旅游权
市区沿江各村	①从政策、技术知识和资金层面重点扶持农家乐，政府对这些相关项目应给予减免税收、税费优惠、低息或贴息信贷优惠资金补偿；②获取漓江游览资源保护专项资金等资金补偿（生态保护补偿基金）；③改善社区生活环境，保障人民生活水平；④定期免费获得在漓江相关区域旅游权；⑤积极提供职业技能培训，为他们在市区提供就业机会
古东、竹江、神龙谷、冠岩、潜经村、草坪、浪洲、桃源等	①从政策、技术知识和资金层面重点扶持农家乐，政府对这些相关项目应给予减免税收、税费优惠、低息或贴息信贷优惠资金补偿；②获取漓江游览资源保护专项资金等资金补偿（生态保护补偿基金）；③改善社区生活环境，保障人民生活水平；④定期免费获得在漓江相关区域旅游权；⑤积极提供职业技能培训，为他们在市区提供就业机会；⑥优先获得相关景区（企业）旅游服务工作权
草坪乡、杨堤乡、兴坪乡、阳朔县城	①从政策、业务知识和资金层面重点扶持当地居民参与到徒步旅游、竹排旅游、乡村生态旅游、山水生态观光旅游等当中来；②获取漓江游览资源保护专项资金（生态保护补偿基金）、社会捐款等资金补偿；③改善社区生活环境，实行居民最低生活保障制度；④获取各种生活、生产材料的实物补偿；⑤优先获得相关景区（企业）旅游服务工作权；⑥定期免费获得在漓江相关区域旅游权；⑦获取各种社会赠款

续表

沿岸村镇	主要补偿内容
福利、普益、平乐镇，并延伸至平乐桂江段	①从政策、技术知识和资金层面重点扶持休闲度假、文化体验旅游，政府对这些相关项目应给予减免税收、税费优惠、低息或贴息信贷优惠资金补偿；②获取漓江游览资源保护专项资金等资金补偿（生态保护补偿基金）；③改善社区生活环境，保障人民生活水平；④定期免费获得在漓江相关区域旅游权；⑤优先获得相关景区（企业）旅游服务工作权
其他未参与旅游开发却为漓江的保护做出较大贡献，同时较为贫穷的村镇	①获取漓江游览资源保护专项资金（生态保护补偿基金）、社会捐款等资金补偿；③改善社区生活环境，实行居民最低生活保障制度；④获取各种生活、生产材料的实物补偿；⑤优先获得相关景区（企业）旅游服务工作权；⑥定期免费获得在漓江相关区域旅游权；⑦获取各种捐赠

（7）补偿的融资。

应建立由政府、社会各界、受益各方参与的多元化、多层次、多渠道筹集补偿金的漓江风景名胜区保护补偿基金体系。

第一，建立公共财政预算基金。在编制年度预算时，在桂林市政府及其以下相关政府支出预算科目中应建立漓江风景名胜区保护支出预算科目，稳定提高对漓江风景名胜区保护的财政投入，并采取财政转移支付（桂林市政府向其以下相关政府、发展地区向落后地区）的方式，分批分期地划拨保护资金。

第二，设立风景名胜区专项保护基金。由漓管办与漓管局牵头，要求财政、农业、林业、文化、文物、建设、环保、旅游等部门参与，设立漓江风景名胜区专项保护基金。

第三，征收资源保护税（费）。依照“谁破坏谁赔偿、谁受益谁补偿”的原则，对利用漓江资源发展经济、开发旅游、从事旅游活动的各旅游企业和组织以及个人征收补偿费，对那些在漓江旅游开发过程中破坏漓江资源和环境的企业和组织以及个人征收赔偿费。

第四，征收资源保护保证金。企业在依规定开发利用漓江风景名胜区的资源时，按照其可能造成的破坏和污染程度，在年初或某项目建设之前应缴纳一定的风景名胜区保护保证金，如果到年末或项目运行过程中造成的资源和环境危害超过一定标准，那么这笔保证金就自动被并入漓江风景名胜区保护和污染治理专项基金中，作为对漓江风景名胜区保护者的赔偿。反之，则可退还保证金。

第五，社会捐赠。漓江风景名胜区是我国首批国家级风景名胜区，在国内外享有极大的声誉，因此，可以争取国内外社会团体、企业、经济发达地区和公众关注漓江风景名胜区保护事业，让他们捐赠保护资金，调动全社会的力量共同推动漓江的保护和发展。

第六，发行漓江风景名胜区保护补偿彩票。通过发行彩票，能够灵活而广泛地收集社会闲散资金。

（8）补偿的期限。

漓江风景名胜区的保护是一项长期的事业，其保护补偿也应长期坚持下去。

2. 利益协调机制规划

（1）漓江旅游开发中的不同利益主体群及其利益对子。

旅游开发过程中的不同利益主体涉及面很广，利益相关者也很多，从不同的角度可以划分出不同的利益主体群，如旅游企业、旅游者、居民、当地政府、各级旅游管理部门、媒体、学术界以及其他一些组织机构。针对漓江开发的现实情况，涉及其中的主要利益主体群有漓江旅游者、漓江沿岸居民、桂林旅游企业、桂林当地各级政府。

利益主体群之间的相互关系极为复杂，不仅表现在各利益主体群之间，而且有时候还表现在利益主体群内部，漓江旅游开发过程中各个利益主体群之间的相互关系最终体现为不同利益对子之间的相互关系。漓江旅游开发过程中主要的利益对子有：漓江旅游者与漓江沿岸居民、桂林旅游企业与漓江沿岸居民、桂林当地各级政府与漓江沿岸居民、桂林旅游企业与漓江旅游者、桂林旅游企业之间、漓江上游政府和漓江中下游政府、漓江沿岸参与旅游开发活动的居民与未参与旅游开发活动的居民、漓江沿岸一同参与旅游开发活动的居民之间、桂林市政府与相关各县区政府、当地政府与漓江旅游者、旅游企业与当地政府。

（2）各利益对子的主要利益关系及其协调策略。

因各利益对子之间的利益关系不同，其协调策略也有所不同，如表 6–22 所示。

表 6–22 各利益对子的主要利益关系及其协调策略

利益对子	主要利益关系	协调策略	保障措施
漓江旅游者与漓江沿岸居民	漓江资源的消费者—保护者、间接获利者	漓江旅游者要尊重漓江沿岸居民的社会生活文化习俗，自觉保护漓江沿岸的各类旅游资源和旅游环境；漓江沿岸居民对游客要热情友好，积极服务，并保护好漓江资源与环境	积极宣传教育
桂林旅游企业与漓江沿岸居民	漓江资源的直接利用者、直接获利者—保护者、间接获利者	桂林旅游企业要主动维护漓江沿岸居民的各项权益，让居民参与旅游的经营管理活动，优先为居民安排劳动就业，根据居民参与旅游经营管理活动的情况适当给予股份分红，并根据旅游经营活动对资源和环境的破坏情况给予居民补偿；居民以资金、劳力、土地、资源、航运工具等形式入股参与旅游的开发经营活动，并获取一定的管理决策权和监督权	利用漓江旅游协调委员会及当地旅游协调委员会进行协调
桂林当地各级政府与漓江沿岸居民	漓江资源的间接获利者、管理者—保护者、间接获利者	桂林当地各级政府应注意协调解决好旅游开发过程中暴露出来的各种矛盾和问题，维护居民的各项权益尤其是经济利益，改善居民的各项经济社会生活条件，使居民切实从漓江的旅游开发中获益；漓江沿岸居民要从大局出发，配合好政府的各项管理工作，积极保护好漓江的资源和环境	利用漓江旅游协调委员会及当地旅游协调委员会进行协调
桂林旅游企业与漓江旅游者	漓江资源的生产销售者—购买者	桂林旅游企业要为漓江旅游者提供优质的服务；漓江旅游者要积极配合桂林旅游企业完成各项服务工作	制定行业经营规范，依法管理
桂林旅游企业之间	竞争者之间的关系	在市场竞争过程中，桂林旅游企业之间应加强沟通，遵守行业规范，依法经营，依法竞争，共同维护旅游市场大环境	制定行业经营规范，依法竞争和管理

续表

利益对子	主要利益关系	协调策略	保障措施
漓江上游政府和漓江中下游政府	漓江资源的保护者、获小利者—利用者、获大利者	漓江上游政府应做好保护漓江资源和环境的各项工作；漓江中下游政府应理解漓江上游政府的难处，并积极地从各个方面为漓江上游政府的各项经济社会工作提供帮助	利用漓江旅游协调委员会进行协调
漓江沿岸参与旅游开发活动的居民与未参与旅游开发活动的居民	漓江资源的利用者、直接获利者—保护者、间接获利者	漓江沿岸参与旅游开发活动的居民要把旅游经营活动中获得的经济利益按照一定的形式（如提交红利、建设村寨公共事业等）和一定的比例给予未参与旅游开发活动的居民；未参与旅游开发活动的居民要从大局出发，配合做好漓江的开发管理工作，积极保护好漓江的资源和环境	利用当地旅游协调委员会及村规民约进行协调
漓江沿岸一同参与旅游开发活动的居民之间	漓江资源开发获大利者—获小利者	漓江沿岸一同参与旅游开发活动的居民之间要相互团结、相互尊重，旅游经营活动要合理合法，避免恶性竞争。可以以经营资产（如竹排）入股的形式参与企业旅游经营，一起制定行业规则，共同遵守，维护秩序	利用当地旅游协调委员会及村规民约进行协调
桂林市政府与相关各县区政府	漓江资源开发整体利益者—局部利益者	桂林市政府要从整体上协调好相关各县区政府的利益关系，并适当在政策、技术、智力、财政等方面扶持相关县区政府的相关事务；相关各县区政府要从大局出发，服从桂林市政府的统一协调、领导指挥	利用漓江旅游协调委员会进行协调
当地政府与漓江旅游者	漓江资源消费维权者—消费者	当地政府要通过对漓江的各项事务尤其是旅游市场的监管，为旅游者创造一种良好的旅游消费环境，维护旅游者的权益；漓江旅游者要积极维护好漓江良好的旅游生态环境，并参与对旅游经营活动的监督管理	制定行业经营管理规范，依法管理

续表

利益对子	主要利益关系	协调策略	保障措施
旅游企业与当地政府	漓江资源利用者、直接获利者—管理者、间接获利者	旅游企业应合理利用漓江资源，遵守行业规则，维护旅游市场的稳定；当地政府应积极制定科学的行业经营管理规范，依法监督管理	制定行业经营和管理规范，依法管理

（3）利益协调的保障。

第一，成立漓江旅游协调委员会和各级旅游协调委员会。在漓管办与漓管局之中，成立漓江旅游协调委员会，接受漓管办与漓管局的管理。漓江旅游协调委员会的会长由漓管办与漓管局的领导担任，主要成员为漓江风景名胜区内各利益主体的代表人员。漓江旅游协调委员会要定期开会，针对各方利益及矛盾进行协调沟通，保障各个利益主体的利益不受损害，确保总体利益达到最大。漓江旅游协调委员会还要对各利益主体的行为进行监控，使每个利益主体的利益目标与整体目标方向一致，促进漓江旅游持续健康发展。各级旅游协调委员会是在各相对独立的景区（点）、村寨、漓江游线等内部成立的利益协调组织，主要成员为各利益主体的代表人员，主要协调各相对独立的景区（点）、村寨、漓江游线等内部利益问题，在业务上接受漓江旅游协调委员会指导。

第二，制定利益协调协议。针对各利益主体之间的复杂关系，漓江旅游协调委员会要组织各利益主体的代表成员召开会议，讨论制定利益协调协议，对各利益主体的权、责、利予以明文规定；漓江旅游协调委员会还可以就利益协调协议的相关条款，指导各村寨依法制定村规民约，确保协调协议的顺利施行。

（三）旅游政策扶持体系规划

桂林市政府应根据桂林和漓江的现实和具体情况，高度重视漓江旅游的开发管理，团结、领导、组织各县区、各有关部门共同制定各项相关的漓江旅游开发管理政策法规，协调各方面的利益关系，切实保障和促进本项目的实施，使漓江旅游得到快速稳定发展。

1. 建设和完善漓江旅游管理法规

建设和完善以《桂林漓江风景名胜区管理条例》和《漓江流域生态环境保护办法》为核心的漓江旅游管理法规，依据这两个基本法规，进一步制定其他法规，如《漓江源生态环境保护条例》《漓江沿岸土地资源条例》《漓江沿岸居民参与漓江旅游开发管理条例》《漓江沿岸村落保护条例》《漓江沿岸卫生管理条例》《漓江旅游航运管理条例》等，这些法规的制定和落实，旨在保护好漓江的资源和环境，规范漓江的旅游开发与管理，切实维护和保障沿岸居民的各项利益。

2. 制定《漓江沿岸旅游开发准入政策》

根据《桂林漓江风景名胜区管理条例》等漓江保护相关法规，制定《漓江沿岸旅游开发准入政策》，明确规定参与漓江旅游开发的具体条件，如资金条件、技术条件、管理条件、利益协调能力条件等。对于那些旅游开发效益好、回报大，而资源和环境敏感程度不高的河段，应给予积极鼓励，对于资源和环境敏感程度较高的河段，则不管开发效益如何都应该提高开发门槛甚至严禁开发。对于投入漓江沿岸旅游开发活动的企业、组织和个人，要特别强调对资源环境的保护和对当地居民的贡献。

3. 制定《漓江旅游开发生态补偿政策》

要求桂林各旅游企业每一年应从自己的营业收入中提取一定的份额，作为漓江旅游开发过程中的生态环境破坏补偿，上交政府统一管理和调配使用。对于各企业提取的份额，应体现“谁受益，谁补偿”和“谁破坏，谁补偿”的基本原则。政策应说明实施的目的和意义，征收的办法、管理的办法、使用的办法等基本问题。

4. 制定《漓江旅游开发利益调控政策》

针对目前漓江旅游开发各利益主体尤其是漓江沿岸居民获利太少这一基本问题，制定相关的《漓江旅游开发利益调控政策》，明确漓江旅游开发过程中各利益主体的相互关系，规定漓江旅游开发利益调控的机制，规定协调各利益主体之间矛盾的基本方法和程序，维护各利益主体的权益。

5. 制定《漓江旅游航运管理政策》

为促进“四统一”管理体制的完善与提高，制定《漓江旅游航运管理政策》，鼓励有实力的航运企业参与漓江旅游航运的经营竞争，改变目前漓江旅游航运企业毫无竞争压力、服务滞后的基本面貌，激发各漓江旅游航运企业的创新能力，提高漓江旅游航运服务质量。同时，对漓江的徒步旅游开发、漓江沿岸居民竹排旅游经营规范也做出具体的规定。

6. 制定《漓江沿岸村寨建设保护政策》

对处于漓江风景名胜区内的相关村寨，应根据其与漓江风景名胜区保护的相互关系，制定相关的保护政策和措施。政策要强调辩证的保护，即在保护的过程中得到开发利用，发挥这些村寨资源的各项积极作用。同时要体现民生原则，如为资源拥有者——当地居民提供古民居的维修资金或资源补偿、为保护的村寨建设基础设施、整治村寨环境等。

7. 制定《漓江沿岸旅游人力资源开发政策》

该政策旨在为漓江沿岸的村寨培养旅游服务管理人才，保证漓江沿岸富民旅游开发的可持续发展。政策主要是规定漓江沿岸旅游人才开发的目标任务、方法途径和具体的步骤。漓江沿岸旅游人才的开发要与漓江沿岸村寨的具体情况结合起来，重点培训旅游接待服务人才，同时也可以适当培养旅游开发人才。

8. 制定《漓江游览门票征收和管理制度》

依据《风景名胜区条例》，制定《漓江游览门票征收和管理制度》，规定把漓江当作一个大景区收取门票，所有游览漓江的游客都要缴纳漓江资源保护费，利用漓江资源保护费建立漓江游览资源保护专项资金，用于对漓江资源的保护和反哺农业等，保护费包含在门票之中。

（四）旅游人力资源开发与培训规划

1. 目标、类型与规格

（1）目标。

通过旅游人力资源开发与培训规划，使漓江沿岸旅游开发村寨的村民普遍了解旅游知识；使从事旅游服务的村民熟悉掌握一定的旅游服务接待知识，并能够利用自己的知识为游客提供良好服务；使一部分村民掌握一定的旅游经营开发管理知识，带领大家共同搞好漓江沿岸的旅游开发与保护工作。通过开发培训，使漓江沿岸的村民自觉地参与到漓江的开发保护当中来，维护漓江旅游开发与保护的可持续发展。

（2）类型。

一是掌握一般旅游基础知识的村民。旅游基础知识主要包括：旅游和旅游者的含义、旅游资源、旅游活动、旅游业、旅游开发的意义、旅游开发与保护的辩证关系、旅游与环境的辩证关系、旅游开发与管理、旅游开发与法律法规，等等。

二是掌握一定旅游服务知识的村民。在包括以上基础知识的基础上，增加了诸如旅游文化、旅游心理知识、旅游接待基本要求、旅游接待服务基本原则、旅游服务技能、旅游工作者的职业道德等内容。

三是掌握一定旅游开发管理知识的村民。在包括旅游基础知识和旅游服务知识的基础上，增加了诸如旅游开发、旅游业务管理、旅游经济、旅游市场开发、旅游人才管理等旅游管理学的内容。

（3）规格。

旅游人力资源的开发与培训分为以下四种规格。

一是针对一般村民，使他们普遍了解旅游知识，了解漓江旅游开发的目的和意义、漓江旅游开发与保护的辩证关系、旅游与环境的辩证关系，从而明确他们在漓江旅游开发与保护过程中应该扮演的角色，从而自觉地参与到旅游开发和保护当中来。

二是针对从事旅游基础服务的村民，使他们能够利用所掌握的旅游知识和旅游服务基础知识，胜任一定的服务岗位，为游客提供优质的服务。

三是针对旅游经营管理的村民，使他们能够利用掌握的各种旅游基础知识和旅游开发管理知识，带领大家搞好旅游开发与管理的各项工作，同时能够团结其他村民协调好旅游开发过程中暴露出来的各种矛盾，是村寨居民与政府、旅游开发商沟通的主要代表。

四是针对旅游经营管理干部。

2. 具体策略

各种旅游人才因培养的规格不同，其培养策略也有所区别，如表6–23所示。

表 6–23 各种旅游人才培养策略

人才类型	培养对象	培养基本策略	保障措施
掌握一般旅游基础知识的村民	一般村民	由政府派出相关的旅游管理干部或旅游教师到村镇举办旅游培训班；由青年学生到村镇开展旅游知识三下乡活动；由村镇干部进行宣传教育等	①制定漓江沿岸旅游人力资源开发政策；②制定旅游人力资源开发与培训计划；③将旅游人才资源开发纳入各相关县区部门目标管理考核内容
掌握一定旅游服务知识的村民	部分参与旅游服务的村民	由政府派出相关的旅游管理干部或旅游教师到村镇举办旅游从业者培训班；由青年学生到村镇开展旅游知识三下乡活动；由政府或企业安排到某些旅游服务岗位进行顶岗实习；由政府或企业安排到高等 / 中等职业学校接受培训；由村镇干部进行教育培养等	
掌握一定旅游开发管理知识的村民	少量参与旅游管理的村民	由政府派出相关的旅游管理干部或旅游教师到村镇举办旅游经营管理者培训班；由政府或企业安排到某些旅游管理岗位进行顶岗实习；由政府或企业安排到高等职业学校接受培训；由村镇干部进行教育培养等	
掌握一定旅游开发管理知识的干部	少量参与旅游管理的村镇干部	由政府派出相关的旅游管理干部或旅游教师到村镇举办高级旅游经营管理者培训班；由政府或企业安排到高等职业学校接受培训；外出学习考察等	

因各旅游村镇开发的旅游项目和提供的旅游服务有所差异，其培养策略也有所侧重，如表 6–24 所示。

表 6–24 各个旅游区（点）培养重点

旅游村镇	主要旅游项目	主要培养内容
华江乡、溶江镇	森林旅游、生态农业旅游、户外休闲运动、生态休闲养生旅游、乡村旅游	竹制品加工技术、休闲养生知识、生态旅游知识技术、乡村旅游知识、景区业务知识、文明礼貌知识

续表

旅游村镇	主要旅游项目	主要培养内容
三街镇、定江镇、大圩镇、柘木镇、大埠乡（竹江）	生态农业旅游、农家乐休闲旅游	生态旅游知识技术、农家乐旅游知识、旅游接待规范、购物旅游知识
市区沿江各村	农家乐休闲旅游	农家乐旅游知识、城市管理规范知识、旅游接待规范
古东、竹江、神龙谷、冠岩、潜经村、草坪、浪洲、桃源等	山水体验旅游、农家乐旅游	景区业务知识、文明礼貌知识、生态旅游知识技术、农家乐旅游知识
草坪乡、杨堤乡、兴坪乡、阳朔县城	旅游接待服务、徒步旅游、竹排旅游、乡村生态旅游、山水生态观光旅游	旅游接待管理知识、徒步旅游知识、竹排旅游经营管理知识、乡村生态旅游知识、生态旅游知识、文明礼貌知识
福利、普益、平乐镇，并延伸至平乐桂江段	休闲度假、文化体验旅游	旅游接待知识、休闲度假旅游知识、画扇文化知识、古镇文化知识、渔火文化知识、古村落文化知识、船家文化知识

3. 具体步骤

近期重点培养一定数量的掌握一定旅游开发管理知识的村民和村镇干部；中远期重点培养掌握一般旅游基础知识的村民和掌握一定旅游服务知识的村民，同时培养一定数量的掌握一定旅游开发管理知识的村民和村镇干部。

（五）建设资金保障体系规划

1. 筹措建设资金的各种途径

（1）设立漓江风景名胜区富民旅游专项建设资金。

在漓江风景名胜区管理机构内部，设立漓江风景名胜区富民旅游专项建设资金（其资金来源主要是国家和省市政府提供的各项漓江开发与保护资金、漓江旅游企业税收基金等），主要用于漓江沿岸那些为漓江环境保护而付出巨大牺牲的村寨富民旅游开发项目的各项建设，它实际上属于旅游生态补偿的一种方式。资助的内容主要包括旅游基础设施的建设、环境的整治和保护、旅游项目的开发、旅游项目的宣传、旅游人才的培养等。漓江风景名胜区富民旅游专项建设资金的投入使用必须经过严格的审批，只有服从漓江风景名胜区整体规划并经过规划和审批建设的旅游项目才会得到资助。

（2）以旅游生态补偿的方式反哺于项目开发建设。

创建旅游生态补偿机制，筹措漓江旅游生态补偿基金。资金筹措的渠道为：每年从政府的财政收入和桂林各旅游企业的营业收入中提取一定的比例，同时向社会各界的组织和个人募捐。漓江旅游生态补偿基金主要用于漓江沿岸那些为保护漓江环境而做出牺牲的村寨的各项经济社会生活基础设施建设、环境整治等，同时也适用于漓江沿岸那些需要投入建设但缺乏充足的市场资金的富民旅游项目建设。

（3）争取新农村建设的专项资金。

各级政府财政部门按照“存量适度调整、增量适度倾斜”的原则，在预算内外切块安排新农村建设专项资金。新农村建设和乡村旅游是相辅相成的，而漓江沿岸的富民旅游项目属于乡村旅游开发建设的范畴。争取新农村建设的各项基金，可以用于漓江沿岸村寨的交通道路、农田水利、安全饮水、沼气、用电、通信、广播电视等基础设施建设。

（4）争取乡村旅游专项资金。

自2020年以来，临桂区加大了全区的乡村旅游开发建设步伐。根据2020年广西壮族自治区旅游局和农业厅联合下发的《关于加快发展广西乡村旅游的意见》，广西各级旅游部门和农业部门将拿出专项资金对乡村旅游进行专项扶持，推进广西乡村旅游项目的开发建设。从2020年起，自治区农业厅和旅游局在农业投入和旅游投入方面要对乡村旅游予以倾斜，重点用于乡村旅游项目建设。

漓江沿岸的富民特色旅游项目开发，应积极利用自己的资源、区位和市场优势，搞好项目的规划和开发建设，争取到乡村旅游专项资金，用于项目所在旅游区内部的道路、停车场、游客中心、桥梁、码头、洗手间、给排水设施和绿化等公共服务设施建设。

（5）利用市场杠杆，争取企业资金。

一方面，通过对漓江沿岸的富民特色旅游项目进行科学的可行性分析和高起点的创意规划，根据“谁投资，谁受益”的方针，争取社会上那些有意于投资却苦于没有好项目投资的企业的投入；另一方面，在现行政策允许的条件下，优化投资环境，给予投资者一定优惠政策以调动外来投资者的积极性。企业投资的方式要灵活多样，包括独资经营、合资经营、股份经营等。

（6）争取优惠贷款。

对于漓江沿岸的富民特色旅游项目，政府应该争取国家的相关金融部门给予积极的支持，金融部门通过低息贷款或免息贷款的形式，扶持项目的开发建设。

（7）争取居民个人资金。

政府通过对漓江沿岸居民的教育和培训，培养其参与旅游和投资的观念，居民可采用土地入股、资源入股、资金入股等形式，或者以工代资，将劳动力转化为股份，加入相关项目的建设当中来。

2. 各旅游项目融资途径

各旅游项目融资途径，具体如表 6–25 所示。

表 6–25　各旅游项目融资途径

地理位置	旅游项目	融资途径
兴安生态农业观光旅游区	森林旅游	企业自筹资金
	生态农业	新农村建设专项资金 / 乡村旅游专项资金 / 争取企业资金 / 优惠贷款 / 居民个人资金
	户外休闲运动	企业自筹资金
	生态休闲养生	企业自筹资金
灵川—市区农家乐休闲旅游区	农家乐休闲旅游	企业自筹资金 / 居民个人资金 / 优惠贷款 / 乡村旅游专项资金 / 新农村建设专项资金 / 漓江旅游生态补偿基金
草坪—阳朔县城旅游扶贫特区	徒步旅游	企业自筹资金 / 居民个人资金 / 优惠贷款 / 乡村旅游专项资金 / 新农村建设专项资金
	竹排旅游	企业自筹资金 / 居民个人资金 / 优惠贷款 / 乡村旅游专项资金 / 新农村建设专项资金 / 漓江旅游生态补偿基金
	乡村生态	企业自筹资金 / 居民个人资金 / 优惠贷款 / 乡村旅游专项资金 / 新农村建设专项资金 / 漓江旅游生态补偿基金
	山水生态观光	企业自筹资金

续表

地理位置	旅游项目	融资途径
阳朔县城—平乐休闲度假文化体验游	福利画扇文化体验	企业自筹资金/居民个人资金/优惠贷款
	古镇文化体验	企业自筹资金/居民个人资金/优惠贷款/乡村旅游专项资金/新农村建设专项资金/漓江旅游生态补偿基金
	福利渔火文化	企业自筹资金/居民个人资金/优惠贷款/乡村旅游专项资金
	普益古村落	企业自筹资金/居民个人资金/优惠贷款/乡村旅游专项资金/新农村建设专项资金/漓江旅游生态补偿基金
	平乐船家文化体验	企业自筹资金/居民个人资金/优惠贷款/乡村旅游专项资金
	沿岸的休闲度假	企业自筹资金/居民个人资金/优惠贷款/乡村旅游专项资金
桂林至阳朔的黄金山水旅游线	漓江山水精华游	企业自筹资金/居民个人资金/优惠贷款/乡村旅游专项资金
阳朔至平乐的钻石休闲度假旅游线	水上休闲度假旅游	企业自筹资金/居民个人资金/优惠贷款/乡村旅游专项资金
兴安、桂林市区、阳朔等旅游区	城市滨水休闲度假	企业自筹资金/居民个人资金/优惠贷款/乡村旅游专项资金
	农家乐休闲旅游	企业自筹资金/居民个人资金/优惠贷款/乡村旅游专项资金/新农村建设专项资金/漓江旅游生态补偿基金
	乡村休闲旅游	企业自筹资金/居民个人资金/优惠贷款/乡村旅游专项资金/新农村建设专项资金/漓江旅游生态补偿基金

续表

地理位置	旅游项目	融资途径
猫儿山、梦里水乡、古东瀑布、冠岩、印象·刘三姐等景区景点	旅游餐饮	企业自筹资金/居民个人资金/优惠贷款/乡村旅游专项资金
	生态农业旅游	新农村建设专项资金/乡村旅游专项资金/争取企业资金/优惠贷款/居民个人资金

（六）旅游组织机构与管理体系

1. 进一步明确和完善漓管办与漓管局的管理职能和范围

应进一步明确和完善漓管办与漓管局的管理职能和范围。一是增强漓管办与漓管局的漓江规划管理职能，对整个漓江流域游线码头、游览线路、河道管理与治理、沿线景区景点等进行统一规划调整；二是进一步拓宽漓管办与漓管局的管理范围到整条漓江，业务范围包括游线（包括徒步游）的开发规划管理、旅游企业的规范经营管理、漓江利益的协调管理等。

2. 进一步强化旅游局在漓管办与漓管局中的作用

在漓江现有的“四统一”管理体制之下，漓管办与漓管局对漓江的管理基本局限于票务、服务和执法的监督管理，而对于漓江的旅游线路（包括旅游产品）的开发与市场营销、旅游利益协调、旅游航运企业的竞争机制管理等，均没有发挥积极的作用，这也就造成了漓江目前管理滞后、产品一成不变满足不了市场需求、利益主体矛盾尖锐等严重后果。这些不良后果的产生，最主要的一个因素就是现有的漓江管理体制不够完善，即旅游局发挥的力量太小，而以上相关问题的解决只有掌握旅游管理业务专业知识的旅游局才能有效解决，因此，应进一步强化旅游局在漓管办与漓管局中的作用，担负起漓江旅游管理业务的职责。

3. 成立漓江旅游协调委员会及各级旅游协调委员会

成立漓江旅游协调委员会及各级旅游协调委员会，处理好漓江在旅游开发过程中各利益相关主体的利益矛盾问题。

4. 成立漓江沿岸居民旅游行会

行业组织是行业协调、监督、自律和自我保护的组织，是沟通政府和企业的桥梁。成立漓江沿岸居民旅游行会，能够更好地统一参与旅游经营活动的居民在漓江旅游开发过程中的各种意见，使居民的旅游参与行为更加规范，进一步搞好团结协作，处理好村寨的环境卫生，维护漓江的优美环境，提高漓江沿岸居民在漓江旅游协调委员会及各级旅游协调委员会中的话语权重，保护漓江沿岸居民的各项旅游权益，解决目前漓江个别河段居民与当地政府的矛盾，等等。

5. 制定各个沿岸村寨的村规民约

村规民约是一种有效处理居民内部矛盾的机制，在政府的引导下，漓江沿岸的各个村寨依法制定村规民约，具有一定的法律效果。村规民约的制定，应结合各村寨的具体现实情况，把搞好漓江的环境保护、依法规范旅游经营服务行为、处理好村民内部矛盾、协调村民与政府的关系等写入村规民约，这将对漓江的规范管理具有积极的意义。

6. 多途径吸纳股份，成立有居民参与的集体旅游企业或旅游股份公司

目前漓江沿岸的大多数居民（尤其是漓江中下游的居民）强烈要求参加漓江的旅游经营开发管理，但不少居民苦于没有资金和旅游经营管理能力，而部分有条件参与旅游经营开发管理的居民，其本身的许多经营活动又不够科学，甚至缺乏合法性，这也是造成漓江目前旅游管理混乱的一个重要因素。针对这种状况，漓江沿岸的旅游开发管理，可以根据具体情况，让村民以土地、山林、古民居、村寨、竹筏、劳力等多种形式作为股份，参与集体旅游企业或旅游股份公司的旅游开发经营活动。

7. 扶持培养村寨中的德高望重之人担任村干部

村干部是否服众，能否带领大家处理好各种问题，关键在于其有没有威望。一个有威望的人，往往具有一定的管理能力，同时又具备良好的道德素质，尤其能够团结村民，这样，村民有任何漓江旅游管理方面的问题，往往就会通过村委对外沟通解决，而不是任意发泄。

8. 建立村民健康合法地反映问题的渠道

在村规民约中应明确规定，村民对于有关漓江旅游开发与保护的问题

如有不满的，应首先通过代表向旅游协调委员会或居民旅游行会或村委会反映，并在这一基础上有组织地逐级向上反映。如对相关的基层组织不够信任，也应该通过代表向上一级的漓江旅游协调委员会、镇政府反映，而不是采取消极对抗或暴力对抗的形式。

（七）旅游交通规划

1. 现状

通过实地调查可知，漓江流域沿岸交通网络尚未形成，公路等级较低，旅游交通节点接待与辐射能力较弱，交通解说系统及服务配套设施薄弱，漓江游线码头布局没有得到充分利用开发。

2. 旅游交通布局规划

漓江沿岸旅游交通可按照“点—轴”格局布局。以旅游交通节点为基础，围绕漓江旅游线路、桂阳公路、桂黄公路、桂林—大圩—兴坪—阳朔公路、兴安—资源公路轴线进行布局。

3. 旅游交通规划

（1）旅游交通节点规划。

规划兴安华江乡、溶江镇、大圩镇、草坪乡、杨堤乡、兴坪镇、阳朔镇、福利镇、平乐镇作为漓江流域两岸重要的旅游接待与集散中心；规划灵川定江三岔口、市区滨江路、磨盘山、竹江、大圩、冠岩、杨堤、全家洲、浪石、兴坪、渔村、阳朔镇、福利镇、留公村、民安村、平乐镇作为漓江游线码头停靠接待与集散码头。

（2）旅游交通建设规划。

要致富，先修路；要发展旅游，交通要先行。漓江沿岸社会经济发展落后的重要原因之一是受交通瓶颈的制约。考虑到保护漓江的需要，漓江沿岸公路交通应以四级公路标准建设为主，兼顾徒步游道、少量的汽车营地，交通工具外部交通以旅游汽车为主，景区内部以电瓶车或其他环保工具为主，具体规划如表 6–26 所示。

表 6-26　漓江旅游交通建设规划

项目	主要建设内容
公路	轴线公路按三级柏油路标准改建桂林—大圩—草坪—兴坪—阳朔公路；改建兴安升坪—华江—高寨—猫儿山（远期可修通猫儿山—资源两水—河口—龙胜江底龙胜温泉形成环线）
	点线公路按四级标准改建或新建：阳朔（八队）—杨堤—半边奇渡—官岩、阳朔葡萄—大坪—下龙（全家洲、九马画山峡谷漂流景区）、阳朔—普益（留公）、平乐—福兴、兴坪—渔村、阳朔—福利
步游道	改建或新建穿山公园—大圩—草坪乡—草坪渡口—官岩村—半边奇渡—桃源村—杨堤乡—杨堤渡口—水岩头—浪石村—浪石渡口—全家洲村—红山脚村—老村头村—冷水村—冷水渡口—大树脚村—杨家村—厄根底村—小河背村—兴坪镇—兴坪渡口—大河背村—大河背渡口—渔村，宽 1.2~2 米的青石板或鹅卵石、碎石生态步道
码头	黄茅坝、太和铺、大圩、草坪、杨堤、渔村、福利、留公、福兴、长滩各新建小型停靠码头一处，泊位 2 个，其他现有的码头根据旅游发展需要适当改建或保留即可
汽车营地	猫儿山汽车营地、溶江梦里水乡汽车营地、冠岩汽车营地、兴坪汽车营地、平乐民安汽车营地

注：资料来源于《桂林市“十一五”公路、水路发展规划》。

（3）旅游交通配套设施规划。

景区停车场建设规划应结合各个景区的开发特点进行，建设体现各个景区特色的生态停车场，并加强人性化设计。依据相关标准，完善漓江沿岸各交通主干道路标识、指示牌建设，增加以景区景点、旅游服务为内容的道路标识；结合漓江沿岸各个旅游点的文化特色设计道路交通的路标指示牌，体现地方特色和形象；采用中英文双语路标指示牌；景区内的指路标识应沿道路设置，标明前方景点的方向、名称和距离等；增加路标的导向性，避免游客走回头路、走错路；路标的形状、体量、颜色应与景区环境协调。

（八）规划审批与监控规划

为提高漓江沿岸富民旅游项目规划的科学性、权威性、规范性和灵活性，应加强对本规划和本规划下的详细规划的审批与监控。

1. 规划审批

（1）提高审批的权威性。

本规划一旦通过评审及上级政府批准实施，则具有法律效力，各企业、政府部门及个人应该严格执行，需要修编的，按照相关法律程序进行修编，以确保规划审批的权威性。

（2）提高审批的科学性。

对本规划的审批，不能停留在以往规划的某些陈旧观念上。首先，虽然本规划依然强调对旅游资源的保护为基本前提，但更重要的是辩证的保护，即保护不是原封不动，而是在开发中保护，让保护与开发互动发展。其次，本规划的一个主要目的是富民，所以不能因为政府在漓江的旅游开发中的权益削减而否定其中的相关条款。因此，对本规划的审批，应树立科学的发展观，从现实的情况出发，解决好目前与长远、局部与整体等问题的辩证关系。

（3）提高审批的规范性。

对本规划的审批，应重点看本规划是否符合我国的旅游规划通则，规划编制的内容、方法和程序等是否遵守国家关于旅游规划技术标准的要求，是否与上行规划（如桂林市旅游发展总体规划）和相关规划（如交通规划）相抵触，等等。

（4）提高审批的灵活性。

漓江虽然属于国家级风景名胜区，但由于分属不同的行政区范围，而且属于开放性景区，不少生活贫困的居民住在风景名胜区的各个河段且无法搬迁安置，所以在本规划过程中充分考虑了这些现实情况，在规划中的某些环节，并不完全按照风景名胜区条例的规定进行规划。

（5）对下一级相关规划的审批。

对下一级相关规划的审批，应重点看其各方面是否服从本规划。

2. 规划监控

（1）切实落实本规划。

旅游规划，贵在落实。本规划由于规划的范围较大，跨越兴安、灵川、桂林市城区、阳朔、平乐等多个行政区，牵扯众多部门多个社会群体的利害关系，操作起来具有一定的难度。因此，桂林市政府首先要发挥主导性作用，协调好各方面的利益；各级政府要从大局出发，协同配合。通过制订计划任务，层层落实，层层监督，坚持把本规划的具体条款落到实处。

（2）对规划建设的监控。

在具体落实本规划进行建设的过程中，应发挥本规划的指导性作用，严格规划审批程序，杜绝违规、违章建设。在保证旅游资源和旅游环境得到有效保护的基础上，应重点考虑沿岸居民的切身利益，协调好各方利益，切实维护居民的各项权益。另外，今后在编制具体规划的过程中，也应以本规划为指导，根据本规划的基本规划原则进行具体的项目规划，保证在各方面服从本规划，并相互衔接、相互协调。

（3）在落实本规划的过程中，要了解并纠正规划的偏差。

由于现实的主客观多方面原因，本规划也许还有不少改进之处。因此，在规划通过评审之后，旅游委托方和旅游规划方应继续为本规划的实施，以及实施以后出现的问题给予诊断并使其得以解决，纠正规划的偏差，以便使旅游规划实施活动控制在规定限度内。

第七章

研究总结

桂林曾经是世界旅游研究的样本，引领着中国乃至世界旅游发展的方向，在“旅游创汇”“职业导游”“旅游厕所革命”“实景演艺”“城市游憩”等诸多方面进行过创新发展，成为世界人民的旅游胜地。在面对旅游消费多元化、新旅游目的地不断涌现、体验休闲成为主流等众多新变化下，桂林旅游迫切需要改革创新，需要以问题为导向，从不同的学科维度依托各学科自身优势，展开对桂林旅游问题的研究，这样方能从整体上打破影响桂林旅游发展的桎梏。

前期的调查研究表明，桂林打造世界级旅游城市还存在诸多困境，目前，聚焦的问题热点有以下几个方面。

一、旅游基础及公共设施建设不足

桂林通景公路、便捷转换交通设施、旅游集散中心、城乡交通驳接体系、城市通景公共交通、市县城际旅游交通、骑行绿地等旅游基础设施及公共设施建设不足。在满足国际化旅游特殊人群需求的公共设施、城市及景区无障碍设施、智慧旅游服务设施、标识系统设施以及“一键游桂林”方面也存在不少短板，导致城乡旅游一体化、旅游便捷化、旅游无障碍化等方面受到了影响。

二、现代旅游产业体系不够完善

桂林市现代旅游产业结构不够完善，多元化的旅游投资机制以及吸引社会资本投资旅游的营商环境不够优化，吸纳现代旅游新业态投资的吸引力不够强，现有旅游产业结构依然以传统旅游业态为主导，适合现代消费者需要的旅游新产品不够多，与其他产业融合度低，致使现代旅游产业体系链条短、辐射带动弱、引领作用不强。

三、现代旅游产业要素供给不足

桂林旅游产业要素中，依然是以传统的“吃、住、行、游、购、娱”为主导，特别是以中低端的观光旅游为主导，现代的“医、康、商、学、养、闲、情、文、耕”等新要素引进或开发供给不足。即使是传统的旅游产业要素中，融入的现代科技、创意、消费、文化等元素也有限，未能更有效地依托现代消费理念创新传统旅游产业要素转型升级与培育更多的现代旅游产业要素产品。

四、旅游品牌国际知名度和影响力不够

桂林旅游品牌基本上还停留在“桂林山水甲天下”的光环中，面对日益国际化和开放的世界大舞台，桂林锻造世界级旅游品牌的整体实力比较薄弱，对国际市场和现代世界旅游消费热点追踪、引领世界旅游消费能力等方面的研究也比较少，特别是引进世界知名旅游品牌，创新开发适合国际消费的旅游新业态、新产品能力不足，影响了桂林旅游品牌的国际竞争力与影响力。

五、旅游综合服务国际化水平有待提高

桂林旅游综合服务国际化水平的突出问题在于：无论是标识系统还是解

说系统，无论是旅游实体还是“一键游桂林”软件，在无障碍建设方面都表现疲软；在旅游国际惯例、旅游公共图形符号国际标准、旅游服务多元化、旅游综合治理等方面存在诸多软肋；旅游行政综合管理、旅游国际营商环境服务、国际游客签证、出入境便捷化服务、国际化导游人才服务、旅游行业服务国际化规范等领域的服务水平有待提高。

桂林旅游自 1973 年对外开放以来，进行了几次升级与转型，从最初打造国际风景旅游城市，重点开发“桂林山水甲天下”的观光旅游，到建设国际旅游胜地，打造多元化消费体系的旅游目的地，桂林一直在努力。每一次桂林旅游的升级与转型，都得益于学术界的重点关注与观照，为桂林旅游发展提供了源源不断的智库支持。可以预见的是，在日新月异的市场变化下，面对以旅游消费为导向的新趋势，桂林旅游要取得更大的发展，需要以更高的视角、更大的格局，站在引领旅游前沿发展的高度，审视研究，才能突破固有的研究思维和视角，为桂林再次引领世界旅游发展提供理论支撑。

桂林打造世界级旅游城市也是一个宏大的研究命题。本书从宏观视角初步总结了桂林国际旅游胜地建设的重要成果，从中观视角探讨了桂林打造世界级旅游城市的战略思路问题，从微观视角分析了桂林打造世界级旅游城市社区居民如何发展，实现主客共建共享问题。然而，任何旅游的发展都要坚持以人民为中心，围绕游客、居民、不同相关利益者展开整体性研究。未来，桂林打造世界级旅游城市，需要从不同视角、不同学科背景、不同维度，围绕如何创造宜业、宜居、宜乐、宜游的良好环境，构建主客共享、城乡共建的世界级山水名城，这也将是研究的重要方向。

本书认为，未来的旅游必定是具有深刻文化体验的文化旅游，文化是旅游的灵魂、文化是旅游的生命线，旅游是文化的载体、旅游是文化的升华，游客的旅游消费最终是对文化的消费。桂林历史悠久、文化积淀深厚、类型多样、内涵丰厚，拥有世界级的水利文化——灵渠、世界级的稻耕文化——龙胜龙脊梯田、世界级的山水文化——摩崖石刻……长期以来，桂林一直以发展观光旅游为主导，其实，桂林不仅有美丽的山水，桂林的文化、民俗也是冠绝天下的，未来，打造世界级旅游城市，如何“以文塑旅、以旅彰文”将是研究的重点。

随着物质生活水平的提高，人们更加重视健康，“健康中国”战略的实施也将更加刺激人民群众对健康产品的消费需求，愉悦的旅游是人们获得思想健康、身体健康、精神健康和身心健康的重要路径，可以预见的是，作为未来旅游发展方向之一，康养旅游必将获得更大的关注。桂林拥有优质的空气、绿色的食源，康养资源丰富，具有发展世界级康养旅游城市的潜质。本书对打造世界级的康养休闲胜地提出了方向性的对策建议，未来，如何围绕市场导向，积极发展世界级康养旅游，满足人民群众对美好生活的向往，这是桂林市打造世界级旅游城市绕不开的命题。

我国旅游经历了从资源导向型到市场导向型的发展阶段，现在，正在从市场导向型向着消费导向型发展，旅游经济的本质是消费，抓住旅游的消费规律、消费特征、消费趋势和消费本质，就能带来流量、客量，只有人流才能带来商流、财流，才能激发人们的投资热情与消费激情，一个地方的旅游才能持续有活力。本书研究发现，桂林每一次旅游转型的成功，其秘诀都在于创新了旅游消费方式，从“两江四湖”城市休闲游憩引爆桂林城，到“印象・刘三姐”实景演出带来桂林和阳朔旅游持续的消费热潮，无不体现了旅游消费现象的巨大威力。桂林要打造世界级旅游城市，需要从研究适合消费者消费为切入点，加大旅游市场消费研究，打造世界级旅游消费中心，这将是未来桂林打造世界级旅游城市的研究热点。

2021 年 4 月 26 日，习近平总书记考察桂林时指出，“老百姓的幸福感来自哪里？就来自良好的生活环境。”桂林旅游绝大部分分布在乡村，桂林市打造世界级旅游城市离不开当地社区居民的支持与拥护，更离不开乡亲们的奋斗与努力。本书对漓江流域旅游富民的研究表明，只有当地的乡亲从旅游发展中有了获得感、幸福感，有了高品质的生活环境和生活质量，实现旅游生活化、生活旅游化，异国他乡的游客才能自愿到访，乐于停留，城市才会成为主客共享的美好生活新空间。坚持旅游的人民性，以人民为中心，构建城乡共建、城乡共享、主客一体、共同繁荣的现代化城乡新空间，将是未来桂林打造世界级旅游城市的研究重点。

总之，打造世界级旅游城市既是桂林市旅游转型升级的机遇，也是挑战。打造世界级旅游城市既是一个庞大的研究工程，也是一个全新的命题，需要从不同学科维度展开研究，才能更好地服务桂林旅游发展。

附录一

桂林旅游产业用地改革试点若干政策（试行）

根据《国土资源部关于桂林旅游产业用地改革试点总体方案的批复》（国土资函〔2013〕374号）和《广西壮族自治区国土资源厅指导桂林旅游产业用地改革试点工作方案》（桂国土资办〔2013〕503号），结合桂林市旅游产业用地实际，提出如下改革试点若干政策。

一、旅游产业用地规划管控政策

（1）建立土地利用总体规划定期评估、适时修改机制。在完成《桂林市土地利用总体规划（2006—2020年）》实施中期评估的基础上，开展土地利用总体规划修编或布局调整工作。

（2）由桂林市国土资源局牵头，相关部门共同参与，努力推进“多规合一”，依据国民经济社会发展规划做好土地利用总体规划与城乡规划、国际旅游胜地建设发展规划纲要、旅游发展总体规划等相关规划的衔接，尝试编制统一规划。根据桂林旅游产业发展趋势，对旅游业项目确需修订相关规划的，由各部门根据职责同步启动并完成修订工作。

（3）桂林市人民政府组织各县（区）人民政府按照“多规合一”的要求编制重点旅游片区发展规划，在符合生态文明建设和环境保护要求的前提下，明确重点旅游片区范围、发展方向、用地规模与布局等，经评审论证后报桂林市人民政府批复实施，全方位落实旅游产业用地布局，实现规划管控。

（4）桂林市人民政府统筹考虑桂林国际旅游胜地建设目标和任务，制定《统筹推进重大旅游项目建设清单》，纳入清单的重大建设项目，应做好与重点旅游片区发展规划的衔接，清单项目实行准入退出、滚动管理机制。

（5）严格土地利用总体规划用途管制，已列入市、县或乡镇级土地利用总体规划文本、清单、规划图情形之一或列入《规划纲要》已落实规划空间的旅游项目，其用地视为符合规划。

（6）在桂林市中心城区外的旅游产业项目选址、建设内容、用地规模符合重点旅游片区发展规划，确需调整修改土地利用总体规划的，应在确保耕地保有量和基本农田不减少、耕地质量不降低、建设用地规模不增加的前提下，编制调整或修改方案，经听证、论证后，并报原土地利用总体规划审批机关备案。

二、旅游产业用地分类管理政策

（1）旅游景区中未改变农用地、未利用地用途和功能，未固化地面，未破坏耕作层的生态景观用地，及道路宽度未超过 6 米或路基宽度未超过 6.5 米的景区道路等用地，可依照《土地利用现状分类》（GB/T21010—2007），按实际地类管理，不办理农用地转用手续。根据旅游项目实施实际情况，国有农用地、未利用地可采取招标拍卖挂牌出让、租赁等方式有偿提供给旅游项目建设开发者使用。

（2）与旅游资源开发密切相关的基础设施、服务设施和管理设施等旅游设施用地，包括游客服务中心、游客广场、游客休息点、医疗点、固化停车场和道路宽度超过 6 米或路基宽度超过 6.5 米的景区道路，以及服务于旅游项目的会议、餐饮、住宿等地产开发项目用地，均按建设用地管理，严格办理审批手续。

（3）旅游项目用地可按照批次用地方式办理农用地转用手续；涉及土地征收的，依法办理土地征收审批手续。

（4）旅游设施建设需要占用符合土地利用总体规划的国有未利用地，由桂林市人民政府依据土地利用年度计划批准使用；使用集体未利用地，不涉及土地征收的，由桂林市人民政府参照使用国有未利用地办理。

（5）对旅游景区范围内的亭、台、楼、阁等小型旅游设施用地，单体用地面积在150平方米以下，总用地面积不超过20亩，且不涉及占用耕地和征收的，由桂林市人民政府审批，报自治区国土资源厅备案后实施。

三、农民利用集体土地参与旅游开发分享收益政策

（1）以农民“不失地、不失业、不失居”为原则，在符合土地利用总体规划和用途管制要求前提下，经农村集体经济组织三分之二以上成员或三分之二村民代表同意，集体农用地、未利用地可采取作价入股、合作联营或者租赁等方式提供给旅游项目建设开发者用于旅游经营开发，但不得改变原有规划用途，不得破坏耕作层，不得进行非农建设，不得丢荒、撂荒耕地。

（2）在不改变土地用途的前提下，利用集体农用地、未利用地发展旅游，景区总用地面积在10公顷（含10公顷）以下的，报县国土资源局审核、县级人民政府审批，市国土资源局备案后实施；景区总用地面积在10公顷以上的，报市国土资源局审核，市人民政府审批后实施。市城区范围内利用集体农用地、未利用地发展旅游的，报市国土资源局审核，市人民政府审批后实施。

（3）农民个人已经依法批准的农村宅基地使用权开发经营旅游项目（含餐饮、住宿）的，在确保农民不失居的前提下，由项目开发者、土地所有权人、土地使用权人等三方签订合作开发合同，约定各方权利义务和收益分配后，报县（区）人民政府批准、市国土资源局备案后实施。

（4）在符合土地利用总体规划、城乡规划的前提下，使用经依法批准的集体建设用地进行整合改造开发旅游项目的，具体开发建设方案经农民集体经济组织三分之二以上成员或三分之二村民代表同意，涉及拆建房屋经本人同意后，按照建设项目管理程序报相关部门审批后实施。

（5）用于观光、采摘、体验等农业特色旅游的设施农用地，参照《国土资源部、农业部关于完善设施农用地管理有关问题的通知》（国土资发〔2010〕155号）规定办理用地审批手续。

（6）用于旅游项目开发的集体土地必须明晰产权关系，办理土地权属登记。已依法批准并取得土地权属证书用于旅游开发的集体经营性建设用地，经农村集体经济组织三分之二以上成员或三分之二村民代表同意，土地使用权可以租赁、入股、合作、抵押。

四、落实节约优先促进旅游产业转型升级的供地政策

（1）开展城镇低效用地再开发利用，拓展旅游产业用地空间。由桂林市人民政府统一组织，桂林市国土资源局牵头，市发展改革委、规划、建设等相关部门参与，依据土地利用总体规划和城乡规划，制定《桂林市低效用地再开发专项规划（2014—2018年）》，并按照突出重点、先易后难、分步推进的原则，制订年度实施计划，有序推进城镇低效用地再开发利用。

2009年12月31日以前，第二次土地利用现状调查图显示为建设用地、暂无合法用地手续的存量建设用地，允许按用地发生时的土地管理法律法规落实处罚后，由桂林市人民政府按土地现状完善建设用地审批手续。

使用国有建设用地进行低效用地再开发的，原土地使用权人可采取自行改造或入股联营方式申请改造；多宗土地使用权人可共同成立项目公司联合申请自行改造；政府主导引入开发者与其他土地权利人协商签订土地转让合同，在落实相关补偿安置措施的前提下，由开发者自行收购改造范围内的多宗地块及地上房屋建筑后，申请对收购的地块取得拆迁审批手续后进行集中改造。涉及的划拨土地使用权改变土地用途（包括改为经营性用途）以及延长土地使用年限的可采取协议出让方式出让，并按现行规定缴纳土地出让金。

使用集体建设用地进行低效用地再开发的，经农村集体经济组织三分之二以上成员或三分之二村民代表同意，可依照规划自行改造或采取作价入股、合作联营或者出租等方式与有关单位合作开发建设；也可报市人民政府批准，转为国有建设用地，采取划拨方式供地后由农村集体经济组织使用。集体土地或通过划拨方式转为国有土地进行低效用地再开发的，不得用于商品住宅建设。

农村集体建设用地建设涉及拆旧建新腾挪的用地，在建设用地面积不增

加、农用地面积不减少的前提下，可通过土地置换方式调整地块。

集体建设用地与集体建设用地之间、集体建设用地与国有建设用地之间、国有建设用地与国有建设用地之间允许土地置换。采取灵活方式供地，允许原土地权利人参与土地收益分成。

在2016年之前，桂林市中心城区内除交通、能源、水利等基础设施、工业和民生工程等用地外，其他用地原则上不安排新增建设用地指标，尽量通过低效用地再开发方式解决。

（2）在符合土地利用总体规划和城乡规划前提下，鼓励和推进城乡建设用地增减挂钩，建立周转指标交易平台，增减挂钩周转指标在优先保障农民旧房改造、新居建设、环境建设、农村基础设施和公共服务配套设施以及农村非农产业发展用地的前提下，剩余指标可用于开发旅游项目，并允许在桂林市范围内交易流转。

（3）以土地综合整治为平台，鼓励整合项目区内的涉农项目和资金，与旅游产业项目相结合，集中连片开展田、水、路、林、村综合整治，完善农村基础设施，美化景观，改善农民生产生活条件，提高耕地质量和效益。

（4）在符合土地利用总体规划的前提下，优先选择不占用基本农田、6度以下土地所占比重不超过20%、占用耕地比例不超过30%、具有一定规模具备成片开发利用条件的低丘缓坡荒滩等未利用地，进行旅游项目开发建设，有效保护耕地，提高土地利用效率。

（5）根据城市总体规划、控制性详细规划和规划部门出具的规划条件，合理确定旅游景区内和江河、湖泊、水库、山体等旅游资源周边建筑密度、容积率等控制标准，确有需要的容积率可以小于1，采取灵活的供地方式，保护桂林旅游生态环境。

（6）强化区位调整监督管理。对于以往已批准农用地转用、土地征收手续的项目用地，因规划、土地征收等原因无法实施的，在不突破原批准用地规模和地类的情况下，允许实施区位调整，按规定程序逐级上报自治区人民政府审批。

（7）由桂林市国土资源局牵头，市发展改革委、旅游等部门参与，制定《桂林旅游产业用地管理办法》，明确旅游产业用地内涵、用地目录、转型升级指南、用地控制标准、准入退出机制，引导旅游产业用地节约集约利用。

五、旅游产业用地改革试点保障政策

（1）改革试点工作纳入各级政府年度目标绩效考核，桂林市人民政府每年度组织国土、监察、发展改革委、旅游、规划、住建、财政、林业、环保等部门，从领导机构运行、共同责任机制、试点政策落实、经费保障、用地监管等方面对各县（区）试点实施情况进行评估考核。其结果作为对各县（区）评先评优和安排新增建设用地年度计划指标的重要依据。

（2）实行项目用地动态监管，县（区）国土资源管理部门建立旅游试点项目台账及专项档案，对旅游产业用地批、征、供、用等各阶段进行实时更新和全程动态监管。实行供地时序与建设投资进度挂钩，对于旅游项目（特别是大型旅游综合体）用地，按照建设进度分批供地或先租后让方式供地。

（3）建立旅游产业用地试点工作评估制度，由桂林市国土资源局组织检查评估组，从产业政策、改革规范、项目带动作用、土地投入产出、土地亩均税收、生态环境影响、企业综合实力等方面，定期对各县（区）试点实施情况进行评估。实行旅游项目保证金制度，对于违反用地合同或考核不达标的，扣除相应的项目保证金。

（4）构建资金保障，落实旅游产业用地改革试点经费。市、县（区）人民政府每年从财政收入中安排专项资金用于旅游产业用地改革试点工作，确保基础调查、规划编制、政策制定、监督考核等工作经费落实到位。

（5）加强旅游景区、景点地质灾害治理。加大力度治理桂林市旅游景区内的地质灾害隐患点。对国家和自治区下达的地质灾害治理项目、地质遗迹保护项目、矿山地质环境治理项目资金加强管理，尽快推进项目实施。对桂林市城市地质工作安排资金予以支持，加快相关县（区）矿山公园建设，支持相关县（区）申报国家地质公园。

（6）由桂林市国土资源局制定《桂林市旅游项目用地年度计划指标管理办法》，做好年度计划指标分配、使用和奖惩的管理工作。自治区国土资源厅统筹安排、适当增加下达桂林市土地利用年度计划指标。

（7）支持企业投资建设旅游公益性公共设施。根据《广西壮族自治区人民政府关于印发加快旅游业跨越发展若干政策的通知》（桂政发〔2013〕35号）的相关要求，旅游景区外的旅游咨询服务中心、游客集散中心、旅游公共厕所、游客休憩站点、旅游停车场、景观绿化等公益性基础设施建设用地，可按划拨方式提供。

附录二

漓江沿岸居民经济发展及旅游态度问题调查问卷

亲爱的乡亲们：

您好！

我们是漓江流域富民特色旅游项目规划小组成员，为了深入了解漓江沿岸老百姓生活发展现状，以便完成我们的富民旅游研究课题，为相关部门决策提供参考咨询，我们需要您的支持与帮助，并真实反映您的基本情况。请您在以下您认可的答案上画“√”或填写相关内容即可。谢谢！

漓江流域富民特色旅游项目规划调查小组

1. 您家的主要经济来源是什么？

A. 农业　B. 林业　C. 旅游　D. 副业（养殖）

E. 渔业　F. 外出打工　G. 其他

2. 您家主要种植哪些经济作物？

A. 葡萄　B. 柑橘　C. 草莓　D. 水稻

E. 竹笋　F. 其他：________（请填写）

3. 您家一年的人均收入大概是多少？

A. 1000 元以下　B. 1000~2000 元　C. 2000~3000 元　D. 3000 元以上

4. 您家现在与过去 10 年相比，在收入上是增加了还是减少了？

A. 增加了　B. 减少了

5. 您家在 10 年前主要有哪些经济来源？

A. 农业　B. 林业　C. 旅游　D. 副业（养殖）

E. 渔业　F. 外出打工　G. 其他：________（请填写）

6. 您家的经济收入主要是依靠哪些技术来源渠道？

A. 政府部门下乡指导　B. 外出打工获得技术

C. 模仿别人　D. 自学技术　E. 其他：________（请填写）

7. 您支持漓江两岸的旅游开发与保护吗？

A.________支持　B. 不支持　C. 无所谓

8. 漓江的保护与开发对您家有何影响？

A. 没有影响　B. 主要是好影响　C. 主要是坏影响

若主要是好影响的话，体现在哪里？

A. 环境变好　B. 收入增加　C. 村镇得到保护

D. 邻里更加团结友好

E. 其他：________（请填写），原因是：________（请填写）

若主要是坏影响的话，体现在哪里？

A. 环境变坏　B. 收入下降　C. 村镇遭受破坏

D. 邻里关系紧张

E. 其他：________（请填写），原因是：________（请填写）

9. 您家是否从事旅游活动？

A. 是　B. 否

若是从事旅游活动，主要涉及哪些项目？

A. 开发景区　B. 开农家旅馆　C. 在景区打工

D. 出售旅游商品　E. 摆渡　F. 做导游或酒店服务员

G. 其他：________（请填写）

10. 若政策允许在漓江两岸开发旅游，您将会从事哪些旅游活动？

A. 竹排　B. 游船　C. 经营农家旅馆或餐饮

D. 到景区打工　E. 出租自行车等　F. 其他：________（请填写）

11. 您认为当前漓江两岸的旅游开发与保护存在的主要问题是什么？

A. 村民获利太少　B. 旅游资源遭受破坏

C. 开发力度不够大，经营不够灵活　D. 村民旅游经营能力低

E. 居民内部矛盾激烈　F. 管理混乱
G. 村民没有发言权　H. 其他：________（请填写）

12. 您认为怎么样才能更好地做好漓江两岸的旅游开发和保护工作？
A. 统一开发经营管理　B. 分散开发经营管理
C. 加大两岸的旅游开发力度　D. 鼓励居民参与旅游开发
E. 加强两岸的环境保护　F. 提高旅游生态补偿
G. 做好政府有关部门和居民之间的利益协调工作
H. 其他：________（请填写）

13. 如果您从事旅游经营活动，需要政府的哪些扶持？
A. 资金资助　B. 技术培训　C. 政策开放　D. 业务指导
E. 矛盾协调　F. 不要干涉　G. 其他：________（请填写）

14. 若您所在村镇统一开发旅游，您愿意参加哪种方式的经营管理？
A. 公司统一经营管理，年终分红
B. 村委会统一管理，年终分红
C. 村民自己成立公司或组织独立经营管理
D. 以“公司 + 农户 + 基地”的管理方式经营管理

15. 您认为目前制约自身发展的原因是什么？（可多选）
A. 不允许砍伐、捕鱼、养羊　B. 土地少，人多
C. 没有技术　D. 没有人指导自己发展
E. 没有旅游项目　F. 政府管得太严，不能从事旅游活动
G. 其他：________（请填写）

16. 您的文化程度是什么？
A. 小学　B. 初中　C. 高中　D. 职业教育
E. 大学

17. 过往游客最喜欢我们这里的什么东西？ ________________（请填写）

18. 您认为您这里适合开发什么旅游项目？ ________________（请填写）

附录三

漓江沿岸富民旅游项目市场调查问卷

尊敬的朋友：

您好！我们是漓江沿岸富民旅游项目开发规划组的市场调研人员，您的意见对我们非常重要，请您把您的宝贵意见留下来，感谢您能在百忙之中抽出宝贵的时间来帮我们做这份调查问卷，谢谢！

漓江沿岸富民旅游项目开发规划组

1. 您的旅游动机是什么？（可多选）

A. 纯粹喜欢某个旅游目的地　　B. 受旅游广告宣传刺激

C. 休闲、疗养、身体健康原因　　D. 宗教信仰需要

E. 社会交往需要

2. 您对什么类型的旅游比较感兴趣？

A. 自然生态型　　B. 社会民俗型

C. 历史文化型　　D. 综合型

3. 您外出旅游获得旅游信息的渠道有哪些？（可多选）

A. 电视广告、广播、报纸、杂志介绍

B. 旅游宣传、促销活动　　C. 通过旅行社咨询

D. 亲朋同事介绍、推荐　　E. 互联网

4. 您常采用的旅游方式有哪些?(可多选)

A. 单位集体出游　　B. 家庭探亲访友需要

C. 满足孩子的兴趣、增长知识　　D. 商务旅游需要

E. 自驾游　　F. 其他:________(请注明)

5. 您一般出游是在什么时候?

A. 春节　　B. 五一　　C. 十一D. 寒暑假

E. 周末　　F. 其他:________(请注明)

6. 您出游的时间一般有多长?

A. 1 日以内　　B. 1~3 日

C. 3~5 日　　D. 1 周

E. 1 周 ~1 月　　F. 更久

7. 您还喜欢到桂林市的哪些地方旅游?(可多选)

A. 仅漓江沿岸　　B. 桂林市区

C. 龙胜县　　D. 兴安县

E. 阳朔县　　F. 其他:________(请注明)

8. 您认为漓江沿岸最大的魅力是什么?

A. 优美的自然风光　　B. 独特的民俗风情

C. 悠久的村镇历史　　D. 良好的度假环境

E. 其他:________(请注明)

9. 您认为漓江沿岸有哪些方面亟待改进?(可多选)

A. 自然环境的保护　　B. 民俗文化的保护

C. 历史文化的保护　　D. 旅游项目的开发

E. 旅游服务的完善　　F. 沿岸居民经济生活的改善

10. 您喜欢的漓江旅游方式是什么?(可多选)

A. 大型游船旅游　　B. 竹筏游船旅游

C. 徒步游　　D. 沿岸休闲度假

E. 夜游　　F. 多种方式的结合

11. 您所了解的漓江沿岸居民主要有哪些特点?(可多选)

A. 为漓江环境保护做出了巨大的牺牲

B. 旅游经商意识比较强烈

C. 经济生活比较艰苦　　D. 民风比较淳朴
E. 对游客比较友好　　F. 其他：________（请注明）

12. 如果漓江沿岸的旅游开发与保护能让您满意，那么您愿意在此花费的金额大约是多少？

A. 20 元以下　　B. 21~50 元
C. 51~100 元　　D. 101~500 元
E. 500 元以上

13. 您的性别是？

A. 男　　B. 女

14. 您的年龄是？

A. 18 岁以下　　B. 18~24 岁
C. 25~30 岁　　D. 31~40 岁
E. 41~50 岁　　F. 50 岁以上

15. 您目前的月收入水平是多少？

A. 1000 元以下　　B. 1000~2000 元
C. 2000~3000 元　　D. 3000~5000 元
E. 5000 元以上

16. 您的教育程度是？

A. 小学　　B. 初中
C. 高中　　D. 大学（专科、本科）
E. 硕士研究生及以上

17. 您现在的职业是？

A. 学生　　B. 机关 / 事业单位干部
C. 公司职工　　D. 公司管理人员 / 厂长 / 经理
E. 自由职业者　　F. 离退休人员
G. 其他：________（请注明）

18. 您是哪一地区的人？

A. 桂林　　B. 南宁
C. 柳州　　D. 广西其他地区
E. 其他：________（请注明）

参考文献

［1］陈宪忠．世界旅游论坛永久落户桂林的影响力［J］．旅游研究与实践，2009（3）．

［2］桂林市人民政府．桂林市国家可持续发展议程创新示范区建设方案（2021—2025 年）［Z］.2021.

［3］桂林市发展和改革委员会．《桂林国际旅游胜地建设发展规划纲要》实施情况中期评估报告［R］.2018.

［4］张志成．桂林国际旅游胜地建设取得较好成效［EB/OL］．人民网－广西频道，2020-12-25.

［5］吴敏．第十四届联合国世界旅游组织 / 亚太旅游协会旅游趋势与展望国际论坛聚焦“旅游复苏与转型”［EB/OL］．［2020-12-09］.https：//www.sohu.com/na/437159188_120006290.

［6］中国城市规划设计研究院．桂林世界旅游城概念规划［Z］.2011.

［7］林业江．桂林旅游产业用地改革试点的探索与实践［J］．旅游学刊，2017，32（7）：5-6.

［8］桂林市人民政府．政府工作报告［N］．桂林日报，2021-06-29.

［9］桂林市人民政府．政府工作报告［N］．桂林日报，2012-02-06.

［10］广西旅游规划设计院．桂林市文化和旅游发展“十四五”规划［Z］.2021.

［11］刘桂丹．国务院确定建设桂林国家旅游综合改革试验区［N］．桂林日报，2009-12-16.

［12］梁国羲，等．桂林市旅游产业用地改革试点工作调研报告［J］．南

方国土资源，2017（11）：36–39.

［13］广西壮族自治区人民政府．桂林国际旅游胜地建设发展规划纲要（2012—2020）［Z］.2012.

［14］戴斌．世界级旅游城市的数据审读、游客视角和进阶方略［EB/OL］．［2021–06–11］．http：//www.ctaweb.org.cn/.

［15］张晓松，朱基钗，杜尚泽．“加油、努力，再长征！”——习近平总书记考察广西纪实［N］．人民日报，2021–04–29.

［16］桂林市生态环境局．建桂林国际旅游胜地创国家可持续发展议程创新示范城市——以保护漓江为核心的可持续发展桂林实践［Z］.2018.

［17］中共桂林市委政策研究室．桂林文化与旅游融合发展对策研究［Z］.2016.

［18］广西壮族自治区发展和改革委员会，广西壮族自治区文化和旅游厅．关于以世界一流为发展目标打造桂林国际旅游胜地的实施意见［EB/OL］．［2019–06–17］.http：//fgw.gxzf.gov.cn/zwgk/wjzx/zyzc/t2197136.shtml.

［19］周训林．保护漓江 发展生产 改善民生——关于漓江沿岸经济社会发展情况的专题调研报告［R］.2006.

［20］李肇荣，黄进．漓江旅游资源的深度开发研究［Z］.2006.

［21］陆军．兴安县乡村旅游可持续发展调查研究［Z］.2003.

后 记

桂林世界级旅游城市建设是国家赋予桂林旅游发展的新使命。在充满挑战与难以预测的世界发展大格局中，桂林世界级旅游城市如何建设发展，这是一个重大的课题，无法从某一个学科视角或领域就能完成研究重任，需要将桂林旅游置于世界大格局以及经济社会发展的全领域当中予以考察。本成果的研究基于作者从 2001 年开始研究桂林旅游以来，长达 20 多年对桂林旅游发展的观察所总结得到的一些基本经验，由于个人研究视角、研究方法、研究能力所限制，尚有诸多问题未能进行深入透析，导致本文难免存在一些不尽如人意之处。

本书第五章《世界级旅游城市旅游富民实践：漓江流域富民项目规划研究》是作者负责编制的《桂林漓江流域旅游项目富民规划》的成果，成果课题负责人为桂林航天工业学院罗敏副教授，该章成果还集合了桂林学院韦达老师、桂林旅游学院潘善环副教授等专家学者的智慧。因此，本章成果知识产权属于课题组罗敏、陆军、韦达、潘善环共同拥有。

在研究过程中，作者得到了桂林市文化广电和旅游局、漓江风景名胜区管理委员会的大力支持，提供了大量的统计数据，对此深表感谢。书中引用了一些学术界的重要数据和观点，以及相关专家学者的部分成果，由于受篇幅限制，无法一一列出，在此也一并表示谢意。

陆 军

2022 年 2 月 28 日于桂林